从天下到世界

国际法与晚清中国的主权意识

何俊毅 著

商务印书馆
The Commercial Press

图书在版编目（CIP）数据

从天下到世界：国际法与晚清中国的主权意识 / 何俊毅著. --北京：商务印书馆，2024.--ISBN 978-7-100-24279-0

Ⅰ．D929.2

中国国家版本馆CIP数据核字第20245DL839号

权利保留，侵权必究。

从天下到世界
国际法与晚清中国的主权意识

何俊毅　著

商　务　印　书　馆　出　版
（北京王府井大街36号　邮政编码100710）
商　务　印　书　馆　发　行
北京新华印刷有限公司印刷
ISBN 978-7-100-24279-0

2024年7月第1版　　开本 880×1230　1/32
2024年7月北京第1次印刷　印张 8⅞
定价：68.00元

目 录

导论 ··· 1

第一章 司法主权意识 ·· 27
  一、朝贡体系下的化外人条款 ·· 27
  二、领事裁判权的确立 ··· 46
  三、司法主权意识的觉醒与撤废领事裁判权的努力 ········· 60

第二章 领土主权意识 ·· 81
  一、画界立碑与勘界绘图 ·· 83
  二、帝国主义对中国领土主权的侵害 ······························ 89
  三、宗藩体系的崩塌与领土主权的建构 ·························· 96

第三章 国民意识 ·· 110
  一、天朝的弃儿 ·· 111
  二、鸦片战争后华侨政策的转变 ···································· 116
  三、《大清国籍条例》：中国第一部国籍法 ····················· 128

第四章 国际社会意识 ··· 135
  一、鸦片战争：古今中西的交汇点 ································ 135
  二、《万国公法》的引入及其影响 ·································· 147
  三、《万国公法》影响下晚清国人的国际公法观 ·············· 170
  四、国际社会意识的萌芽：派遣驻外使节 ······················ 207
  五、实证主义国际法学的传入与国际社会意识的生成 ····· 221

第五章　实证主义国际法学对主权理论的重塑…………………237
　一、殖民主义与国际体系的扩展……………………………239
　二、国际法思想中的"国际社会"观念………………………242
　三、国际法思想中的"文明"标准……………………………252
结语……………………………………………………………………262

参考文献………………………………………………………………270

导　　论

一、问题的缘起

主权是现代民族国家在国际法上所固有的处理其对内对外事务的权力，也是现代民族国家的固有属性。它标志着一国在国际法上的根本地位：不享有主权资格，就不能构成一个现代意义上的民族主权国家，也就不享有国际法所规范的现代国际社会的完全成员资格。主权是现代民族国家以及由其所构成的国际体系得以存在和良好运转的前提和基础。然而，对于晚清时期的中国人而言，主权是一个令人困惑的问题：西方列强主导的国际社会不仅用"力的支配原则"树立主权概念的典范，还以"法的支配原则"训导国际意识的内涵。当我们最初认识"主权国家""国际社会"和国际法时，这些概念意味着我们必须以西方国家为典范，根据它们的要求和训导进行内政外交改革，遵循国际法上的主权原则。

主权概念自西方近代早期创生以来，就成了人们认识和分析国际、国内秩序最为重要的概念之一。然而，关于国家主权的争论却从近代国际法诞生以来就持续不断，并有愈演愈烈之势。尤其是自20世纪90年代以来，随着经济全球化浪潮席卷整个世界，威斯特伐利亚体系所确立的主权原则，甚至以主权国家为基本单元的传统国际体系，都遭遇了空前的挑战。甚至有人开始将国际社会中存在的各种弊端和邪恶归结为主权原则的存在，弃之犹恐不及；也有人认为，在经济全球化的狂潮之下，国家主权已经形同虚设，并将很快成为历史遗迹。①但是，也有论者认为，尽管"国家主权"这一概念历来饱受批评，但它仍然是所有关于国际关系，特别是国际法研究的核心。②"观察当今的世界，我们发现，主权似乎仍然是国际社会的一个主要的建构性原则。尚未有任何人严肃地建议在各个层面上废弃主权。"③国内也有论者指出，在可预见的将来，国家主权不会终结；国家主权不是神话，它仍然是现代国际法的核心。④刘禾生动地指出，当人们从一个主权国家迁徙到另一个主权国家——无论是为了政治避难还是出于经济机会——他们当中出现的由主权想象而引发的种种冲突，说明人们没有可能摆脱对国家主权的依赖。⑤

就其起源而言，主权最初在欧洲的出现只是对内体现为国王的优越地位，它的对外面向是与国家概念关联起来时才逐渐添构的。当代国际法中的国家概念是一个不仅包括政府，而且也包括"永久居民""已确定界限的领土"和"与其他国家建立关系的资格"的法人。作为法人而非政府的国家主权直到抽象的现代国家概念出现之后才得以存在。⑥博丹最早明确地提出了主权概念，但他当时最为关注的是主权的对内面

---

① 俞可平曾将质疑国家主权理论的声音归纳为"民族国家终结论""国家主权过时论""国家主权弱化论""国家主权多元论""国家主权强化论""世界政府论""新帝国主义论"和"新帝国论"，参见俞可平等：《全球化与国家主权》，社会科学文献出版社2004年版，第10—22页。此外，霍夫曼和篠田英朗等人都对质疑国家主权理论的学说进行了梳理，参见〔英〕霍夫曼：《主权》，陆彬译，吉林人民出版社2005年版；〔日〕篠田英朗：《重新审视主权：从古典理论到全球时代》，戚渊译，商务印书馆2004年版。
② 〔美〕杰克逊：《国家主权与WTO：变化中的国际法基础》，赵龙跃、左海聪、盛建明译，社会科学文献出版社2009年版，第66页。
③ 〔日〕篠田英朗：《重新审视主权：从古典理论到全球时代》，戚渊译，第1页。
④ 杨泽伟：《主权论：国际法上的主权问题及其发展趋势研究》，北京大学出版社2006年版，第2页。
⑤ 刘禾：《帝国的话语政治：从近代中西冲突看现代世界秩序的形成》，杨立华等译，生活·读书·新知三联书店2014年版，第2页。
⑥ 〔日〕篠田英朗：《重新审视主权：从古典理论到全球时代》，戚渊译，第10页。

向,他将国家主权定义为"授予国家的绝对的、永恒的权力"。就其本质而言,博丹的主权理论是为巩固君主的绝对权力服务的,他所界定的国家主权主要是指君主在其统治范围内所拥有的至高无上的绝对权力。[①]实际上,如果仅仅从最高权威的角度来理解主权观念,那么它最早可追溯至古希腊罗马时期。可以说,现代主权观念中"最高权威"的含义古已有之,即使在所谓"黑暗"时代的中世纪,也依然存在着"教会主权论""君主主权论"和"主权在民"之间的争论和分歧。不难发现,直到博丹,主权观念还仍然集中于其对内向度,它的对外向度依然没有得到专门的论述和表达。这与作家所处时代的背景相关,对身处彼时法国的博丹而言,最重要的问题是通过加强君主集权,解决不同宗教派别之间的纷争,主权观念的内在向度得到更多的强调便在情理之中。[②]

格劳秀斯发展并完善了博丹的主权理论,他开始从国际关系与国际法的视角出发探讨国家主权问题,并指出国家主权的内涵不仅仅包括国家对内的最高统治权,而且包括国家在国际秩序中的对外独立权。格劳秀斯较为系统地阐述了主权的对外面向,直到《威斯特伐利亚和约》以来,国家主权的对外向度才得到了正式的阐述和严肃的对待。可见,主权的内涵自其创生以来,就处于发展变化之中,它是一个动态流变的,而非静止凝固的概念。正如有论者所指出的:"主权学说最初是作为对国家内部结构进行分析的企图而出现的……之后,由于词义的转移,这个词不仅用来表示一国之内上级对其下属的关系,而且用以表示一国的统治者或者国家本身对他国的关系。"[③] 对外主权的存在,须以国际社会之存在为前提,国际社会的存在,又须以一个以上国家之存在为前提。

[①] 俞可平等:《全球化与国家主权》,第2页。
[②] 林永亮:《东亚主权观念:生成方式与秩序意涵》,社会科学文献出版社2016年版,第156—157页。
[③] 〔英〕阿库斯特:《现代国际法概论》,汪瑄等译,中国社会科学出版社1981年版,第18页。

因而，只有在一个国际社会中，并且只有在各国之间存在着各种经济、政治、军事和文化关系的基础上，对外主权才是有意义的。①

近代以来，全球政治呈现出两种面向：西方的民族国家在西方文明内部构成了一个多极的国际体系，并且彼此影响、竞争；同时，这些西方国家也扩张、征服和殖民，甚至决定性地影响所有其他文明。②弗兰克曾提醒我们说，欧洲基督教国家曾把它们之间的义务与它们对非基督教主权国家的义务当作两码事来看待。他指出，奥斯曼帝国只有到了1856 年才被正式承认在国际法面前拥有"完全的平等"。王赓武更为尖锐地声称："国际关系中目前的平等理论，乃是在欧洲向外扩张的前夕，产生于封闭的基督教欧洲文明内部各国之间的竞争……而在 20 世纪以前，这种平等原则只是在一个很有限的范围内才受到尊重。"故而，把 19 世纪西方国家与中国之间的冲突描述为两个体系之间的冲突更为确切，且二者相互指认对方是劣等民族。③

晚清中国主权意识的生成，始于西方现代的世界秩序观冲击、挑战中华帝国的朝贡体系，也就是说，主权观念作为西方现代世界秩序观的一个核心要素，是在东西方价值相互遭遇和竞争的过程中传向中国并在此生根发芽的。因此，研究晚清中国主权意识的生成，无论如何都不可能脱离东西方两种全然异质性的世界秩序观相互遭遇和竞争的历史背景。

1500 年以前的中华帝国基本上处于一种"严分夷夏"和"天下无外"的等级性"朝贡体系"之中。此时，欧洲的新航路尚未开辟，中华帝国的"朝贡体系"与基督教世界的秩序和伊斯兰世界的秩序并存于

---

① 王沪宁：《国家主权》，人民出版社 1987 年版，第 78 页。
② 〔美〕亨廷顿：《文明的冲突与世界秩序的重建》，周琪等译，新华出版社 2009 年版，第 5 页。
③ 〔美〕罗兹曼：《中国的现代化》，国家社会科学基金"比较现代化"课题组译，江苏人民出版社 2003 年版，第 29 页。

世。但是，新航路的开辟和新世界的发现，以及资本主义经济的迅速发展，极大地推动了资本主义国家在全球范围内的殖民扩张运动。曾经各个世界秩序之间彼此隔绝、相安无事的时代宣告终结。以中国为中心的"朝贡体系"，不可避免地在各个方面遭遇了来自西方的猛烈冲击。

1644年，清兵从北方寒地以摧枯拉朽之势大举入关，挥师直抵京畿，定鼎北京。为了实现有效的统治，清朝因袭明制，采用汉人的政治意识形态和制度，甚至比明朝更严格地推行汉人的制度原则和意识形态。清朝沿袭了自明朝传下来的朝贡制度，并在很大程度上以之为处理对外关系的基本原则。随着康乾盛世的到来，清政府一方面厉行海禁，另一方面全力推动朝贡体制的运行，进入了"天朝上国"的梦乡。

大约与此同时，在地球的另一端，西欧三十年战争也在达致极端残酷的境地后趋近尾声。为了不致在这种漫长的相互为战的状态中彻底耗竭，西欧国家开始期盼国家专制主义的出现，也开始思考"基督教世界的和平"，最终以《威斯特伐利亚和约》的签订终结了这场梦魇。"由于战争期间各方毫无信义可言，加之疲于应付战事，与会代表把用于结束一场战争的实际手段转化为世界秩序的一般概念。这种说法看似自相矛盾，实则不无道理：历经战火洗礼的几十个参战方，把昔日尊卑分明的等级制度抛到一边，无论强弱、差别，共同宣称主权国家一律平等。例如瑞典和荷兰共和国，得到了诸如法国和奥地利等老牌大国享受的礼遇。凡是国王，一律称为'陛下'，凡是大使，一律称为'阁下'。《威斯特伐利亚和约》成了国际关系史上的一个转折点，因为它的条款不仅简单明了，而且涵盖范围广。国家，而不是帝国、王朝或宗教信仰，被确认为欧洲秩序的奠基石。和约确立国家主权的概念，肯定了各签署国不受外来干涉选择本国制度和宗教信仰的权利。"[①]

---

① 〔美〕亨利·基辛格：《世界秩序》，胡利平等译，中信出版社2015年版，第22—23页。

在威斯特伐利亚召开的这次和会,大多数欧洲国家都派代表出席,然而其他各个大陆的文明国家并没有参加这次和会,甚至根本就不知晓还有这么一次会议。严格说来,以"基督教世界的和平"为目标的威斯特伐利亚和会,只是一次欧洲性的会议。然而颇为吊诡的是,这次欧洲性的和会所确立的国家主权、国家领土与国家独立等原则,却成了近代国际法的基本原则,尽管这可能是无心插柳之举。《威斯特伐利亚和约》建立了一个崭新的国际体系,该世界秩序以独立的主权国家为基本单元,破除了中世纪的基督教世界和封建帝国概念,标志着主权的对内对外两个向度逐渐成型。

一个世纪以后,英国和其他西欧国家先后进入产业革命,随着生产力的发展,为了寻求丰富的原材料产地和广阔的商品市场,殖民扩张成了这一时期的主要特征。求利的欲望和冲动鼓动着西欧国家大肆在世界范围内进行疯狂的侵略和掠夺,两种世界体系不可避免地要遭遇一场激烈的撞击。在两种世界体系的激荡中,主权和国际法观念开始传入中国,并逐渐在政治实践领域得到了运用。然而,西方国际法中占主导地位的主权国家原则并非以其在西方世界的样态输入中国。为了满足殖民扩张的现实需要,19世纪的实证主义国际法学家对输入非西方世界的主权原则进行了改造和重塑。因此,这一时期传入中国的主权国家原则深受19世纪实证主义国际法学家改造和重塑后的主权观念和国际法观念的影响。

对于西欧世界来说,东方(亚洲)始终是一个充满神秘的地方,也是追寻"发财梦"的地方,几代人在几个世纪里锲而不舍、孜孜以求。15、16世纪之交,哥伦布在西班牙王室的资助下扬帆起航,曾四次横渡大西洋,到达美洲大陆,却至死都以为是到了梦寐以求的亚洲。如果历史可以假设,哥伦布远渡重洋到达了梦寐以求的亚洲,世界文明史极有可能要改写。因为16世纪时亚洲的中国和印度,无论在经济还是军事实力方面，都毫不逊色于当时的西欧世界，是有实力对付这些不速之客的。然而，历史是一系列偶然事件的分合最终导致的必然之势。哥伦布首先发现了经济和军事实力都远逊于西欧世界的美洲大陆，那里丰富的资源为西欧国家原始的资本积累奠定了坚实的基础，也为它们征服梦寐以求的亚洲争取了必要的时间。对美洲的殖民征服成了西欧殖民者征服亚洲的垫脚石。[①] 这一切把原本只限于欧洲国家间的秩序关系扩展到了整个世界，世界秩序不再仅仅是"基督教世界的和平"问题，而成了世界上各大文明体系之间的关系和秩序问题。

自18世纪中期始，英国工业革命在大机器的轰鸣声中高歌猛进，其经济实力空前提升，它的经济结构也相应地发生了转变，使得重商主义理论及其影响下的帝国政策的经济基础遭到了严重的侵蚀和破坏。1783年《巴黎和约》签订，英国正式承认美国独立，标志着第一英帝国的解体，曾盛极一时的重商主义也相继趋于衰竭。自由贸易作为一种替代性的理论开始崭露头角，并逐渐发展成为第二帝国的理论基础，进而影响了新帝国的帝国政策。随后，英国的政治家、自由主义理论家及其传教士发明了自由贸易与传教事业相结合的"教化使命"（civilizing mission）。他们已不再满足于商业扩张和资本输出，通过文化和宗教输出，进而教化和改进愚昧落后的非欧洲世界的原住民，成了他们在新时代的宏伟目标。19世纪上半期，英国的工业革命正在以前所未有的速度和力量向前推进，正是凭借这种空前的繁荣，英国人的民族自信，乃至整个欧洲在文化、政治和经济上的优越感空前膨胀。所有这一切使得英国人产生了对帝国统治下的原住民的同情和怜悯，这其中必然蕴含着某种居高临下的教化心态。19世纪中期，卡莱尔（Thomas Carlyle，1795-1881）就曾旗帜鲜明地宣称，欧洲人要比非洲人聪明，劣等民族应当驯

---

① 刘文明：《全球史理论与文明互动研究》，中国社会科学出版社2015年版，第235页。

服于优等民族。[1]

英国率先完成工业革命,成为"世界工厂",雄踞这一时期世界经济的霸主地位。寻求原材料和扩张市场以追求更大的利润是资本主义生产方式的天性,向非欧洲世界进行疯狂的殖民扩张是实现这一目标的主要手段。伴随着英国工业革命的进展,殖民扩张也在世界范围内大肆推行开来,非欧洲世界成了欧洲发达国家所觊觎的"鱼肉"。殖民扩张也导致了世界秩序的巨大转型,与之相伴而生的国际法理论也随之发生转向。

16、17世纪盛行的自然主义国际法思想,宣扬一种源自人之理性的国际法,它适用于所有人,无论是欧洲人还是非欧洲人。[2] 自然主义法学家们大多都坚持国际法的普遍适用性,然而,他们当中也有许多在坚持这一原则的同时,将非欧洲社会的人们视为"野蛮人",从而将其排除于国际法之外,拒绝赋予他们国际法上的主体资格。因此,19世纪以前的这几个世纪的国际法理论,看似标榜普遍适用性,实际则是在阐述一套明显具有"欧洲属性"的国际法体系。然而,十分悖谬的是,国际法的普遍性却是伴随着帝国主义的扩张而实现的。换言之,是殖民扩张推进了国际法普遍性的实现。伴随着几个世纪的殖民扩张,直到两次世界大战结束,国际法才真正意义上逐渐呈现出普遍性的面向。因此,国际法的普适性是一个相对晚近的发展,直到"漫长的19世纪"[3]末才发展出一些适用于所有国家的国际法学说。尽管我们可以在前现代的欧洲或欧洲以外的地区发现国家主权的某些要素,但是,主权原则直到16

---

[1] 何俊毅:《梅因与自由帝国主义的终结》,载《读书》2016年第3期。

[2] Antony Anghie, *Imperialism, Sovereignty and the Making of International Law*, Cambridge: Cambridge University Press, 2004, p. 35. 但是,这种普遍主义并没有得到贯彻,尤其是在面对非欧洲世界的各个殖民地时更是如此。

[3] 历史学家倾向于将19世纪延伸至1914年,在他们看来,正是第一次世界大战的开始标志着19世纪的终结。

世纪才真正出现。主权独立及其形式平等原则也只有在欧洲国家,才真正成了建构政治共同体和国际社会的基本原则。有鉴于此,我们可以说从欧洲扩展到世界各地的并非"主权国家"原则,而是"形式平等的国家主权"这一基本原则。现代欧洲将国家主权原则传播到了全世界。[①] 由此可见,发端于欧洲,并逐步扩展至全球的现代国际秩序和国际法,就其起源而言,并不是一开始就具有现在所认为的理所当然的普遍性,其普遍性的形成,恰恰在于其独特的欧洲属性(或基督教属性),而非其普遍性。

就其起源而言,国际法从根本上是具有欧洲属性的。《威斯特伐利亚和约》所确立的主权平等和互不干涉原则最初只在欧洲主权国家之间有效,但对于欧洲列强殖民扩张的铁蹄所践踏的非欧洲世界而言,这一原则并未得到有效的贯彻,而是将非欧洲世界的原住民贬为"野蛮人"或"半野蛮人",否认他们的政治共同体是主权国家,并将它们排除在国际社会之外。随着西方列强在世界范围内大肆推行殖民扩张,非欧洲世界在客观上被卷入了欧洲国家主导的世界秩序,殖民遭遇使得国际法"不再是主权国家间的对抗,而是拥有主权的欧洲国家和不具有主权的非欧洲国家间的对抗"。"从本质上而言,国际法体系不可避免地具有欧洲属性,但是现在却面临着调整欧洲以外国家的问题。"[②] 自18世纪中期以来,殖民主义已经成为这个时代的标志,作为近代国际法基石的主权理论也不可避免地在这种氛围中遭遇了改造和重塑。

自18世纪晚期以来,实证主义逐渐取代自然主义而成为国际法学科主要的法学方法。19世纪的法学家们试图将整个国际法体系重构为主权意志的产物,主权成了实证主义法学的奠基石。奥斯丁的思想主要

---

① 〔日〕篠田英朗:《重新审视主权:从古典理论到全球时代》,戚渊译,第14页。
② Antony Anghie, *Imperialism, Sovereignty and the Making of International Law*, pp.34–35.

源于霍布斯和边沁,他继承和发扬了霍布斯和边沁的主权理论,并将其运用到法理学分析当中,为实证主义法学的发展奠定了坚实的基础。奥斯丁在《法理学的范围》中坚持认为"法律是主权者的命令",他据此否认国际法的法律属性,进而宣称国际法仅仅是实际存在的社会道德,而不是真正意义上的法律。因为在他看来,在主权者之间不存在更高的国际主权(这与主权的至上性是相矛盾的),它们缺乏一个更高的主权者所设定的法律制裁,对于违反国际条约的主权者所施加的惩罚只是道德性的。实证主义国际法追随了博丹和霍布斯开创的政治哲学传统,将主权者视为法律独一无二的最终渊源。《威斯特伐利亚和约》体系建立以来,现代民族主权国家已经在事实上成为国际法秩序的基本单元,但它在理论上成为整个国际法体系之基础,却是由19世纪的实证主义法学最终完成的。主权是实证主义法学的基础,19世纪的实证主义法学家基本上寻求以他们的主权理论的新版本为基础重构国际法的整个体系。[①]

对边沁和奥斯丁所开创的实证主义法学而言,国家间的法律不是真正意义上的法律,因为每一条实证法都是由特定主权者为处于从属地位的人所设定的,而在国际关系中缺乏这样一个支配一切的国际主权。奥斯丁通过将法律界定为主权者的命令,为法学科学确立一个可靠的基础,将法学从自然法的模糊性推测中拯救了出来,却给国际法学带来了极大的挑战。奥斯丁所提出的挑战不仅为后世的国际法学家所接续,而且为他同时代的人所接纳。[②] 在欧洲国家大肆推行殖民扩张的进程中,欧洲国家与非欧洲国家的接触不可避免地增多了,传统上以基督教和欧洲为标准的国际法和国际体系已无力解释和回应新形势下世界秩序的发展需要。此时,正值实证主义法学逐渐取替自然主义法学的关头,这

[①] Antony Anghie, *Imperialism, Sovereignty and the Making of International Law*, p. 41.
[②] Ibid., p. 45.

无疑也给实证主义法学（尤其是实证主义国际法学）带来了巨大的挑战。为了回应"国际法仅仅是实际存在的社会道德，而不是真正意义上的法律"所带来的理论挑战，以及为殖民扩张进程中将非欧洲世界排除在国际法范围之外进行合法性证成，19世纪的实证主义国际法学家提出了"国际大家庭"（family of nations）和"国际社会"等概念，对奥斯丁曾经提出的挑战进行了回应。

"国际社会"和"国际大家庭"逐渐成了国际法领域的核心概念。从此，"社会"和"主权"一道变成了建构国际法体系的核心概念，同时也对主权概念本身进行了改造和重塑。尽管实证主义法学家宣称，主权仍是国际体系的唯一基础，但是只有当"社会"观念被引进该体系时，他们才能够接近自己极力坚持的"法"思想。由"主权国家"结合而成的"国际社会"，不仅提供了思想模型，也提供了理论资源，它将成为殖民扩张背景下建立国际法秩序的理论柱石。这是一个重要的转变：因为"成员身份"的思想便蕴含在"社团"（或"社会"）的概念之中；只有那些被社团所接纳，并同意该社团行为原则的成员，才能够被视为该社团的正式成员。[①]"社会"是一个伸缩自如的概念，它可以决定社会成员的多寡，以及社会范围的大小，并且可以根据其特定的标准在不同类型的国家间作出区分，从而决定将特定的国家纳入或排除国际社会。为了回

---

① Antony Anghie, *Imperialism, Sovereignty and the Making of International Law*, pp. 48—49. "博丹使得以前现代的方式来界定主权成为可能，即使在这期间主权概念本身还没有明确地形成。因此，即使在主权概念没能被一致性概念化的背景下，也可以说主权是存在的。文明可以把它和国家相类比，该术语也许是现代的，但其存在的事实却是传统就有的。同样的道理，作为一个权力不受限制的主权概念是现代的，但是主权作为一个最高统治者通过等级和压迫性制度实施的现实却和国家自身一样的古老。"参见〔英〕霍夫曼：《主权》，陆彬译，吉林人民出版社2005年版，第46页。周鲠生在《国际法大纲》中明确指出："'实在法派'的主旨，不过是说，任何规则不能徒因其合理而即视为属于国际法系。在列为国际法规则之先，须先证明此规则实为国际社会内列国所承认。"参见周鲠生：《国际法大纲》，商务印书馆2013年版，第14页。

应殖民扩张所带来的问题，国际法学家通过"国际社会"这一概念及其所蕴含的"成员身份"的赋予和收回，解释了许多非欧洲国家被排除在国际法领域之外的理由，一定程度上化解了与非欧洲国家之间日益密切的交往所带来的理论和现实难题。一些非欧洲世界的部落和国家被排除在国际法领域之外，不是因为它们缺乏主权，而是因为它们缺乏国际社会成员资格所必不可少的特性。主权理论是实证主义法学关注的焦点，"国际社会"与"国际大家庭"也是他们的主权想象必不可少的理论基础。关注"社会"的新策略使得实证主义法学家能够克服非欧洲国家具有主权的历史事实。[1] 由此，19世纪的实证主义法学也不可避免地具有如下特征：在欧洲国家和非欧洲国家之间进行区分，分别给它们贴上"文明"和"野蛮"的标签，并通过"教化使命"来跨越两个世界之间的鸿沟。

威斯特伐利亚体系所确立的形式平等的主权原则和互不干涉的国际法原则在殖民扩张的语境中遭到了扭曲和重塑。如所周知，晚清中国的主权意识和国际社会意识，曾是在这样的理论语境和历史氛围中被殖民主义的铁蹄唤醒和激发出来的。晚清思想家和清廷官僚对于主权观念的认识和接受，是在殖民扩张所鼓动的中西方两大文明体系和世界秩序观全面遭遇和剧烈碰撞的背景下展开的，"西学"（尤其是西方国际法）无疑对晚清主权意识的生成产生了深远的影响。尤其是对于像主权这样一个在中国传统文化中无迹可寻的观念和思想而言，西方国际法及

---

[1] 沃格林将这一二元论概括为"国家间关系"和"文明间关系"：在支配政治体间关系的观念中，以及在行为模式本身之中，一种被国际法与国际关系的无害语言所掩盖的分殊化变得清晰起来。尽管如此，从16世纪开始，这种分殊化一直是决定世界舞台上政治关系的基本因素之一。在当前的上下文中，我们将把各个政治统一体之间的关系称为政治体间关系；还将把政治体间关系进一步区分为，同属西方文明的国家间关系中盛行的模式，以及西方列强与非西方文明关系中盛行的模式。前者我们将称为国家间关系，后者则称之为文明间关系。〔美〕沃格林：《宗教与现代性的兴起（政治观念史稿·卷五）》，霍伟岸译，华东师范大学出版社2009年版，第135—136页。

其主权理论对晚清中国主权意识生成的影响更是可见一斑。一方面，为了服务西方殖民扩张的大局，19世纪的国际法学家们对形式平等的主权理论进行了改造和重塑；另一方面，中国传统的"天下观"与西方以主权国家为基本单元的世界秩序观存在着根本的对立和冲突。因此，西方列强以船坚炮利为后盾轰开中国久已紧闭的国门后，由于传统中国世界秩序观的"反动"和"保守"，致使晚清中国主权意识的成长举步维艰，甚至误判时局，贻误时机，最终落得个被动挨打的局面。对于西方列强凭借强大的武力，肆意违背国际法原则，篡改国际法理论，贬低非西方社会，并将之排除于国际法范围之外，从而为其殖民扩张服务的行径，必须进行全面的反思和批判。这大概也是当前国际法在全球秩序中疲弱无力，甚至有时面临失效的一个主要原因吧！

二、本书文献综述

就中国现代民族主权国家建构的研究成果而言，许多研究都是以西方殖民主义体系对中国传统世界秩序的冲击和瓦解为基本框架的。这种由费正清提出并为后来大多数学者所坚持的思想路线（"冲击-反应"模式）为：古代中国处于以朝贡体系为代表、以中国为中心向四周辐射开来的等级性世界秩序之中，由于中国文化传统的稳固性，中国社会无法自主实现质的转变，只有在西方的冲击下，中国才能打破传统的框架。工业革命以后的英帝国通过第一次鸦片战争迫使中国走上了现代主权国家建构的道路，开启了中国的"现代化"之路。[①] 在很长一段时间内，费正清的这一解释路线广为国内外学者所接受和发扬。美国学者柯文早在20世纪80年代就对此作了方法论上的反思和批判，认为这将会使西方的中国研究误入"西方中心主义"的"歧途"，从而忽视了明、清以

---

① 〔美〕费正清：《美国与中国（第四版）》，张理京译，世界知识出版社1999年版。

来中国政治社会发展的内在逻辑和内部动力因素。[1]实际上，费正清等人绝没有简单地铺陈"冲击-反应"模式，他们在具体的研究中对此多有保留。在采用"冲击-反应"模式的同时，也大力强调西方的多样性，对东方学界的"西方单一化"论调多有警示。

诚然，在西力冲击以前，中华帝国在许多方面已经发展到了与现代民族主权国家大体相当的程度，例如中华帝国的行政官僚体制，很早就已经具备了现代官僚制度运作的雏形。即便当时的中华帝国并不完全符合西方现代主权国家的标准，甚至当时中国也没有与主权国家相类似的概念，但是中华帝国在事实上由最高统治者通过等级和压迫性制度实施统治的现实却早已存在（并在许多方面与现代主权国家相类似）。但我们实在难以否认西力冲击（尤其是近代西方国际法的传入）对晚清中国主权意识生成的巨大影响。因为，主权国家作为现代国际社会的一个基本单元，主权作为国际法的一个核心概念，不仅是一种基于地方经验的历史事实，更是一种普遍主义的法权建构和形式主义的法制安排。因此，对于晚清中国主权意识的生成而言，传入中国的西方国际法无疑是晚清中国认识和接纳主权观念的重要的智识资源，也是认识晚清中国主权意识生成的关键视角。

（一）"外在视角"与"内在视角"

费正清在《中国的世界秩序》中将朝贡体系看作阻碍中国顺利进入条约体系的障碍。因此，在他看来，中国的近代化必须有外部力量的冲击。[2]而滨下武志（1943—）则正好相反，在《近代中国的国际契机》一

---

[1] 〔美〕柯文:《在中国发现历史：中国中心观在美国的兴起》，林同奇译，中华书局2002年版。

[2] 〔美〕费正清:《中国的世界秩序：传统中国的对外关系》，杜继东译，中国社会科学出版社2010年版。

书中,他强调近代条约关系对朝贡体系的颠覆本身在若干方面继承了朝贡体系的历史关系。①然而,汪晖则认为,如果把朝贡关系与条约关系以一种明确的方式区分开来,我们也就无法解释《中俄尼布楚条约》《中俄恰克图条约》等条约的含义:这些条约与朝贡体系是重叠的。②在这一认识框架之下,他还讨论了国际法与晚清主权观念之间的内在关联。

汪晖指出,今文经学在经学的视野内发展出了一系列处理王朝内部与外部关系的礼仪与法律思想,从而为新的历史实践——殖民主义时代的变法改革——提供了理论前提和思想视野。但他也明确地认识到,尽管公羊学在"内外"观的框架内可用以理解殖民扩张及其主权观念,但它对内外关系的处理方式显然与欧洲殖民主义所推行的主权和国际法观念存在着根本性的差异。国际法最初只是"欧洲的"或"基督教的",只是伴随着殖民主义和资本主义在世界范围内的扩展,才逐渐扩张为一种世界秩序。直到两次世界大战之后,《威斯特伐利亚和约》所确立的形式平等的国家体系才成为支配性的世界秩序。同时,他还意识到了民族解放运动在重构欧洲主权概念过程中的作用:我们不能将当代世界的主权概念完全等同于殖民主义的主权概念,也不能将当代世界的主权概念完整地回溯至威斯特伐利亚主权概念。汪晖以19世纪的清朝为例,说明欧洲国际法之所以能在中国推行开来,乃是殖民主义政策强制的结果。在他看来,清朝原本是一个自主的政治实体,它的主权或统治权来自于内部统治的合法性,并诉诸历史关系的演变。同时,清代帝国具有复杂的行政权力、法律系统、领土权和国际关系,后者不仅指许多学者提出过的东亚朝贡体系,而且还包括17世纪以来与俄国和其他欧洲国

---

① 〔日〕滨下武志:《近代中国的国际契机:朝贡贸易体系与近代亚洲经济圈》,朱荫贵、欧阳菲译,中国社会科学出版社1999年版。

② 汪晖:《现代中国思想的兴起(上卷·第二部"帝国与国家")》,生活·读书·新知三联书店2015年版,第684页。

家缔结的一系列双边条约。因此,当西方列强利用国际法来推销其主权观念时,它们所关注的主权含义既不关涉清代中国能否构成一个合法的政治实体,也不关涉它能否成为一个可以获得西方国家承认和接纳的、具有签署条约能力的政治主体,而是迫使中国接受西方一整套的世界秩序观。在鸦片战争之后,西方列强主要以其国际法中的"承认"理论为根据,迫使清政府臣服于欧洲国家主导的世界秩序,并且将东亚地区的传统规范体系——朝贡体系——贬斥为落后野蛮的不平等体系。就此而言,形式平等的主权观念与军事征服和不平等贸易密切相关,并最终以不平等条约的形式确定下来。因此,在西方列强肆意殖民扩张的时代背景下,晚清中国面临的不仅是军事和经济实力对比中的危机,而且还是一种道德伦理体系和世界秩序观的危机,是一种规模深广的合法性危机。它不仅表现为一种国家危机,而且还表现为一种"系统"危机。传统中国的朝贡等级体系的普遍主义世界秩序观遭遇了前所未有的挑战,甚至在甲午战争之后,中国传统的朝贡体系本身土崩瓦解,欧洲国际法及其形式平等的主权国家体系开始成为主导国人的全新的世界秩序观。这一方面要求中国通过积极改造传统帝国体制,谋求进入西方国际法规范的形式平等的主权国家体系;另一方面还要承认原有朝贡国的主权国家身份和平等地位,将自身置于主权国家体系之中,修订先前自我中心的世界图景。[①]

刘禾借用福柯的话语理论,提出了一种相当新颖的研究视角,即国际政治的符号学转向。她在其研究中还处理了大量的历史事件和文本,其中包括国际法、帝国之间的礼物交换、传教士的翻译、语法书,甚至还有一些殖民时期的摄影资料。通过这些研究,她特别申明:"帝国之间的碰撞,不可轻易混淆为文明的冲突。说到底,文明之间无所谓冲突可

---

① 汪晖:《现代中国思想的兴起(上卷·第二部"帝国与国家")》,第 695—707 页。

言,而历史上的大规模冲突都是在帝国之间发生的。"[1] 作者的这一论断主要是针对当时盛行于美国的亨廷顿的"文明冲突论"而发。她以丁韪良翻译《万国公法》和其他一些主题为中心,从跨语际实践的角度探讨了国际法普遍价值的历史建构问题以及晚清中国主权意识的生成和主权国家建构问题。在她看来,"帝国的碰撞"乃是话语政治的交锋以及由此产生的历史事件,譬如"夷"的转译、国际法的译介和传播等。她将"夷"的使用、对外谈判和主权意识都视为一种符号事件,认为这些"符号事件"是对当时政治现实的反映,也是对主权想象的折射。但是,值得一提的是,作者极力推崇的"符号学转向"是否能够代替现实政治,她所揭示的主权想象能否替代真实的主权意识呢?这显然是不可能的。作者极力阐发的中西之间关于"夷"字的争论,还有其他一些"符号事件"所表现出来的"主权想象",这确实从某种层面上反映了中西冲突的具体面向,但无论如何都不能代替殖民进程中真实的主权侵害。如果一味地坚持"符号学转向"的方法论,而忽视真实的历史进程,就有舍本逐末的嫌疑。同时,刘禾也注意到了19世纪的实证主义法学对主权理论的重塑。

孔飞力是中国近现代历史研究中"内在导向"的主要倡导者之一。在他的历史叙事中,中国作为历史、文化、土地、人民和国家等,似乎已经是一种具有延续性的、不言自明的存在,因而可以将之当作一种"政治实体",直接作为现代民族主权国家形成的论述前提来对待。他在《中国现代国家的起源》中指出:毋庸讳言,中国现代民族主权国家的产生是一系列革命与变革的产物,并且还受到了外部世界各种因素和力量的影响。然而,就其本质而言,中国现代民族主权国家的基本性质却是由

---

[1] 刘禾:《帝国的话语政治:从近代中西冲突看现代世界秩序的形成》,杨立华等译,第2—3页。

其内在的历史演进影响和决定的。在这一点上,中国的情况和欧洲以及世界其他地区的"民族国家"的形成是很不相同的。因此,在他看来,"现代性"在世界范围内有着多种存在形式,也有着多种替代性的选择方案;世界上不同地区的不同国家完全可以通过不同的路径实现自身的"现代化"。他据此对西方"现代化"的独特经验能够垄断世界范围内"现代性"模式的认识提出了强有力的挑战。因此,孔飞力以"内在导向"为视角展现了中国现代民族主权国家起源的宏大图景。①

国内史学界也有许多学者坚持从"内在视角"出发探讨中国现代民族主权国家的起源。郭成康从宏观历史叙事出发,通过对清朝各个时期的"中国""天下"概念内涵的梳理,指出满洲开国汗和清朝各皇帝虽然沿袭了传统儒家的"中国观",即指汉族王朝治下的中原内地,但他们并没有自外于"中国",他们的"中国观"是在批判大汉族主义的"华夷之辨"命题的进程中逐渐确立起来的。由于康雍乾三世的武功,至乾隆中期以后,"中国"概念的外延已经有了很大的拓展,中国已不是中原汉族地区的狭义的"中国",而成了大一统国家的专有名词。随着喀尔喀、青海蒙古、西藏、厄鲁特、回部陆续被纳入国家版图,"藩服"概念的内涵随着"中"一词外延的扩大而逐步缩小,最后只留下周边或海外"朝贡之国"。他认为近现代意义上的中国概念是在清朝统治时期才出现的。②

葛兆光则认为,中国"自宋代以后,民族国家的文化认同和历史传统基础相当坚实,生活伦理的同一性相当深入与普遍,政治管辖空间也十分明确,因此,中国民族国家的空间性和主体性,并不一定与西方'近代性'相关"。在他看来,至少从宋代起,"中国"具备了本尼迪克

---

① 〔美〕孔飞力:《中国现代国家的起源》,陈兼、陈之宏译,生活·读书·新知三联书店2013年版。
② 郭成康:《清朝皇帝的中国观》,载刘凤云、刘文鹏:《清朝的国家认同:"新清史"研究与争鸣》,中国人民大学出版社2010年版,第212—244页。

特·安德森在《想象的共同体》一书中所说的"传统帝国式国家"的一些核心要素,甚至有一些基本要素已经很接近于"现代民族主权国家"的特征了。例如,中国很早就建立起了相对高效的行政官僚体制,同时,由于外族政权的挤压,已经开始意识到自己空间的边界。因此,中国无所谓民族国家的重建,始终延续的中国却并不是在近代才重构的新的民族国家。他甚至明确指出,有论者曾试图以"民族""东亚""地方""宗教"来重新审视古代中国的历史,这未必是完全根据历史史实而作出的判断,极有可能是以某种理论为基础的后设观察。他认为欧洲历史经验中生发出的民族国家理论,不一定适用于东方诸国,尤其是中国。[1]

从历史事实的层面而言,孔飞力、郭成康和葛兆光等人的见解可能具有某种合理性。但是,从近代以来的国际社会来看,主权国家不仅仅是一个历史史实,更是国际法上的一个法权主体。因此,欲探讨晚清中国主权意识的生成,仍需从国际法的视角进行梳理和考察。

(二)国际法传入与主权意识的生成

自20世纪90年代中叶以来,晚清国际法传入逐渐成为国内外学术界一个新兴的研究领域。关于这一主题的研究成果一时间大量涌现。林学忠在《从万国公法到公法外交》一书中曾对这方面的研究进行了系统的整理。[2] 国际法传入中国以后,逐渐对晚清国人的传统知识结构和世界秩序观产生了巨大的刺激,使国人逐渐认识到了主权平等这一国际法原则。晚清外政官僚和知识分子开始根据主权平等原则认识到西方

---

[1] 葛兆光:《重建关于"中国"的历史论述:从民族国家中拯救历史,还是在历史中理解民族国家?》,载刘凤云、刘文鹏:《清朝的国家认同:"新清史"研究与争鸣》,中国人民大学出版社2010年版,第245—266页。另可参见葛兆光:《宅兹中国:重建有关"中国"的历史论述》,中华书局2011年版。

[2] 林学忠:《从万国公法到公法外交》,上海古籍出版社2009年版,第6—35页。

列强通过不平等条约侵害中国主权的事实,并进而提出收回主权、利权的时代使命。然而,在国际法视域下集中探讨晚清中国主权意识生成的成果尚显不足。就这方面的研究而言,有的学者主要集中于个别晚清人物的主权观念生成,如王强[1]、刘新华、孙晓飞[2]、蒋跃波、宋俐频[3]等;有的则以时间维度探讨晚清主权观念的生成历程,如田涛[4]、施建兴[5]、曹英、刘苏华[6]、管伟[7]、马自毅[8]、张用心(又名张建华)[9]、刘慧娟[10]、屈从文[11]等。王尔敏在《晚清政治思想史论》"晚清外交思想的形成"一章中专门讨论了"世界眼光与主权观念"这一主题,他以19世纪下半期清廷官僚和知识分子的言论及思想为线索,展示了晚清朝廷上层和知识分子的世界眼光和主权观念的萌芽和成长。[12] 与其他学者集中于19世纪后半叶的主权意识之生成不同,张用心详尽考察了19世纪末至20世纪初中国知识分子主权观念的发展,并且主要是从国际法传入的

---

[1] 王强:《试析晚清时期外交官员的国家主权观念:以曾纪泽为中心》,载《历史长廊》2011年第7期。

[2] 刘新华、孙晓飞:《论19世纪末20世纪初梁启超的国家主权观念》,载《贵州文史丛刊》2000年第3期。

[3] 蒋跃波、宋俐频:《论曾纪泽的国家主权观念》,载《丽水学院学报》2015年第3期。

[4] 田涛:《19世纪下半期中国知识界的国际法观念》,载《近代史研究》2000年第2期。

[5] 施建兴:《国际法的输入与中国近代国家主权观念的发轫》,载《南平师专学报》2003年第1期。

[6] 曹英、刘苏华:《论早期维新派的国家主权观念》,载《长沙理工大学学报(社会科学版)》2004年第4期。

[7] 管伟:《论中国近代国际法观念的肇兴》,载《政法论丛》2004年第3期。

[8] 马自毅:《从"天下"到"主权":从条约、传教看清末社会观念的变化》,载《史林》2004年第6期。

[9] 张用心:《晚清中国人的主权观念——国际法视角》,载《北大史学》2004年第10期。

[10] 刘慧娟:《试论中国近代国家主权观念形成的基本轨迹及其影响》,载《贵州社会科学》2009年第9期。

[11] 屈从文:《国人与主权观念:从被迫接受到主动建构》,载《世界经济与政治》2010年第6期。

[12] 王尔敏:《晚清政治思想史论》,广西师范大学出版社2007年版,第161—174页。

视角进行的。屈从文在《现代性在中国的建构与反思》中,详尽考察了晚清天朝观念的消解和主权观念的确立,他采用中西对比的方法讨论了中西两种截然对立的世界秩序观并立与竞争的历程,并在这一竞争冲突的语境中阐述了中国传统世界秩序观的瓦解和新的主权观念的确立。[①]另外,鲁纳(Rune Svarverud)特别考察了20世纪初留日学生在译著国际法方面的重要作用,以及这一时期期刊报纸中反映出的主权观念之成长。[②]徐中约从外国驻京公使馆的设立、国际法的传入和中国驻外使馆的建立几个方面出发,认为中国到1880年代初期已经加入了国际社会,但并未对19世纪末到20世纪初国际法传入和主权观念的进一步生成进行讨论。[③]另外,日本学者佐藤慎一在《近代中国的知识分子与文明》中,沿着思想史的路径对晚清国际法传入和主权意识的生成作了详尽的探讨。[④]

田涛在《19世纪下半期中国知识界的国际法观念》中梳理了自洋务运动时期至维新变法时期中国知识界逐渐认识、接纳并反思国际法的思想历程,同时也对这一时期的知识分子关于主权观念的初步认识作了梳理。本文对19世纪下半期中国知识界关于国际法和主权这两个核心主题的认识和反思历程作了全面的呈现,尚未对中国全面接受国际法和主权观念作进一步深化的思想史研究。

[①] 屈从文:《现代性在中国的建构与反思:晚清天朝观念的消解和主权观念的确立》,中国社会科学出版社2015年版。

[②] Rune Svarverud, *International Law as World Order in Late Imperial China: Translation, Reception and Discourse, 1847–1911*, Brill, 2007.

[③] 〔美〕徐中约:《中国进入国际大家庭:1858—1880年间的外交》,屈文生译,商务印书馆2018年版。另可参见〔美〕费正清、刘广京编:《剑桥中国晚清史(下卷)》,中国社会科学院历史研究所编译室译,中国社会科学出版社1985年版,第68—140页。

[④] 〔日〕佐藤慎一:《近代中国的知识分子与文明》,刘岳兵译,江苏人民出版社2006年版。

此后，北京大学历史系的张用心在《晚清中国人的主权观念——国际法视角》中对这一主题进行了更为全面的研究。在这篇论文中，张用心分析了丁韪良译介的《万国公法》和《公法便览》对19世纪下半期中国知识界主权观念的影响，同时也对20世纪初期留日学生关于国际法和主权观念认识的进一步深化进行了研究。他指出，这一时期的留日学生利用他们所学的国际法知识，用相对严格的法学思维分析和认识当时的国际时局和与中国主权遭受侵害的案例，并对诸如"治外法权"和"领事裁判权"等概念进行了深入的辨析。该文指出，20世纪初革命派与改良派围绕在列强环伺、图谋瓜分的危险时局下，革命是否会招致瓜分这一主题，在《民报》和《新民丛报》之间展开的论战，使中国知识界对国际法和主权观念的认识得到了进一步的深化。其中，胡汉民的《排外与国际法》最为突出，代表了当时国际法认识的最高水平。

在《从万国公法到公法外交》中，林学忠对20纪初期留日学生的国际法译介，及其这一时期通过国际法分析当时中国的国际时局以及利用国际法指导国内的收回利权运动、抵制外货运动等方面进行了全面研究。作者从传入、诠释及应用的角度对晚清中国接受西方国际法的历史进程进行了重构，并探讨了从失序到追求秩序的过程（思想价值的变动、知识系统的转换、政治外交体制的改变等）中，中国从传统帝国向现代民族主权国家，从"中国之天下"向"世界之中国"转变的历史进程，并为研究晚清以来中国近代史的变动过程提供了一个有效的切入点。该论著是国内目前关于这一主题最为全面和深入的研究成果之一，对晚清国际法的传入、晚清国际法教育和晚清国际法观等主题进行了非常全面的研究和呈现。

赖骏楠在《十九世纪的"文明"与"野蛮"——从国际法视角重新看待甲午战争》中，以"文明化"为主轴，将甲午战争视为在19世纪国际法学预设好的轨迹内，中日两国向西方列强展示其文明化成果的舞台。在这场角逐中，日本很快被西方列强所接纳，获得"国际法共同体"的完全成员资格，并废除了领事裁判权。而中国的此次战败，将它钉在了"野蛮"的耻辱柱上，直到 1943 年才最终得以废除领事裁判权。[①] 他的另一篇长文《十九世纪国际法学中的中国叙述》则围绕"文明"这一核心概念展开，他通过分析西方国际法学界的重要文本指出，18 世纪末到 19 世纪初期正是实证主义法学崭露头角的时期，随着欧洲殖民扩张的加剧，大量的非欧洲国家被纳入欧洲殖民扩张的视野之内。此时，"欧洲国际大家庭"和"欧洲国际法""基督教世界国际法"已不能适应和解释当时的世界局势。为了回应时局，国际法学者（如惠顿）提出了"文明"这一模糊的抽象概念作为衡量和界定国际法适用范围和边界的标准。这一标准进而为大多数西方国际法学家所接受，到 19 世纪末，西方国际法学家大都将"文明"作为标准，但对这一标准的核心要素却缺乏共识。赖骏楠围绕领事裁判权这一主题，梳理了西方国际法学家支持领事裁判权这一明显不公正的制度的理由，并据此对西方国际法学界所提出的"文明"标准本身提出了质疑和批判。[②]

上述关于晚清中国主权观念生成的诸项研究成果，大都以晚清外政官僚和知识分子的思想言论为对象，挖掘和展示国人传统世界秩序观瓦解和西方现代主权观念萌芽生成的历程。它们认为随着国际法的传入，传统中国的华夷世界秩序观发生了深刻的变化，晚清的外政官僚和知识分子吸收了国际法的智识资源后，逐渐形成了较为明确的国家主权意识和主权平等观念，并且开始在对外交涉中运用一些国际法原则维护主权。然而，这些研究成果虽以国际法传入为视角，但更多还是一种历史

---

① 赖骏楠：《十九世纪的"文明"与"野蛮"——从国际法视角重新看待甲午战争》，载《北大法律评论》2011 年第 1 期。

② 赖骏楠：《十九世纪国际法学中的中国叙述》，载《法学家》2012 年第 5 期。

史实的梳理和呈现,并未关注法权建构意义上的主权。

(三)对内和对外两个向度上的主权

国内关于晚清和近代主权问题的既有研究主要关涉的是主权的对内向度,而对近代中国民族国家建构进程中主权的对外向度则少有深入探讨。林永亮在《东亚主权观念:生成方式与秩序意涵》中,从地区政治研究的视角出发,在对内和对外两个向度上对东亚主权观念进行了探讨。作者指出,主权是现代西方价值体系中的一个核心要素,它在东亚生根发芽是东西两种价值体系竞争的结果。因此,研究主权观念在东亚的生成路径,不能脱离东西两种世界秩序观和两种文明价值体系竞争这一背景。由于东亚地区在整体上处于弱势地位,再加上内部经历了几度权力易位,所以东亚地区接受主权观念时较为容易接受主权的对外向度,在对内向度上则倾向于国家主义。同时,东亚主权观念与欧洲主权观念存在着明显的不同:欧洲主权对内向度上的个体主义对主权的对外向度构成了潜在的挑战;东亚主权对内向度上的整体主义则进一步加固着主权观念。① 可能正是基于此种原因,当西方世界开始质疑和挑战主权的绝对性和至高无上性时,东亚诸国却成了捍卫主权观念的中坚力量。

这些研究成果并未以现代主权国家的核心要素为视角对晚清中国主权意识生成的微观层面进行考察。本书以国际法上主权国家的核心要素为架构,并根据晚清中国主权意识生成之历史特性,从司法主权意识、领土主权意识、国民意识和国际社会意识几个维度出发,对晚清主权意识的生成进行微观考察。

---

① 林永亮:《东亚主权观念:生成方式与秩序意涵》,社会科学文献出版社2016年版。

三、本书内容结构

主权国家不仅仅是一个史实问题，更是一个法权建构和法权安排的问题。然而，上述研究成果大多从历史的视角出发审视中国现代主权国家建构，论及国际法传入对中国主权意识生成之巨大影响。然而，仅对晚清中国主权意识生成的历程进行史实性展示是不完整的，还需要从法权建构的意义上对晚清主权意识的生成进行探讨。

关于现代国家的定义，1933年《关于国家权利和义务的蒙得维的亚公约》第1条规定，国际上的国家资格是："(1)永久人口；(2)确定的领土；(3)政府；和(4)与其他国家发生关系的能力。"[1]有论者指出，永久人口、确定的领土这两个要素并不是帝国的构成性要素，帝国在原则上指向所有人与所有地，对其明确设限反倒会是它的一种自我否定。所谓与其他国家发生关系的能力，指的是国家必须具备一个拥有主权的政府。这就意味着，承认了与自己并立的其他主权政府的存在，并确认了本国政府的绝对性。[2]因此，对晚清中国主权意识的生成而言，领土主权意识和国民意识必须实现从传统帝国向现代主权国家的转变；而就政府这一要素而言，中国很早就建立起了类似于现代官僚体制的有效的行政官僚制度，因此官僚体制问题不是以下论述的主题。另外，由于鸦片战争以后列强通过不平等条约在中国攫取了领事裁判权，使得中国的司法主权遭到了严重的侵蚀，这也成了晚清仁人志士认识国家主权和努力收回主权的关键线索，本书将辟专章讨论晚清的司法主权意识。在晚清的特殊语境下，就主权意识的生成而言，最为关键的问题在于国际社会

---

[1] 〔英〕拉萨·奥本海：《奥本海国际法（第一卷·第一分册）》，詹宁斯、瓦茨（修订），王铁崖等译，中国大百科全书出版社1995年版，第201页。

[2] 施展：《迈斯特政治哲学研究：鲜血、大地与主权》，法律出版社2011年版，第141页。

意识的成长，如果传统的"天下观"不能瓦解，不能认识到自己只是国际社会中之一员，就不可能真正意义上建构起现代民族主权国家。也就是说，在晚清主权意识生成的历史进程中，主权的对外向度具有特殊的重要性，它甚至是晚清中国主权意识能够成长起来的前提条件。因此，本书将重点从主权的对外向度出发考察晚清中国主权意识的生成。中国传统世界秩序观的瓦解，以及对近代西方形式平等的主权国家观念的认识和接受都是在殖民主义肆行全球的时代背景中完成的。以中西两种世界秩序观在晚清时期的遭遇和竞争为背景，以国际法上主权国家的核心要素为架构，并根据晚清中国主权意识生成之历史特性，从司法主权意识、领土主权意识、国民意识和国际社会意识几个方面出发，对晚清中国主权意识的生成进行微观考察。

晚清中国的主权观念是在西方殖民侵略的背景下萌芽成长起来的。因此，在中国古代的"朝贡体系"和"天朝上国"的普适性等级秩序遭到瓦解以后，面对着"亡国灭种"的危机，晚清中国接受主权观念首先要面对的是主权的对外向度，而在对内向度上不可避免地倾向于国家主义，强调国家的自由，胜过了强调个体的自由，也就是所谓的"救亡压倒启蒙"。中国最初接触、认识并最终接受的主权观念，并非西方国家间所遵行的形式平等的主权观念——主权平等和互不干涉内政，而是经过殖民主义改造和重塑的主权观念，是对《威斯特伐利亚和约》所确立的形式平等的主权原则的歪曲和颠覆。对中国而言，欲正确认识主权国家的真实含义，梳理晚清中国主权意识生成的历史进程是以下研究的重点。

第一章　司法主权意识

朝贡体制下中国对涉及化外人案件的处理，与西方国家在鸦片战争后攫取的领事裁判权有着根本性的区别。在朝贡体制下，中国虽允许外国领事运用本国法律管理其在华臣民，但中国政府始终握有司法管辖权上的主动性。但是，西方人通过不平等条约攫取领事裁判权之后，中国政府在司法管辖权上的主动性也随之沦丧。

一、朝贡体系下的化外人条款

（一）清代以前的化外人条款

朝贡体系实际上是以儒家礼治秩序为基准向外延伸，并以中国为中心的亲疏尊卑有别的差序格局，从外观上来看，是一个"同心圆地带"。古代中国关于涉及化外人的案件也曾有相应的规定，但都应在朝贡体系的大背景下来认识和理解。西周时期曾有"中国戎夷五方之民，皆有性也，不可推移""五方之民，言语不同，嗜欲不同"，因此，当时对涉及化外人的案件采取"修其教不易其俗，齐其政不易其宜"的治理策略。[①]当时，对这些居于"要服""荒服"的部落而言，在定期向周天子朝贡的前提下，周天子承认其部落酋长的统治权力，对其传统的法律习俗也不

---

① 《礼记·王制》。

加干涉,不强制推行中原地区的法令。从而在"天下体系"内形成了中原地区和边缘部落法律习俗共存的多元法律规则秩序。① 后世的统治者沿袭了这一治理策略,逐步形成了"汉人治汉人,胡人治胡人"的治理政策。汉朝北击匈奴,在征服匈奴以后,对于降服的匈奴人"因其故俗为属国",保存匈奴人的风俗习惯和法律制度,只对其进行间接的统治。这种治理策略后来扩展至南方的许多民族地区,甚至在魏晋南北朝时期,入主中原的少数民族政权也沿袭了"胡汉分治"的治理策略。这种属人主义的法律适用原则,避免了在边缘地区强制推行中原地区法令可能带来的困难,很大程度上降低了治理成本,同时也形成了多民族良性互动和融合的局面。②

早在唐宋时期,阿拉伯商人居民区就已经在西安、广州、泉州、杭州和扬州出现。在解决涉外争端方面,大唐律典将属人主义的法律适用原则以法条的形式固定了下来。《唐律疏议》卷六《名例》中即有"诸化外人,同类自相犯者,各依本俗法;异类相犯者,以法律论"的规定,并进而解释道:"若有同类自相犯者,须问本国之制,依其俗法断之。异类相犯者,若高丽之于百济相犯之类,皆以国家法律,论定刑名。"③ 宋代沿袭唐制,在各通商口岸设立"蕃坊"供外商居住,仍允许外国人在一定范围内依其本俗法裁断他们之间发生的纠纷。地跨欧亚的元帝国则在

---

① 根据梅因所言,大多数的古代帝国(除了罗马这个重要的例外)和东方帝国都是"征税"帝国,在那里"它们的臣民所从属于其中的团体性的日常宗教生活和平民生活"是不受影响的。传统帝国与"各个小社团的地方性生活"的繁荣是完全相容的,只是受到遥远的征税统治者的非常有限的干涉。相比之下,立法帝国(如罗马帝国)日益根据其原则和利益制定法律,这不可避免地加速了习惯法规则的衰退。在这个意义上,"我们所理解的立法和地方性生活被打破似乎是普遍地同时发生的",随着现代国家体系的扩张和发展,这一模型就变得普遍化了。参见〔美〕卡鲁娜·曼特娜:《帝国的辩解:亨利·梅因与自由帝国主义的终结》,何俊毅译,华东师范大学出版社 2018 年版,第 169 页。

② 江保国:《化外人、领事裁判权与法典化:国际体系变迁中的中国冲突法》,载《武大国际法评论(第十四卷·第二期)》2012 年第 5 期。

③ [唐]长孙无忌等撰:《唐律疏议》,刘俊文点校,中华书局 1983 年版,第 133 页。

其法典中包含了蒙古法和回族法的成分,分别施用于蒙古人和回族人。朱元璋建立明王朝以后,一方面强化对内统治、完善法律体系,另一方面却北修长城、东南海禁,彰显出大一统帝国日趋保守的态势。体现在对化外人法律适用方面,即采取绝对的属地主义司法管辖权原则,凡化外人有犯,无论同类相犯,还是异类相犯,"并依律拟断"。甚至对以使臣、贡臣身份出现在中国境内的化外人亦坚持严格的司法管辖权。[1]满人自北方寒地入主中原以后,因袭明律,坚持严格的属地管辖权,外国人在华犯罪,一律依中国法律裁断。1646年的《大清律例》只是在"化外"之后加上了"来降"这一修饰语:"凡化外来降人犯罪者,并依律拟断。"1725年对此条作了最后修订,在对外国人管辖权的规定中加上了这样的条款:"隶理藩院者,仍照原定蒙古例。"该规定下面的"总注"解释说,由于外国人已经归附天朝,所以他们犯罪时应像一般中国臣民一样受到惩处。[2]

由上可知,自西周以来至鸦片战争前后,各朝律典及实际执行中在一定范围内允许化外人依其本俗法裁断纠纷,这充其量是一种对化外人进行管理的便宜策略。另外,中国古代尚无权利观念,也就不可能有赋予化外人领事裁判权的观念,所谓允许化外人"依本俗法",根本上只是一种方便易行的治理策略。对古代的中华帝国而言,一方面其有效的统治和汲取能力十分有限,不可能将中央王朝的法令强制推行到帝国的边陲地带;另一方面,也显示了中央王朝对化外人风俗的尊重,更多体现的是恩被五方的浩荡皇恩,是一种主动的治理策略。这是一种基于政治、经济和文化上的优越感,也一定程度上体现了对化外人的蔑视态度。

---

[1] 安国胜:《西风落日:领事裁判权在近代中国的确立》,法律出版社2012年版,第27—30页。
[2] 〔美〕艾德华:《清朝对外国人的司法管辖》,载高道蕴、高鸿钧、贺卫方:《美国学者论中国法律传统》(增订版),清华大学出版社2004年版,第454页。

正如苏轼在《王者不治夷狄论》中所言:"夷狄不事以中国之治治也,譬若禽兽然,求其大治,必至于大乱。先王知其然,是故以不治治之;治之以不治者,乃所以深治之也。"①直至1840年鸦片战争以后许久,这种观念仍然是中国各社会阶层的主流认识。

(二)条约制度产生以前清代的涉外纠纷处理

1. 刑事管辖权原则和程序在澳门的最初确立

中国对欧洲人行使刑事管辖权,最初是针对葡萄牙人的。地理大发现时期的欧洲洋溢着一种冒险求进的精神,达·伽马于1498年经好望角抵达印度,开辟了通向东方的航线,葡萄牙人、西班牙人、荷兰人和英国人在高额利益和无厌欲望的鼓动下相继涌入亚洲。1510年,葡萄牙人在印度的果阿建立殖民地以后,立即打开了对中国的贸易,他们开始在白浪岛、浪白澳、泉州、福州和宁波进行贸易活动。然而,由于他们的不轨行为,明朝皇帝将他们赶了出去。1577年,中国政府将葡萄牙人赶至澳门半岛,地方当局仅允许葡萄牙人在那里建立贸易货栈。尽管葡萄牙人宣称,他们握有明代皇帝授予澳门主权的金册,但在事实上,中国政府历来都把澳门视为中国的领土。从一开始,澳门的葡萄牙人就向中国政府缴纳土地的年租金,并向中国海关官员缴纳所有海上贸易的固定关税。此外,明代后期,中国政府曾不止一次地要求驻在澳门的葡萄牙官员承认和尊重中国的主权,并答应严格遵守中国的法律。②

然而,大概在清代统治的第一个世纪中,一些地方官员不再热衷于直接统治澳门这样复杂的地区,因为这个任务太困难了。由于葡萄牙人顽固地拒绝服从和遵守中国的刑事诉讼程序,许多地方官员便不再愿意

---

① 孔凡礼点校:《苏轼文集》,中华书局1986年版,第43页。
② 〔美〕艾德华:《清朝对外国人的司法管辖》,载高道蕴、高鸿钧、贺卫方:《美国学者论中国法律传统》(增订版),第456—457页。

向上司报告葡萄牙人的犯罪行为。如果地方官员向上级汇报了涉及葡萄牙人的罪案，而葡萄牙人又拒不遵守相关法律规定，致使案件办理拖延，就会受到官方纪律处分，甚至有时会有丢掉乌纱帽的危险。由此，地方官员便成了在澳葡萄牙人贿赂的对象，他们正是用这种低劣但有效的方式维护着他们在中国事实上的治外法权。后来，其他的欧洲人也如法炮制。① 虽然明、清两朝的中国政府对澳门享有无可争议的主权，但对发生在澳门的各类民刑事案件，却由于地方官吏对职责的懈怠和疏于管理，以致形成了葡萄牙人在澳门"事实上的治外法权"。这和鸦片战争后列强在中国设立"租界地"的情况表面上有些类似，却有本质上的不同。首先，中葡双方直到19世纪中叶前，未签署过任何正式约章对澳门的地位以及葡萄牙对于其在澳臣民的管理权予以确认；其次，在主权确定的情况下，明清两朝政府给在澳葡萄牙人一定的自治权是沿袭中国历代对"蕃坊夷人"的管理模式，仅仅是出于管理上的便利，并非出自对法权的让渡；最后，对于这样的管理模式，中国政府能够收放自如，完全掌握主动权，策楞（1672—1750）的举动正说明了这一点。②

由于上述原因，中国虽然对澳门享有无可争议的统治权，但它的法律管辖权实际上一直没有及于葡萄牙人。但是，到了1743年，一位具有革新头脑而又精力充沛的满族总督策楞决定对此采取果断行动，试图恢复清政府对澳门财政和执法的有效控制权。他向皇帝上了一份奏折：

> 广州一府，省会要区，东南远接大洋，远国商贩络绎。所属香山之澳门，尤夷人聚居之地，防范不可不周。县丞一员，实不足以资弹压。查前山寨现有城池衙署，请以肇庆府同知移驻前山寨，专

---

① 〔美〕艾德华：《清朝对外国人的司法管辖》，载高道蕴、高鸿钧、贺卫方：《美国学者论中国法律传统》（增订版），第457—458页。
② 安国胜：《西风落日：领事裁判权在近代中国的确立》，第59—60页。

司海防，查验出入海船，兼管在澳民蕃。……香山县丞应移驻澳门，专司稽查民蕃词讼，仍详报该同知办理。①

策楞的这份奏折批下来没多久，在澳门就发生了一起葡萄牙人杀死中国人的事件，给了志在整顿夷务的策楞一次施展才华的绝佳机会。对于这一案件的详情及其处理，晚清梁廷枏所编《粤海关志》里有详细的记载。② 中国地方官吏对嫌犯进行审讯之后，要求将嫌犯交由中国政府审判和惩处。但是，葡萄牙人拒不交人，"番人附居澳境，凡有干犯法纪，俱在澳地处治，百年以来从不交犯收禁"。策楞在给皇上的奏折中指出，地方官员常常对夷人罪案瞒不上报，所以"历查案卷，从无澳夷杀死民人抵偿之案"。他认为，若径行搜查，坚持要求交出嫌犯，可能"致夷情疑惧，别生事端"。有鉴于此，策楞指派广州知府和香山知县前往澳门，监督葡萄牙当局绞死罪犯。

策楞认识到，对外国人行使中国刑事管辖权是一个紧迫且重要的问题，必须迅速解决。他强调，对于外国人杀害中国人的犯罪案件，必须依据斩首或绞刑的相关规定予以惩处。然而，鉴于葡萄牙人常常不肯交出嫌犯，他认为应当奏请皇帝为处理澳门夷人的犯罪案件制定特别程序。对此，策楞提出了如下建议：以后若有夷人杀害中国人的犯罪案件，嫌犯应在澳门或其附近的地方拘押、审问，并由中葡两国人共同在场监督。被告供述、证人证词和验尸报告，以及初步拟定的判决等诉讼材料，皆应上报两广总督。总督须对上述诉讼材料进行复核，以确保适用法律的正确性，并命令香山知县与葡萄牙总督一起，当着全体夷众和受害人家属的面处决罪犯。最后由总督将案件上报皇帝，并报刑部备案。在他

---

① 〔美〕艾德华：《清朝对外国人的司法管辖》，载高道蕴、高鸿钧、贺卫方：《美国学者论中国法律传统》（增订版），第458—459页。

② 参见安国胜：《西风落日：领事裁判权在近代中国的确立》，第60—61页。

看来，若这样安排诉讼程序将会收到"上申国法，下顺夷情"的功效。对于策楞所奏的刑事特别程序，乾隆皇帝依奏批准，并以之著为令，命所有办理此类案件的司法官员循此程序处理该类犯罪案件。① 由此，清代刑事司法管辖权的原则和程序得以确立：既维护了天朝法度的统一性和严肃性，又考虑到了澳门民夷杂处的具体情况和管理上的便利。这一程序不但适用于澳门的葡萄牙人，也适用于在其他地方犯罪的外国人。后来，处置澳门以外杀害中国人的英国水手或美国水手的奏折和上谕，也都引证了1744年策楞所上并得到皇帝批准的权威性奏折。②

然而，违反上述刑事管辖权原则和程序的事件也时有发生。③ 鉴于这种种情况，清政府认为有必要重申当年策楞立下的规矩，于是便有了1749年的所谓"协定条约"（Conventional Pact）：

> 夷犯分别解讯。嗣后澳夷除犯命盗罪应斩绞者，照九年定例，于相验时讯供确切，将夷犯就近饬交县丞，协同夷目于该地严密处所加紧看守，取县丞钤记收管备案，免其交禁解勘。情罪允当，即

---

① 〔美〕艾德华：《清朝对外国人的司法管辖》，载高道蕴、高鸿钧、贺卫方：《美国学者论中国法律传统》（增订版），第460—461页。

② 但应该指出的是，适用于澳门的葡萄牙人的诉讼程序，实际上与适用于广州的英国人和美国人的诉讼程序有很大的不同。在涉及澳门以外的外国人杀害中国人的案件中，中国要求外国大班或船长查出和交出外国罪犯，由地方当局依据中国法律和1744年所确立的经过修改的刑事诉讼程序予以审判和惩处。在这类案子中，中国当局不允许外国人与中国地方官员一道执行刑罚。而在处理澳门葡萄牙人杀害中国人的案子时，外国人与中国地方官员一道行刑却是习惯性做法。同上书，第462—463页。

③ 1748年，策楞调任两江总督后不久，他的继任者便破坏了他所创下的规则，在处理一起澳门葡萄牙人杀害中国人的恶性案件时不顾天朝法度，竟然稀里糊涂地允许将两名葡籍凶手按他们的法律流放葡属殖民地帝汶岛，从而受到乾隆皇帝的斥责；1749年，澳门又发生了一起教堂包庇涉案中国人的事件：某些被中国当局指认为罪犯的人假借教徒的身份，逃往安巴罗修道院潜藏，葡萄牙当局又拒不交出他们，中国广东地方政府遂停止对澳门的物资供应并勒令所有商人离开澳门，葡萄牙这才被迫交出逃犯。参见安国胜：《西风落日：领事裁判权在近代中国的确立》，第63—64页。

饬地方官眼同夷目依法办理。其犯该军流徒罪人犯,止将夷犯解交承审衙门,在澳就近讯供,交夷目分别羁禁收保,听候律议,详奉批回,督同夷目发落。如止杖笞人犯,檄该夷目讯供,呈复该管衙门,复明罪名,饬令夷目照拟发落。

禁私擅凌虐。嗣后如有华人拖欠夷债及侵犯夷人等事,该夷即将华人禀官追究,不得擅自拘禁屎牢,私行鞭责,违者按律治罪。[①]

1749年制定的这份"协定条约",用中文和葡文刻在石柱上,置于澳门公共场所的显著之地。这一举动明确地宣告了清政府对于澳门刑事案件的管辖原则:对所有中国人在澳门的不法行为,葡萄牙当局无权管辖,必须由中国官吏按《大清律例》进行处罚;对于伤毙中国人的居澳外国人,应严格遵循1743年由策楞确立的原则和程序。1743年和1749年的澳门条例,以及后来的实践都表明,只要所商定的条例能够满足维持秩序和惩罚杀害中国人的犯罪的基本要求,中国政府都愿意在管辖权问题上做出妥协。[②] 上述关于刑事管辖权的原则和程序一直沿用到了鸦片战争,维持了将近一个世纪。

2. 英美对中国刑事管辖权的挑战

明末清初时期,广州的贸易实际上由葡萄牙人垄断,其他国家的商人只是偶尔被获准进入。英国工业革命的迅速推进,使其生产力获得了极大的发展,丰富的原材料产地和广阔的市场成为其发展的命脉之所在。求利心切的英国人踏着殖民扩张的步伐,在东方贸易中赶超葡萄牙、西班牙和荷兰,后来居上,占据了中西贸易的主要份额。而此时的中国,正值北方寒地的满族人入主中原之际,实现了中国历史上又一次

---

① 转引自安国胜:《西风落日:领事裁判权在近代中国的确立》,第64页。
② 〔美〕艾德华:《清朝对外国人的司法管辖》,载高道蕴、高鸿钧、贺卫方:《美国学者论中国法律传统》(增订版),第495页。

王朝更迭。但是，在大清定鼎之初，中国的东南沿海却始终不得太平，反清复明势力割据一方，为了稳固皇基，清政府较明朝更为严厉地推行了"海禁"政策。1685年收复台湾以后，康熙帝立即开放海禁，并在广东、福建、浙江和江苏四省设立了海关，但西方商人与中国的贸易仍然被严格限制。

18世纪以来，工业革命快速发展的西方国家早已对中国这块广阔的市场垂涎三尺，追求高额利润的动力促使他们鼓浪而来，于是广州港被推向了中西两种异质性文明相互碰撞的风口浪尖。此时，清政府在通商口岸设置的一系列限制，让来华通商的外国人，尤其是后来居上的英国人难以容忍。在明末清初时期，西洋人曾到过漳州、泉州、福州、厦门、宁波和定海各处通商，后来因诸多不便，1757年清廷颁布上谕，停开其他口岸，只留广州一口通商，并设置了诸多限制，如只准夏秋两季买卖，冬天必须到澳门去过冬等。在当时的欧洲人看来，乾隆皇帝是一个模范的开明君主。所以，他们都认为"广州体系"（Canton System，亦称"广州制度"）下的诸多弊端陋习和窒碍不便都是地方官吏肆意妄为的结果，并不为远在北京的大清朝廷所知晓。倘若能设法使英明神武的乾隆皇帝知晓，情势必然会有所改善。① 1759年英国人洪任辉（James Flint，今译名弗林特，18世纪的一名英国商人和外交家，曾为英国东印度公司职员）北上告状事件使这种冲突浮出水面。美国人马士（Hosea Ballou Morse，1855—1934）有如下记载：

> 1755年英国东印度公司的代理人，喀喇生（Harrison）和洪任辉（Flint），被派到宁波开辟贸易。1757年，奉上谕，外商贸易限于广州；但在1759年，洪任辉又被派往宁波。因为他的请求被拒绝，

---

① 蒋廷黻：《中国近代史》，岳麓书社2010年版，第8—9页。

他就前往天津并且向中国皇帝呈上一封奏折。结果，在广州的一切征课，除了百分之六的货物税和每只船应缴的1950两规费之外，暂时都免除了；但是洪任辉回到广州后竟被逮捕，并且被勒令驱逐出境；不过在判决执行之前，从1760年3月到1762年11月间，他仍拘禁在澳门前山寨的一个中国监狱里。他的罪状似乎是这样的，他玩忽了帝国限制在广州贸易的诏令，又直接向皇帝呈递了奏折，并且还越礼诋毁了广州的中国官员。①

由于洪任辉的大胆进言，使得广州海关的种种弊端浮出水面，清政府对一些地方官员进行了处罚。洪任辉的上告非但没有让英国人获准在北方开辟新的贸易口岸，反而使中西通商口岸被严格地限制在广州一港，并对中西贸易进行了更加严格的规定。英国人的抱怨和申诉招致了一系列的皇帝敕令，制定了严格的针对欧洲人贸易行为的条例，甚至制定了规范他们生活方式和娱乐方式的条例。这些条例中包括《防夷五事》②，其内容如下：

> 所有的西方贸易都限定在广州港；禁止西方人全年呆在广州，在贸易的淡季，他们必须返回欧洲或到澳门居住；所有在广州贸易的西方人，都必须在从中国商人手中租来的"商馆"中生活和从事交易，他们不得以任何理由进入广州市区；禁止广州和澳门的西方人向中国内地传递信件，以获取市场情报或与外国传教士联络；西方人与中国官方的所有联系都必须通过"行商"（中国商人团体，办

---

① 〔美〕马士：《中华帝国对外关系史（第一卷）》，张汇文等译，上海书店出版社2006年版，第120—121页。

② 乾隆二十四年（1759年），两广总督李侍尧制定了《防范外夷规条》五项，又称《防夷五事》。

理对外贸易的许可证);中国商人不得向外国商人借钱;每一条外国船只对有关费用的交纳和对港口规则的遵守,都要有某一商行的担保,该商行是该船的"保商";最后,保商、通事和买办(负责外国船只供给和修补的商人)在与外国船只做生意时,负责外国船只的官员和人员遵守中国的法律和规则,外国大班和外国船只的商务负责人,负责"弹压"骚动的船员和交出杀害中国人的有罪水手。[①]

《防夷五事》基本上确立了以官制商、以商制夷的所谓"广州制度",这一制度一直沿用至 1840 年鸦片战争。由于对夷商活动进行了十分严格的规定和限制,广州制度下的西方商人愤懑不已。

18 世纪下半叶,在广州,对中外关系威胁最大的事件发生于 1784 年。当时,一条从孟买驶来的私人船只——"休斯女士号"(Lady Hughes)——停泊在黄埔锚地。在其鸣放礼炮时,误毙了两名中国政府官员。次日,中国政府官员在广州会见了东印度公司商务负责人理事会的主席皮古先生,经过双方交涉,中方要求他将炮手交由中国当局,以进一步调查处理此事。皮古以炮手已经畏罪潜逃为由拖延。第三日,中国方面继续要求他交出炮手,皮古又以理事会无权管辖私人船只为由搪塞,并说:"休斯女士号的商务负责人乔治·史密斯先生更有资格满足他们的要求……"鉴于英方拒不交出凶手,11 月 27 日,中方设计诱出史密斯,将其逮捕,并押入广州城囚禁。[②]

迫于各种压力,11 月 30 日,威廉斯船长于百般无奈,将炮手押送到了广州商馆。1784 年 12 月 6 日,经过了 9 天的努力,禁止与英国贸易的禁令解除了,"休斯女士号"于 7 日启航,那位炮手仍留在中国被

---

① 〔美〕艾德华:《清朝对外国人的司法管辖》,载高道蕴、高鸿钧、贺卫方:《美国学者论中国法律传统》(增订版),第 473—474 页。

② 同上书,第 476—477 页。

监禁。广东巡抚孙士毅(1720—1796)为稳定局面欲息事宁人,遂向外国人保证"以最有利的方式"将本案上报。他也确实遵守了诺言,在上奏朝廷时建议对肇事炮手按误伤从轻处理。然而,他对于此案的处理意见却遭到了乾隆皇帝的严厉申斥。①1785 年 1 月 8 日,省按察使召见各个国家的两名代表及其所有的行商,并告知他们,皇帝"不高兴(英国人)迟了五天才引渡炮手……朝廷极为公正地要一命抵他的两位臣民的命。……我们后来得知,大约在我们得到上述告诫时,这位不幸的人已经被绞死了"。②"休斯女士号"案件的另一个后果是,自此英国人再没有向清政府交出杀害中国人的英国凶手,他们开始用实际行动挑战大清国的法度。从 1784 年到 1840 年鸦片战争爆发的这半个多世纪里,合法贸易与非法鸦片走私持续增长,英国水手伤毙华人的事件时有发生,而英国的确没有再将一名犯了杀人罪的水手交回中国政府,也没有在答应中国官方回国惩处罪犯以后,真正地用他们自己的法律惩罚过犯下这种罪行的人。③

1785 年炮手被处死的当年,英国人设在广州的理事会商务负责人就写信给在伦敦的东印度公司董事会,说他们决定不再服从中国的刑事管辖权,并主张通过"使中国人畏惧的方式"获得如下权益:"在发生凶案时,嫌犯应由我们审理,可由一名中国官员出席;如果发现该犯有罪,则将他交出;但如果发现他是无辜的,则应允许我们保护他——如果其行为证明仅是误杀,他们应同意予以适当量刑,例如一年监禁,或是其他我们事先约定的刑罚。"这实际上是建议英国政府采取强制手段为在华英国人向中国要求治外法权。④ 在对上述信件的回复中,伦敦董事

---

① 安国胜:《西风落日:领事裁判权在近代中国的确立》,第 67 页。
② 〔美〕艾德华:《清朝对外国人的司法管辖》,载道蕴、高鸿钧、贺卫方:《美国学者论中国法律传统》(增订版),第 479 页。
③ 安国胜:《西风落日:领事裁判权在近代中国的确立》,第 69 页、第 90—91 页。
④ 同上书,第 89—90 页。

会"指责了商务负责人们在该事件中的行为,并告诉他们,抵抗中国人是没有用处的,因为他们有绝对的权力逮捕私营贸易者和审判私人船只主,……在杀人案中,他们应该协助中国官员逮捕罪犯"。最值得注意的是,英国从未采取措施推进商务负责人的提议。① 我们必须清楚的是,伦敦董事会的回复绝不是出于对中国司法主权的尊重,只是在特定形势下为了维护东印度公司在华贸易地位的策略而已。

从"休斯女士号"案件到鸦片战争期间,流行于英国的一般性看法是在中国立即建立一个英国法庭。但政府和法律专家的一致看法似乎是,在目前的国际法条件下,除非中国已经批准了一项有约束力的国际性条约,否则不能合法地建立权能充分的法院。② 为了促成这种条约,英国政府先后派遣大使加茨喀特(1787年)、马嘎尔尼(1793年)、阿美士德(1816年)等赴华谈判。1787年,加茨喀特中校被任命为皇家大使,受命解决影响英国在中国进行贸易面临的困境:改善英国与中国的贸易并取消目前的一些限制;消解中国人认为英国有侵占领土企图的疑虑,并向中国保证英国的贸易只在和平经商;获得"比广州的地理位置更便利的一小块地盘或孤岛",充作由英国司法治下的贸易货栈。即使这些目的不能达到,也应努力缓解在广州遇到的困难,并促成英国与中国之间设常驻使节。③ 英国政府在给加茨喀特的正式指令中说:

> 我们的商务负责人被公然拒绝进入该国的法庭,不得与知其法律的公正执行,而且该国的法律总是处于极为专断的和残酷镇压的状态,与赋予它们的十分重要的关注不相容,在任何自封为文明的

---

① 〔美〕艾德华:《清朝对外国人的司法管辖》,载道蕴、高鸿钧、贺卫方:《美国学者论中国法律传统》(增订版),第481页。
② 同上书,第482页。
③ 安国胜:《西风落日:领事裁判权在近代中国的确立》,第83—84页。

国家里,发生这类事情都是难以想象的。……这些罪恶究竟是帝国政府既定政策引起的,……还是仅仅由遥远的省政府的腐败和滥用职权所引发的,这是你应当予以查清的。①

同年 12 月,加茨喀特使团从英国启航,加茨喀特不幸患上了严重的肺结核,于次年 6 月客死途中,夭折的使团被迫返航,没有在中国的史册中留下任何关于他们的只言片语。② 五年以后,他们又派遣马嘎尔尼勋爵担任"大不列颠国王特命全权派驻中国皇帝大使"。英国政府给这位全权大使的任务,除了尽可能地收集有关大清国的情报之外,还有一些具体的目标——打开东方与英国之间的贸易通道,并与中国发展正式的条约关系。③ 马嘎尔尼肩负着打开中国国门、开辟东方市场的重任,他的对手却是极为注重天朝定制的礼仪之邦,为了维护其"天朝上国"的尊严而极尽周详之能事。两个帝国的态度如此迥异,这次出使的结果也就不难预料了。马嘎尔尼的这次出使,拉开了一场商业帝国与"天朝上国"之间猛烈撞击的序幕。

1821 年 8 月,在广东口岸发生了美国商船"急庇仑号"(Emily)上的意大利水手德兰诺瓦(Francis Terranova)因买卖发生争执,并从船上投掷一只瓦罐将贩果华妇郭梁氏砸伤,并致其溺毙的事件。中国方面要求交出德兰诺瓦,但被拒绝,中方遂以停止美商在广州的各项贸易相威胁。迫于无奈,美国方面同意在船上审判该案。此次审判由番禺县丞主持,该县丞听取原告方面的相关证言证据,而未对这些证言证据予以翻

---

① 〔美〕艾德华:《清朝对外国人的司法管辖》,载高道蕴、高鸿钧、贺卫方:《美国学者论中国法律传统》(增订版),第 482 页。
② 安国胜:《西风落日:领事裁判权在近代中国的确立》,第 84 页。
③ 〔美〕徐中约:《中国近代史:1600—2000,中国的奋斗》,计秋枫等译,世界图书出版公司北京公司 2012 年版,第 111 页。

译，同时还不准被告方面答辩提出相关的证明或申辩，经过这样草草的审讯，就宣判了罪状。经过这样一通审判之后，德兰诺瓦便被船上的官员加以锁铐。贸易仍旧被停止着，美国商人们和船员都大感苦恼。一星期之后，德兰诺瓦被交出，并在城中举行第二次审判。在这次审判中，没有外国人在场，他再度被判有罪，并在二十四小时内处以绞刑。随后，他的尸体被送归"急庇仑号"。美商的贸易重开了。①

当时的美国人在德兰诺瓦被处决之后的表态颇耐人寻味："我们认为案件是不公平的。我们在你们的水域就得服从你们的法律，尽管它们是如此偏颇，我们也不作反抗。你们按照自己的法律观念，未经审判而将之定罪，但我们的国旗并未受到侮辱，它仍在你们的头上飘扬。服从于你们这样一个周围有势不可挡的武力，又有一个以庞大的帝国为后盾的权力，并不是耻辱。"② 马士对此事的说法是："'当我们在你们的领海内，我们理应服从你们的法律；即使它们永远是这样的不公正，我们也不能反对它们。'这种态度，直到1844年顾盛（Caleb Cushing）提出领事裁判权问题的时候为止，一直保持着。"③ 由此可见，美国人对中国的法律和司法实践的态度是十分复杂，一方面认为其有一些不公平，另一方面却又出于商业利益的考虑，不得不表示服从。

长期以来，东印度公司垄断着英国对华贸易的权利，它为了追逐对华贸易的高额利润，承担着维持在广州的英国居民的秩序。然而，1834年，东印度公司对华贸易垄断权被取消，"英国政府取代了东印度公司与中国打交道，官方关系替代了非官方关系"。④ 随着东印度公司的贸易垄断权被解除，大量英国"自由商人"涌入中国。因此，对英国商人的

---

① 〔美〕马士：《中华帝国对外关系史（第一卷）》，张汇文等译，第117—118页。
② 安国胜：《西风落日：领事裁判权在近代中国的确立》，第73页。
③ 〔美〕马士：《中华帝国对外关系史（第一卷）》，张汇文等译，第124页。
④ 〔美〕徐中约：《中国近代史：1600—2000，中国的奋斗》，计秋枫等译，第124页。

管束就变得愈发困难。面对这样的境况，英国政府决定派遣苏格兰贵族律劳卑（William John Napier, 9th Lord Napier, 1786—1834）任英国驻华商务总监。从加茨喀特到律劳卑，在所有这些英国派出的正式使者、负责中国贸易的官员所领受的任务中，都有一项涉及治外法权，即英国人从官方层面上求得清政府的许可，在一定区域内适用英国的法律或用英国法律管辖其在华臣民。① 尽管外交努力一次又一次地遭遇了失败，但迫于通商口岸的复杂形势，英国人寻求治外法权的愿望也愈发强烈。

自 19 世纪初开始，大量"自由商人"涌入中国市场，尤其是 1834 年东印度公司在华贸易垄断权将被终止，原本负责维持在华英国居民秩序的商务负责人也将被撤销。英国政府认识到了如此众多的英国臣民在中国不受任何法律管辖的危险之所在。因而，于 1833 年颁布法律，规定在中国设立一个具有刑事和海事管辖权的英国法庭，并由英国商务总监根据本国法律和诉讼程序主持审判。然而，英国政府也认识到要在中国设立英国的法庭是有问题的，因为这并没有获得中国政府方面的允准。因此，第一任商务监督律劳卑接到指令，要以最大程度的限制行使司法权。他还收到这样的指示：

> 我们要求你时刻牢记，并且只要有机会，就要让住在或常去中国的我国臣民记住，只要中华帝国的法律和习惯对于你和他们来说是公正和善意地实施的；而且，只要此种法律是以与中国臣民或其他外国居住或常去中国的臣民或公民同样的方式实施，那么，你和我们的臣民便有义务遵守它们。②

---

① 安国胜：《西风落日：领事裁判权在近代中国的确立》，第 89 页。
② 〔美〕艾德华：《清朝对外国人的司法管辖》，载高道蕴、高鸿钧、贺卫方：《美国学者论中国法律传统》（增订版），第 496 页。

无论是律劳卑,还是从1834年到1836年的两位继任商务总监,谁都没行使1833年立法赋予他们的司法权力。但是,第四任商务监督义律(Charles Elliot,1801-1875)确信中国当局会欢迎任何维护英国水手秩序的措施,所以于1837年制定并颁布了一系列条例,以维护在黄埔的英国船只上的秩序。这些条例是非常短命的,因为外交大臣巴麦尊勋爵(Henry John Temple,3rd Viscount Palmerston,1784-1865)通知义律,政府法律顾问们的看法是:"(这类)条例,在中华帝国的领土内,会干涉由独立国家享有的绝对主权,因而这类条例只能由实体性条例为其提供合法依据,或者通过惯例得到认可。"在接到这一指令以前,义律已审判并判处监禁了几名英国水手,因为他们曾经袭击了中国人。这些判决被英国的法院推翻,原因是义律的行为违背了中国的主权。然而,1838年英国政府再次提议该项立法,试图在中国设立一个拥有民事、海事以及刑事管辖权的法庭。未获得中国政府的同意,法案被撤回了。此时,中国政府开始严格推行其禁止鸦片贸易的法律。由于英国政府拒绝与中国政府合作禁烟,中英关系变得日益紧张起来。鸦片进口在英国对中国的贸易中占有头等重要的地位。[①]

1839年7月,又发生了一次中英双方关于刑事管辖权的争执,几名英国水手醉酒后寻衅滋事,在香港九龙杀死了一个名叫林维喜的中国青年。清政府钦差大臣林则徐再三要求英方交出嫌犯,义律则答复道:针对英国人的犯罪,应依照本国律例审办。这无疑是对中国司法管辖权的公然挑战。钦差大臣林则徐对此极为愤慨,遂立即邀请美国传教士伯驾(Peter Parker,1804-1888)和自己的译员袁德辉一起,摘译了瑞士国际法学家瓦泰勒的《万国法》(译为《各国律例》)。随后,林则徐依据"外

---

① 〔美〕艾德华:《清朝对外国人的司法管辖》,载高道蕴、高鸿钧、贺卫方:《美国学者论中国法律传统》(增订版),第496—497页。

国有犯者,即各按各犯事国中律例治罪",指出:"查该国向有定例,如赴何国贸易,即照何国法度,其例甚为明白",英国人"犯罪在伊国地方,自听伊国办理,而在天朝地方,岂得不交宪审办?"① 可以看出,林则徐已经开始在处理中英问题时援引国际法知识作为理据。林则徐据理力争,但义律却一意孤行,置中国司法管辖权于不顾,决定在一艘英船上"设立一个具有刑事与海上管辖权的法庭",并自任法官,分别组织两个陪审团开庭审理此案。最后,驳回了杀人的控诉,几名水手以骚乱罪名而被判处监禁和罚金。英国人最终也没有做出任何妥协,随之而来的战争,更是让法权争论无果而终。值得一提的是,曾在"急庇仑号"事件中明确(尽管是不情愿地)表示服从中国法律的美国人,在林维喜案中彻底改变了立场,开始积极主张领事裁判权。可以说,林维喜案标志着西方列强沆瀣一气,开始对中国的司法管辖权发起全面的挑战。

由上可知,清政府对于涉及外国人的刑事案件管辖权始终是不愿放弃的。但是,对于一些性质轻微的民商事案件和不涉及中国人的刑事案件,清政府的一般政策是不予干涉,以体现"天朝上国"的浩荡皇恩。1754年,一名法国军官杀死了英国水手查尔斯·布朗(Charles Brown)。法国人希望英国人同意他们将罪犯送到法国受审,但英国的商务负责人们却认为,如果他们顺从法国人的要求,骚动起来的英国水手就会叛乱,会自己去实施法律制裁。因而,他们正式要求清廷当局对此案展开调查,并对法国军官施以惩罚。两广总督曾试图说服英国人撤回该项起诉,但并未奏效。随后,他们不情不愿地举行了一次审判。不久,法国方面向中国引渡了一名法国人(据英国方面说,是有罪军官的替罪羊),该法国人被判处死刑后拘押在广州的一所监狱里,等候皇帝对判决的最

---

① 田涛:《国际法输入与晚清中国》,济南出版社2001年版,第29—31页。

后批准。然而，乾隆皇帝并不同意中国政府对该案件行使管辖权，因为该案只涉及外国人，并无中国人。接着，乾隆皇帝利用这一绝佳机会，明确地重申了不干涉原则："外洋夷人，互相竞争，自戕同类，不必以内地律法绳之。"此后，不干涉仅涉及外国人的案件成为一项基本刑事政策。为了遵守不予干涉的政策，中国官员还拒绝介入1778年的一桩案子，该案涉及英国人与荷兰人的争斗。同样，也拒绝审理英国人与丹麦人发生于1780年的争端。清廷当局也没有涉足发生于1806年、1813年和1814年的几桩杀人案。①

尽管欧洲人对中国法律的"残酷性""野蛮性"提出过诸多批评和不满，但他们几乎都认为中国政府对于那些中国人对外国人所犯罪行则从不包庇偏袒，中国的罪犯往往都能够受到严厉的惩罚。为了保护欧洲商人的利益，乾隆皇帝于1777年发布敕令说：

中国抚驭远人，全在秉公持正，令其感而生畏。……而有事鸣官，又复袒护民人，不为清理，彼既不能赴京控诉，徒令蓄怨于心。……且或虑粤商奸恶，致呼吁仍复成空，将来皆裹足不前，洋船稀至，又复成何事体！……各该将军、督、抚等，并当体朕此意，实心筹办，遇有交涉词讼之事，断不可徇民人以抑外夷。②

这里明显地居高临下，体现出了清朝统治者"抚驭远人"的"天朝上国"心态，此乃对传统朝贡体制下司法管辖原则的维护。

---

① 〔美〕艾德华：《清朝对外国人的司法管辖》，载高道蕴、高鸿钧、贺卫方：《美国学者论中国法律传统》（增订版），第499—500页。
② 转引自同上书，第504页。

二、领事裁判权的确立

(一) 英国的领事裁判权

在鸦片战争爆发之前,英国人就已经迫不及待地想在中国攫取领事裁判权了。然而,1842年中英《南京条约》中并没有写进领事裁判权一款。这究竟是何原因呢?马士对此的说法是:"在南京,英国人因为要贯彻如割让香港就不要求商业上的让步的政策,这点(指对外国人的审判权)就没有规定。"①《南京条约》签订后,1842年9月1日,钦差大臣耆英(1787—1858)、伊里布(1772—1843)和两江总督牛鉴(1785—1858)联名,给英国全权谈判代表璞鼎查(Sir Henry Pottinger, 1789-1856)照会。照会共列了《南京条约》之后须予解决的十二项问题,包括通商以后允许外国人居住城里、夷欠问题等,其中第八项内容规定:

> 英国商民,既在各处通商,难保无与内地民人交涉。狱讼之事,从前英国货船在粤,每以远人为词,不能照中国律例科断。并闻欲设立审判衙门,如英国之呵压打米拿一样。但乾隆十九年佛兰西人时雷氏一犯,钦奉谕旨,令其带回本国,自行处治。即道光元年英吉利国兵船水手打死黄埔民人黄姓之案,亦经阮督部堂奏请,令英国自行惩办。各在案。此后英国商民,如有与内地民人交涉事件,应即明定章程,英商归英国自理,内民由内地惩办,俾免衅端。他国夷商仍不得援以为例。②

---

① 〔美〕马士:《中华帝国对外关系史(第一卷)》,张汇文等译,第342页。
② 原载〔日〕佐佐木正哉:《鸦片战争之研究(资料篇)》,第216—219页,转引自安国胜:《西风落日:领事裁判权在近代中国的确立》,第111页。

清代前期努力争取的涉外案件管辖权，拱手相让于外国。甚至有论者称这份照会为"中国近代史上最要命的外交文件"。① 他们歪曲清代处理涉外案件的先例，并以之作为将中国司法管辖权拱手相让的依据。蒋廷黻对此有这样的评价："协定关税和治外法权是我们近年所认为不平等条约的核心，可是当时的人并不这样看。治外法权，在道光时代的人的目光中，不过是让夷人管夷人。他们想那是最方便，最省事的办法。……总而言之，道光年间的中国人，完全不懂国际公法与国际形势，所以他们争所不当争，放弃所不应当放弃的。"② 可能是由于受蒋廷黻这一判断的影响，后来基本倾向于认为道光年间所有人都完全不懂国际公法与国际形势，因此将中国涉外的司法管辖权拱手让人。其实，根据我们前面的论述可以看出，整个清代对于涉及外国人的刑事案件管辖权是非常重视的，并非完全无所认识，当然这并不意味着时人已经能够在近代国际法的意义上理解领事裁判权和治外法权，他们不过仍是在朝贡体系的框架内理解这一问题罢了。

对此，有论者作出了精准一些的解释：《南京条约》规定了五口通商，中外司法冲突势必增多，一些沿海省份的督抚对今后如何处理此类问题的担心也影响了耆英等人的判断。此外条约规定的2100万元赔款中就有300万元是行商历年所欠英商的款项，"夷欠"问题也令清政府感到头痛。这些因素加在一起，导致了耆英等人为"杜绝衅端、永远息争"而提出了这一一劳永逸的解决办法，殊不知正中了英国人的下怀。③ 对于给璞鼎查的照会，英国人自然是喜出望外。璞鼎查立即对耆英的照会作了回复，对于司法管辖权一项尤其作了详尽的回复：

---

① 茅海建：《天朝的崩溃：鸦片战争再研究》，生活·读书·新知三联书店1995年版，第492页。
② 蒋廷黻：《中国近代史》，第23—24页。
③ 安国胜：《西风落日：领事裁判权在近代中国的确立》，第112页。

> 兹议明定章程，英商归英国自理，内民由内地究办，足表贵大臣等求免争端之心矣。嗣后应如所议，除两国商民相讼小端，即由地方官与管理官会同查办外，所有犯法讨罪重端者，英人则交本国总管审判，华民则交内地大官究惩。①

为了将这一英国自理争端落到实处，璞鼎查很快就致书英国外交大臣阿伯丁（Aberdeen），要求派遣一名有权力之官员来华管理英国人。阿伯丁在回信的最后一段对于司法管辖权问题作了极为明确的指示：

> 关于刑民事案件管辖这一问题，我愿唤起你的注意，最好是以环境所能许可的一种正式方式，争取中国政府的同意，英国当局对英国臣民这一类案件中绝对管辖权。中国政府方面这样的一种正式同意的缺乏，就招致了数年前提向国会的一项法案的否决，那项法案的目的，就是要规定女王陛下的驻华公务员在某些案件中实施裁判权的。如能照以前土耳其各苏丹那样声明放弃裁判权，并记载在条约里面，那么就会排除掉这样一项法案的制定在国会中所引起的困难了。②

由上可知，英国政府对于其当局在刑民事案件中对英国臣民的绝对管辖权十分重视，他们要求璞鼎查谨慎行事，争取在环境所能允许的范围内获得中国政府的同意，获得这一司法管辖权。英国政府指示璞鼎查，他们的目标是像以前在土耳其等国家那样获得领事裁判权，将这一特别授权明确记载于条约之中，从而让这一法案在国会顺利表决通过。

---

① 原载〔日〕佐佐木正哉：《鸦片战争之研究（资料篇）》，第221—222页，转引自安国胜：《西风落日：领事裁判权在近代中国的确立》，第113页。
② 〔美〕马士：《中华帝国对外关系史（第一卷）》，张汇文等译，第733页。

经过双方和谐宽松的谈判，1843年7月22日，中英《五口通商章程》和《海关税则》在香港公布，章程第十三款"英人与华民交涉词讼一款"，作了如下规定：

> 凡英商禀告华民者，必先赴管事官处投禀，候管事官先行查察谁是谁非，勉力劝息，使不成讼。
> 间有华民赴英官控告英人者，管事官均应听诉，一例劝息，免致小事酿成大案。
> 其英商欲行投禀大宪者，均应由管事官投递，禀内倘有不合之语，管事官即驳斥另换，不为代递。
> 倘遇有交涉词讼，管事官不能劝息，又不能将就，即移请华官公同查明其事，既得实情，即为秉公定断，免滋讼端。
> 其英人如何科罪，由英国议定章程、法律发给管事官照办。
> 华民如何科罪，应治以中国之法，均仍照前在江南原定善后条款办理。①

此项条款乃是英国政府在中国正式获取领事裁判权的条约依据。该条规定：中英之间的刑事案件，各按被告本国法律科罪；中英之间的民事纠纷，则先行调解劝息，倘调解不成，则由中英双方"公同查明其事""秉公定断"，但究竟依据何国法律以及如何裁断则并未定明。

中英《五口通商章程》和《海关税则》在香港公布以后，耆英等人遂报军机大臣穆彰阿（1782—1856）等逐条审定。对于"英人与华民交涉词讼一款"，军机大臣们给出的最终审断意见居然也是"臣等查通商之务，贵于息争"，中英商民的争执应由双方管事官一例劝息，"免致小事

---

① 王铁崖：《中外旧约章汇编（第一册）》，生活·读书·新知三联书店1957年版，第42页。

酿成大案",对于中英双方各按本国法管束本国民人一节,则"均应准其照江南原定善后条款办理"。最后,道光皇帝也大笔一挥,朱批"依议"二字,宣告了领事裁判权正式在中国确认。10月8日,中英双方在虎门签订了《五口通商附粘善后条款》(《虎门条约》),以作为《南京条约》的续补。由于签订这一善后条款时,此前在香港公布,后又经道光皇帝批准的中英《五口通商章程》和《海关税则》均被视为该条款的一部分,因此以善后条款签订的日期为《五口通商章程》的签订日期,1843年10月8日被当作领事裁判权在中国正式确认的日期。①

(二)美国的领事裁判权

对于美国人在对华交往过程中的矛盾心理,费正清曾经有这样的评论:"我们在为反对英帝国而进行的独立战争后不久进入了中国,其方式是一面仍旧抨击英帝国的坏处,一面要求分享它的好处。这就使我们的对华政策带有一种奇怪的两面性,在思想和行动上产生了差距。"②甚至在19世纪初以来,美国也在求利欲望的促使下干起了向中国输出鸦片的罪恶勾当。曾经为了获得在华贸易的巨额利润还算"恭顺",但随着19世纪30年代中国禁烟运动日趋激烈,美国商人谋求用本国法律保护自身利益的呼声也日渐高涨,在英国人迫使中国政府签订了丧权辱国的《南京条约》以后,终于按捺不住了。

1844年6月15日,在美国首任谈判特使顾盛抵华即将与耆英谈判之际,发生了一起美国人枪杀中国人的案件,史称"徐亚满案",外文史料称为"6·15事件"。这个案件当然地成为中美双方谈判的重点内容。谈判第二天,耆英就要求顾盛"杀人偿命,本属理所当然,而众怒难犯,

---

① 安国胜:《西风落日:领事裁判权在近代中国的确立》,第120—121页。
② 〔美〕费正清:《美国与中国(第四版)》,张理京译,第297页。

必须有以服其心,乃能平其气。务祈谕饬迅速查明此案,枪毙民人徐亚满之正凶实系何人,早日按法处治,俾命有抵偿。"顾盛竟反咬一口,"为6·15事件照会耆英,要求保护美国人,防止将来相同事件之发生。"顾盛有言:"我感到如果旅华美侨要服从当地管辖,而他们周围的英国人、葡萄牙人却可置身其外,那么,在中国的美国人的地位将是如何可耻。"① 经过一番谈判之后,耆英于1844年7月3日签署了《中美五口通商章程》(《望厦条约》)。《望厦条约》对领事裁判权(治外法权)作了如下规定:

第二十一款 嗣后中国民人与合众国民人有争斗、词讼、交涉事件,中国民人由中国地方官捉拿审讯,照中国例治罪;合众国民人由领事等官捉拿审讯,照本国例治罪;但须两得其平,秉公断结,不得各存偏护,致启争端。

第二十四款 合众国民人因有要事向中国地方官辩诉,先禀明领事等官,查明禀内字句明顺、事在情理者,即为转行地方官查办。中国商民因有要事向领事等官辩诉,先禀明地方官,查明禀内字句明顺、事在情理者,即为转行领事等官查办。倘遇有中国人与合众国人因事相争不能以和平调处者,即须两国官员查明,公议察夺。

第二十五款 合众国民人在中国各港口,自因财产涉讼,由本国领事等官讯明办理;若合众国民人在中国与别国贸易之人因事争论者,应听两造查照各本国所立条约办理,中国官员均不得过问。②

---

① 安国胜:《西风落日:领事裁判权在近代中国的确立》,第138页、第146—147页。
② 王铁崖:《中外旧约章汇编(第一册)》,第54—55页。

据此，美国在华领事裁判权得以正式确认。与1843年中英之间关于领事裁判权规定的含混相比，律师出身的顾盛在《望厦条约》中对美国在华领事裁判权作了明确的规定。除了对刑事、民事案件作了严格的区分，刑事案件采取被告主义、中国官员无审讯惩处之权外，还绝对地排斥了中国对于涉及美国人之间以及美国人与其他外国人之间诉讼案件的管辖权。此外"公议察夺"，虽然并未正式确立会审制度，却也为这一制度的最终确立埋下了伏笔。①

对此，道光皇帝的态度是："外夷互相争胜，是其常情。此次办理夷务，给予条约，准其在各省通商，已属格外施恩。该夷等惟当恪守章程，共享升平之福，不得于议定各条之外，妄生冀幸。国家抚驭外夷，一视同仁，断不使彼此稍分厚薄，致启事端。"② 由此可见，清廷赋予在华英人以领事裁判权，是为了管理上的方便，当时主要是在朝贡体系的框架内考虑的。至此，领事裁判权一款已在条约中获得明确规定，中国的司法管辖权已全不在清廷主动掌控之内，也全无收放自如之能力。从顾盛和道光皇帝的话语来看，美国人在当英国人取得在华领事裁判权后也积极寻求获此特别授权，否则便是在华美侨之不利更加耻辱不平，其实背后潜藏着的是巨大的国家利益。对此，道光皇帝仍持朝贡体制下的"抚驭外夷、一视同仁"的传统原则，一方面体现"天朝上国"之浩荡皇恩，以示"抚绥之意"，另一方面则是为了免启事端、便于管理。

（三）其他国家的领事裁判权

1844年10月24日，法国特使与耆英等人在停泊于黄埔的法国军舰"阿吉默特号"（Archimide）上签署了《黄埔条约》。在《黄埔条约》

---

① 安国胜：《西风落日：领事裁判权在近代中国的确立》，第150页。
② 同上书，第138页。

中，领事裁判权一项也得到了明确的规定。至此，英、美、法三国已经获取了在华领事裁判权，并通过条约明确地确立了下来，标志着西方列强在华领事裁判权制度初步确立。通过这几项不平等条约（《南京条约》《望厦条约》《黄埔条约》），英、美、法三国在华民人正式地逃离于中国法律的管辖之外，中国对于在华外国人的司法管辖的主动权丧失，从而确立了涉及三国侨民刑事案件的被告属人主义司法管辖原则，以及涉及三国侨民民事案件的领事等官员的审断权。

后来，通过《天津条约》，俄国取得了在华领事裁判权，而英美法三国也将此前与中国订立的条约章程中的相关条款进行了调整，使领事裁判权得以进一步扩大。民国时期的刘彦在其《被侵害之中国：即中国主干之不平等条约》一书中曾对英国通过《天津条约》扩大在华领事裁判权作了精准的分析。他先引用该条约两款文本，即第十五款"英国属民相涉案件，不论人、产皆归英官查办"，和第十六款"英国民人有犯事者，皆由英国惩办。中国人欺凌扰害英民，皆由中国地方官自行惩办。两国交涉事件，彼此均须会同公平审断，以昭允当"。刘彦分析道：

> 英国属民四字，不但包括英国本国人民，凡英国属地如印度人民之案件，中国亦不得过问，此比道光二十四年，中法中美章程仅规定法美本国人民或与他国人民之案件，中国不得过问者更进一步，而推行于该国殖民地之人民也。是为领事裁判权第二步之扩张。
>
> 其第十六款所谓两国交涉事件，彼此均须会同审断，语意不明，中国主张仍就华洋混合之民事案件而言，英人主张兼华洋混合之刑事案件而言，谓凡英人为原告、华人为被告之刑事案件，英国领事必会同审断，而中国则不承认，此即咸同年间之观审问题也。此问题至光绪二年（1876年）因云南马嘉理事件而在烟台条约中

解决。①

除此之外，中英《天津条约》第九款还规定，允许英国人持照前往内地各处游历、通商，"如其无照，其中或有讹误，以及有不法情事，就近送交领事惩办，沿途止可拘禁，不可凌虐"。用美国史学家丹涅特（Tyler Dennett，1883-1949）的话说："（这一规定）译成简明的文字，这无异是说，一个在距离海岸千里外，犯有强奸或杀人罪的外国人，必须温和地加以拘束，并且必须解送到一个遥远的、难以取得证据或证据难以令人凭信的地点，交由领事审讯。这些都是这种无限制交往的新制度所可想见的沉弊和危险。"②

此禁一开，便一发不可收拾。第二次鸦片战争之后，领事裁判权在中国更是泛滥。不仅领事裁判权的内容不断扩充，而且其他各国（甚至还包括秘鲁、墨西哥等国家）也仿照效尤，相继从中国攫取了这一特权。自1858年英、法、美、俄迫使清政府订立《天津条约》，至1895年甲午战争，又有普鲁士、丹麦、荷兰、西班牙、比利时、意大利、奥地利、秘鲁、巴西、葡萄牙等10国先后通过签订不平等条约，将法权延伸至中国领土之上。甲午战争后到1918年，日本、墨西哥、瑞士等国，又相继获得这一特别授权。合计起来，共有19个国家在中国取得了领事裁判权。也就是说，在中国的领土上，存在着19个外来国家伸展的法权，它们的在华侨民，凭借领事裁判权摆脱了中国法律的司法管辖权，成了入境不问禁的"特殊人"。③尽管清朝开明的官僚阶层和知识分子（尤其是涉外

---

① 原载刘彦：《被侵害之中国：即中国主干之不平等条约》，第7—8页，转引自安国胜：《西风落日：领事裁判权在近代中国的确立》，第223页。

② 原载〔美〕丹涅特：《美国人在东亚》，第7—8页，转引自安国胜：《西风落日：领事裁判权在近代中国的确立》，第224页。

③ 李育民：《中外不平等条约史话》，社会科学文献出版社2011年版，第30—31页。

官僚和知识分子）自19世纪60年代已经接触到了国际公法的知识，同时也认识到了领事裁判权对中国主权的破坏，但这种认识尚不完整，同时他们的声音在当时还十分微弱，仍不能对朝廷决策产生实质性的影响。正如前面所引道光皇帝的话所示，整个朝廷依旧沉浸在"天朝上国"的迷梦之中，坚持着"抚驭外夷、一视同仁"的朝贡体制。因此，自第二次鸦片战争之后，西方国家都效法英美法三国，与中国签订了包含领事裁判权内容的不平等条约，中国在管辖外民上的法权丢失，一发不可收拾。从此，中国的司法管辖权不得完全行使于中国领土之上，而外国法权却在中国领土上畅行，中国的司法主权、国家主权亦受破坏。

就国际法史而言，1648年，为结束"三十年战争"而缔结的《威斯特伐利亚和约》，确立了国家主权平等、领土主权等近代国际法原则。由此，原先盛极一时的领事制度一度陷入低谷，领事的权力也受到了极大的限制，欧洲各国纷纷将旅居本国的外国商人置于本国司法管辖之下，属地原则盛行，以维护本国的主权完整。从此，国际法上的属地主义原则逐渐取代了属人主义原则，领土主权和司法主权原则已然确立为近代国际法的基本原则。近代主权国家在欧洲的纷纷确立，导致领事裁判权制度在欧洲范围内丧失了其赖以生存的土壤。然而，随着18世纪中期以后西方列强在世界范围内大肆地进行殖民扩张，大量的殖民地在世界各个角落的建立，为已濒临灭绝的领事裁判权制度提供了新的土壤。此时的领事裁判权已经变成了西方列强进行殖民扩张的工具，较之于近代以前的领事裁判制度，它的内容虽未有大的变化，但其性质不可避免地发生了变异，沾染了殖民主义的气质。[1] 军事优势与法律形式的

---

[1] 无独有偶，"到了18世纪末期，领事裁判权制度在欧洲各个迈上现代化步伐的国家之间基本绝迹，却在持续衰落的奥斯曼帝国保留了下来并日益扩大。虽然这一制度的基本内容并未发生大的变化，但其性质却发生了根本性转变。它不再是与侵略、掠夺无关（转下页）

结合，使得欧洲列强的帝国扩张畅行无阻。西方列强在取得战争的最终胜利以后，之所以要强迫清政府签订主要以授予该国商人以特许权（尤其是领事裁判权）为内容的不平等条约，主要是为两国贸易寻求法律上的保障，使得今后的两国贸易有法（约）可依。

在实证主义法体系下，通过强制签订的条约不仅在形式上被承认为合法的，并且具有法律上的约束力。从整体上来看，实证主义者将这些条约视为完美的、真实可信的、彻底的自然条约，如尼亚萨拉人的首领维亚纳萨（Wyanasa）明确指出的：

> 我们最为诚挚地恳请最为尊贵的英国和爱尔兰女王，印度的女皇，信仰的拥护者，带领我们的国家、我们自己和我们的人民遵守如下条件：我们将把上述范围内所有我们的国家，所有的主权权利，所有绝对的主张，毫无保留地敬献给您，我们最尊贵的陛下及其后世继承人。①

当时许多国际法学者都公然承认这一论证思路，并据此证明西方列强殖民扩张的正当性。当然，也有一些学者和官员认识到了这一逻辑的荒谬性，如英国首席殖民地官员卢格德勋爵（Lord Lugard）。他曾经参与了整个条约的制定过程，并对条约签订的虚伪作了简短的忏悔，认为

（接上页）的一种对外来商人的方便措施，而是转化为一种欧洲国家进行殖民扩张的工具；它也一改曾经在欧洲各国流行的那种基于双边利益的互惠模式，摇身变成了一种单方面的特权，而这种基于双边条约的特权却不以任何对价为基础。由于强弱形势的逆转，18世纪末期的奥斯曼土耳其帝国既无心更无力去改变他们祖先留下来的这种慷慨的赠予，仍沿着曾经走过的路继续将领事裁判权送给那些别有用心的欧洲人，也正是这种慷慨为本应绝迹的领事裁判权制度留下了一粒已经发生基因变异的种子"。参见安国胜：《西风落日：领事裁判权在近代中国的确立》，第175—176页。

① Antony Anghie, *Imperialism, Sovereignty and the Making of International Law*, pp. 72–73.

欧洲列强将"它们的权利建立在武装干涉之上"是一种赤裸裸的欺骗。[①]法学家们对这些条约的欺骗性已有所察觉；然而，他们并没有公开揭露这些条约的欺骗性，而是以极为严肃的态度对待它们，并将之视为行之有效的法律工具。他们用重要的学识资源证成这些条约的正当性和重要性，并促使它们得以有效地实现。遗憾的是，清廷中几乎无人能够对此提出法理上的质疑，并据理力争。

对于当时缺乏国际法知识和主权观念的清廷官员和中国知识分子而言，领事裁判权制度给中国主权带来的损害并未被深切地感知到。当时的清廷并没有清醒地认识到领事裁判权一款将会带来的客观损害，这在很大程度上是知识匮乏的结果，这与当时清廷官员和清朝知识分子缺乏有关国际法和国际关系的智识资源直接相关。因此，在缔结领事裁判权条款时，并未意识到这一制度在中国确立将会严重损伤天朝定制，更不会意识到这是对中国司法主权的严重侵蚀。一方面是由于当时朝野上下缺乏国际法知识和主权观念，因此不能苛求他们当时就对此做出强烈的反应；另一方面则是由于类似领事裁判权制度的规定可以在中国传统中找到先例，使得当时的政府官员和知识分子阶层都心安理得。

在《南京条约》之后的一系列条约和协定中，虽然领事裁判权被反复重申，但是在这些条约的交涉过程中，并没有看到中国方面为此而自觉地据理力争的记录。更有甚者，许多清廷官员对此条款持赞赏态度。例如，当时负责交涉领事裁判权问题的军机大臣穆彰阿在对皇帝的上奏中这样写道：

> 臣等查通商之务，贵于息争。如有英人华民涉讼，英商应先赴管事官处投禀。即着管事官查明是非，勉力劝息……免致小事酿成

---

① Antony Anghie, *Imperialism, Sovereignty and the Making of International Law*, p. 74.

大案。(《道光朝筹办夷务始末》卷六十七)①

穆彰阿以领事裁判权制度能息事宁人、避免纠纷扩大化而对其给予了高度的肯定。另有人以中国古代处理涉外诉讼的规定来证明中国古代早已有类似领事裁判权的制度存在，这种理解思路影响深远。梁启超在《论中国成文法编制之沿革得失》(1904年)中针对以此思路看待领事裁判权制度说：

> 《唐律·名例篇》云："诸化外人，同类自相犯者，各依本俗法；异类相犯者，以法律论。"然则治异族人，还以其族固有之法律，实我国法学上之一原则。此原则导源于黄帝尧舜时代，至唐时则明著诸法文中。而今日之领事裁判权，施行于国中，而恬不以为怪者，亦自此观念演出也。古代法律，率采属人主义，即《罗马法》《回回法》。莫不皆然。又匪独我矣。②

由此可见，晚清时期根据古代惯例和法律规定来解释领事裁判权制度在中国的确立，认为此一制度"又匪独我矣"。既然古人和其他民族皆采行此例，那么我们在条约中规定此款也就没什么不可以的了。

对西方国际法学者而言，在殖民扩张的大背景下，从理论和实践两个层面证成与绝对主权原则相抵牾的领事裁判权制度乃是当务之急。赖骏楠认为，他们普遍都使用一种"差异"话语来证成在"东方"维持领事裁判权制度的必要性。如吴尔玺(Woolsey)认为："在那里(指非西方)盛行的法律和习惯，与基督教世界的法律和习惯极为不同，所以

---

① 文庆等纂：《筹办夷务始末(道光朝)》，沈云龙主编：《近代中国史料丛刊(第五十六辑)》，台北文海出版社1967年版，第5639—5640页。
② 梁启超：《饮冰室合集(第六册)》，中华书局2015年版，第1371页。

根据基督教国家的正常怀疑，当地法庭将不会主持正义，这导致它们（指基督教国家）为其臣民获取特权。"另外，他还引证了伯伦知理、菲利摩尔、屠威斯和韦斯特莱克的观点对此进行了说明。奥本海（Lassa Francis Lawrence Oppenheim，1858—1919）在 1905 年仍强调，只要"非基督教国家的文明尚未将其司法理念发展到同基督教理念一致的水平，以便能够在本地法庭保护外国人的生命、财产和荣誉"，领事裁判权制度就必须得到维持。① 只有等到非欧洲国家通过积极的国内政制和法制改革，最终达到了欧洲国家为其所设定的标准（即能够在本地法庭保护外国人的生命、财产和荣誉），从而弥合了东西方之间在法律等方面的鸿沟的时候，领事裁判权制度得以存在的依据才得以消除。参与中美《望厦条约》交涉的美国公使顾盛论述了关于领事裁判权制度的依据和意义，揭示了西方国家的外交官对此的态度。

1844 年中美《望厦条约》签订后，美国公使顾盛曾向国务卿卡尔霍恩提交详细的报告：

> 符合我们的国际法的那些东西，似乎在中国都没有得到承认和理解。在我们同中国当局进行的交往中，就有关于这方面的一些证明；并且同类的公开事实比比皆是……这些事情表明对国际法的完全无知，至少是置之度外……我是怀着已经形成的这样的总的信念进入中国的：合众国不应该在任何情况下承认任何外国对合众国的任何公民的生命和自由的裁判权，除非这个外国是属于我们自己的国际大家庭——一句话，是一个基督教国家。②

---

① 赖骏楠：《十九世纪国际法学中的中国叙述》，载《法学家》2012 年第 5 期。
② 阎广耀、方生选译：《美国对华政策文件选编（从鸦片战争到第一次世界大战：1842—1918）》，人民出版社 1990 年版，第 45 页、第 52—53 页、第 55—56 页。另可见〔美〕马士：《中华帝国对外关系史（第一卷）》，张汇文等译，第 358—359 页。

由此可以看出，在当时的欧美人看来，国际法主要是适用于基督教世界的，因此排除了基督教世界以外国家进入国际社会的资格，当然，中国也被排除在外。被排除在国际社会之外，成了欧美国家在非欧洲国家获得领事裁判权的当然理由，并得到普遍的承认和运用。

三、司法主权意识的觉醒与撤废领事裁判权的努力

领事裁判权的丧失在整个不平等条约体系中处于极为重要的地位，它使中国的司法主权遭到了严重破坏。在相当长的一段时间里，清政府及其臣民对领事裁判制度对中国主权的危害并无深切的感受。19世纪60年代以后，列强全面打破了天朝的闭关锁国状态，进而获得了进入中国内地的特权，领事裁判权对中国司法主权的侵蚀和损害，以及由此产生的其他种种弊害更加凸显出来。另外，自丁韪良向中国译介《万国公法》以后，清政府涉外官员和知识分子已经能够接触到一些国际公法知识，这在理论上有助于先进的中国人逐渐认清领事裁判权的弊害和性质。自此，清政府也逐渐开始重视领事裁判权问题，力图减轻该特权给中国司法主权带来的损害，并踏上了努力修改和撤废领事裁判权的道路。

（一）司法主权意识的觉醒

同治年间，总理衙门预筹修约之时，便令各章京查对核实已与列国签订的各项条约。经过一番核议之后，章京周家楣（1835—1887）提议："其中外办罪，生死出入，不得其平，拟请定约时将中外命案定一公例，凡系交涉之案彼此照办，以得其平，于条约内载明遵守。"并认为，"虽在彼族诸多狡诈，而在我总宜力争"。他建议清政府加紧订立一项中外

各方共同遵守的律例,作为处理中外诉讼案件的裁判依据,以消解在华攫取领事裁判权各国在中国范围内实行其本国法律所产生的诸多弊害。英国公使在其修约要求中亦提出,"各国在内地洋人,向系各归本国领事官管束,现拟设立有管理各国洋人之权之外国官,所有各国在内地之洋人,傥有滋事犯法之人,均可归其管理,其设立章程,总理衙门可以会同各国钦差大臣商定"。"中外商民生理,遇有词讼之事,向无一定通商律例,现在必须会商,定一通商律例。"随后,美国公使也照会总理衙门,表示"因思外国律例,不似中国律例,期望将来中国律例悉改为宽大平和,则外民亦可受中国官管束。"①虽然美国公使在此提出了将来有条件地放弃领事裁判权的承诺,但这仍是空中楼阁,可望而不可即。这种虚伪的承诺无疑为清政府修改和撤废领事裁判权指示了方向。虽然英美公使的提议使清政府颇感疑虑,但它认为"通商律例"一事"甚为有益",同意双方商办。其后,1869年中英《新定条约》中规定"由两国会同商定通商律例"。②"会同商定通商律例"虽不能彻底撤废领事裁判权对中国司法主权的侵害,但在法律适用问题上,多少能维护一些国家的司法主权,对于维护中国司法主权亦不无裨益。

但是,英国政府并未批准该约,此事作罢。清政府并未终止该项计划。随后李鸿章令江苏替补道凌焕检阅南洋卷档,以条约为纲,按款采集,胪列章程,再将北洋办过各案,择要添入。经李鸿章核定后,南、北洋大臣衙门各存一编,"庶遇事有所依据,将来或修换新约或议通商律条,均可添资参考"。③ 1877年,驻英公使郭嵩焘再次提议改善领事裁判权造成的危害和混乱。他首先对通商口岸剧增和领事裁判权所带来

---

① 李育民:《中国废约史》,中华书局2005年版,第133页。
② 王铁崖:《中外旧约章汇编(第一册)》,第309页。
③ 原载《总署奏拟纂通商则例以资信守折》,《清季外交史料》(卷11),第29页,转引自李育民:《中国废约史》,第134页。

的混乱现状进行了分析：

> 窃查道光二十二年五口通商以来，讫今三十六年。咸丰十年增加十口。光绪二年又增加五口。沿海九千余里，内达长江五千余里，交涉日广，情事日繁，仅恃通商条约为交接之准，而条约定自洋人，专详通商事例，于诸口情状皆所未详，每遇中外人民交涉事件，轻重缓急，无可依循。是以历年办理洋案，各口领事与各地方官交互抵难，辗转避就，无一能持平处断者。推原其故，由中国律例与各国相距太远，又无能究知西洋律法，遇有辩论事故，无例案之可援，观望周章，动为所持。①

然而，领事裁判权已为既成事实，明确地规定于各不平等条约当中。为了尽可能消除或减轻这种种弊害，郭嵩焘再次奏请编纂通商则例：

> 窃闻理藩院办理蒙古各盟案件，以圈禁代流徒，以罚赎代笞杖。西洋立法，大者拘系，小者罚赎，与此例正同。各口通商之始，倘能明示此例，援照西洋公法，通商各口民商一听地方官管束，则此三十年内，枝节不至繁生，国家体制亦当赖以保全。此失之既往者也。……诚惧口岸日开，事端日剧，为累亦将日大。应恩敕下总理衙门参核各国所定通商律法，分别条款，纂辑通商则例一书，择派章京内实任户部、刑部司员二人，另请通知西洋律法二人，专司编纂之责，仍饬总税务司及南北洋大臣参酌，由总理衙门审定，颁发各省，并刊刻简明事例，略叙大纲，颁送各国驻京公使，庶一切办

---

① 熊月之：《郭嵩焘卷（中国近代思想家文库）》，中国人民大学出版社2013年版，第250页。

理洋案有所依据,免致遇事张皇,推宕留难,多生枝节。[1]

朝廷对该奏甚为重视,令总理衙门议奏。总理衙门"详审通筹"之后,仍未予采行,认为实行此议有三难:一是西方各国崇尚武力,实行强权政治,不会被该则例所约束,"各国使臣即允订此例,中国遇事恐未必能照行";二是中国律重,外国法轻,罪名轻重相去太远,势必彼此有所损益,"中国即定此例,各国使臣未必允行";三是总理衙门以前所提出的,也是它最为担心的,即"各国使臣即允同订是例,遇事即肯照办,亦恐启内地添设领事之渐"。[2] 就当时中国所处的国际形势而言,总理衙门作出的上述判断不无合理之处,甚至可以说是积贫积弱的中国身处弱肉强食时代的无奈之举。

除了编纂通商则例外,清政府试图在与弱小国家订立新约时,尽可能减少领事裁判权对中国司法权的侵害,为今后撤废领事裁判权作些准备。19世纪40年代,清政府与英、美、法三国签订不平等条约规定领事裁判权时,均未对领事资格这一问题作出明确规定,因此在后来的涉外司法实践中出现了种种弊端。如各国以商人兼充领事,领事包庇商人"违法犯禁",而且自己也"进行大规模的商业活动"。此外,无约各国亦在中国设立领事,这些领事也"多系商人兼充"。其后各小国与中国订约,亦是"择一贸易最大之人,充当领事官,遇有该国交涉公事,地方官亦与会办"。"每遇漏税应罚之案,往往徇庇不办,其余各事,亦多任意狡执。而该国以商为官,只图省廉俸之需,并不求公事之当。"[3]

---

[1] 熊月之:《郭嵩焘卷(中国近代思想家文库)》,第250—251页。
[2] 李育民:《中国废约史》,第136页。
[3] 中华书局编辑部、李书源整理:《筹办夷务始末(同治朝)》,第三册,中华书局2008年版,第1089页。

从《天津条约》订立以后,清政府很快就意识到了这一缺陷。1858年9月30日,经过"公同商议",桂良照会英、法、美三国,提出:"各该国欲设领事,必须各国特放一员,方准管事,不得以商人作为领事,以致有名无实。"英、美、法三国公使先后复照,英使避而不谈,法使则称:"本大臣尚不能专定,业已详明本国,凡作新开口之领事,俱不得以商人兼摄,方可办事。"只有美国公使明确表示:"领事不得干预贸易也,现美国业经制定,凡干涉买卖者不得派作领事官",并告诉桂良,根据国际惯例,如派遣到某一国的领事,没有得到该国同意,即不得赴任,也无权办事。对于那些兼摄无约国领事者,中国"立即可以推辞不接,凡已延接者,照理亦可即刻声明不与交往。设有美国人兼摄无约领事,借此作护身符,以图己益者,即属美国之人,地方官可以直却不与延款"。①此后,清政府在新订条约中都注意对领事资格作明确规定。

1863年8月26日,中国与比利时签订《通商条约》,其中第一款规定:"通商各口必须由比利时国派委领事官驻扎,或托有各国驻扎该口之领事官代管,会同中国地方官办事;如该口无比利时国领事官及代管之领事官,则比利时国商民未便前往贸易;其领事官不得以商人充当。"②这是在正式条约中首次明确规定不准商人兼充领事,但由于比利时政府对该约不满,未予批准。

1864年10月10日,中国与西班牙签订《和好贸易条约》,其中第四款规定:"大日斯巴尼亚国大君主可设立领事等官在中国通商之各口,办理本国商人贸易事务,并稽查遵守章程。凡领事官及署领领事官与道员同品,副领事官及署副领事并翻译官与知府同品,其权职均与别大国领事等官无异,因公来往,衙署相见,会晤文移,悉用平礼。至所派之员

---

① 李育民:《中国废约史》,第143—144页。
② 王铁崖:《中外旧约章汇编(第一册)》,第208页。

必须日斯巴尼亚国真正职官,不得派商人作领事官,一面又兼贸易。若系小口,贸易不多,日斯巴尼亚国可暂令别国真正领事官料理,仍不得托商人代办。"① 后来,清政府将此作为新订条约的一个基本原则,试图尽可能减轻领事裁判权对中国司法主权的破坏。据此,中国与意大利、奥地利、秘鲁等国签订条约时,几乎都通过照会或正式条约的形式确定了如下原则:双方所派领事,必须是政府委派的真正官员,不得委派商人代理兼充。

然而,不允许商人充当领事,只是一种就事论事的消极办法,并不能从根本上约制领事的违规行为,更不能从根本上撤废领事裁判权。随着清政府向各国派驻领事的制度基本确立,由于清政府所派领事均须驻在国"准认",于是清政府也开始在新订条约中注重此项。1881年,巴西遣使来华订约,在清政府的坚持下,两国订立了《和好通商条约》,该约第三款规定:

> 两国于彼此通商口岸设立总领事、领事、副领事并署领事等官,均听其便。惟此等官员必须奉到驻札之国批准文凭,方得视事。其临时彼此交发文凭,均无费用。所派领事官必须真正官员,不得以商人兼充,亦不得兼作贸易。各口倘未设领事官,或请别国领事兼代,亦不得以商人兼充,或即由地方官照现定条约代办。两国领事官享获种种恩施,与彼此所待最优之国领事官无异。至商民交涉事件有与本地官民龃龉者,领事官均不得任意争执。如领事官办事不合,彼此均可照公例,即将批准文凭追回。②

---

① 王铁崖:《中外旧约章汇编(第一册)》,第219页。
② 同上书,第395页。

根据该约规定，不仅不允许领事"以商人兼充，亦不得兼作贸易"，而且还进一步明确规定领事"必须奉到驻札之国批准文凭，方得视事"；"至商民交涉事件有与本地官民龃龉者，领事官均不得任意争执。如领事官办事不合，彼此均可按照公例，即将批准文凭追回。"中巴条约首次对领事裁判权进行了限制，它对领事权限进行了明确的限定，甚至还规定"如领事官办事不合，即将批准文凭追回"，这一限制性规定有利于中国司法主权的行使，一定程度上对外国领事有所约制，减轻了领事裁判权的弊害。另外，该约第十一款还规定"若将来中国与各国另行议立中西交涉公律，巴西亦应照办"。①

1899年11月12日，中国与墨西哥订立《通商条约》，此次担任与墨西哥谈判签约的是出使大臣伍廷芳。该约第三款规定：

> 两国于彼此通商口岸可设立总领事、领事、副领事并代理领事官等。惟此等官员必须奉到驻札之国认准文凭，方得视事。交发此项文凭，均不收费。于未设领事官之各口，可请友邦领事兼代。如无领事之处，即由地方官照现定条约，使两国人民享获种种恩施。其领事官应得分位职权、豁免利益及优例，均与相对最优之国领事官无异。至商民交涉事件，有与地方官民龃龉者，领事官均不得任意争执。如领事官办事不合，违背地方条例，彼此均可将认准文凭收回。②

该款在很大程度上沿袭了中巴《和好通商条约》的规定，但是通过比较发现，该约规定的关于追回文凭的条件，除了"办事不合"外，还加

---

① 王铁崖：《中外旧约章汇编（第一册）》，第396页。
② 同上书，第934—935页。

了"违背地方条例"一条。伍廷芳认为,通过这些规定,"在我既操用舍之权,在彼无嚣陵之习。"① 另外,该约第十六款还规定:"凡此国船只驶至彼国通商口岸,诸船诸色人等如有上岸在二十四点钟内滋事者,应由地方官惩办,只照该口常例罚锾或监禁。"② 自中国赋予外国领事裁判权以来,中国地方官员丧失了惩办外国人的司法权力,这一条款使得中国地方官员在一定的条件下收回了询问和惩办外国人的权力。伍廷芳甚至认为,"如地方官办理得宜,外人折服,既有此约导其先路,他日各国修约,即可循此而推。"③

晚清政府和国人的修约、废约意识经历了一个缓慢的成长过程。《南京条约》签订之后,清政府视之为"万年和约",非但没有修约、废约的意识,更是拒绝列强提出的任何修约要求。列强由于修约交涉未果,还曾发动过作为修约战争的第二次鸦片战争,强迫中国修约,给清政府上了生动的一课。随着国际法知识的输入和传播,清政府和晚清国人逐渐认识到不平等条约的性质及其危害,同时也孕育了晚清国人的现代国家主权意识,国际法知识和主权观念的成长刺激了晚清修约、废约意识的萌生和修约、废约交涉的展开。

王韬在《除额外之权利》中指出,领事裁判权等额外权利不行于欧洲,而独行于土耳其、日本与中国,以致贩售中国之西商、传教士等,"我国均无权治之,此我国官民在所必争"。④ 对于领事裁判权一款,薛福成指出:"西洋各国领事在华权力尤大。良由立约之初,中国未谙洋情,允令管辖本国寓华商民与地方官无异。洋人每有人命债讼等案,均由领

---

① 转引自李育民:《中国废约史》,第149页。
② 王铁崖:《中外旧约章汇编(第一册)》,第937页。
③ 转引自安国胜:《西风落日:领事裁判权在近代中国的确立》,第246页。
④ 王韬:《弢园文新编(中国近代学术名著)》,中西书局2012年版,第53页。

事官自理,往往掣我地方官之肘。"[1] 郑观应在《易言·论交涉》中指出,领事裁判权一款得以确立的缘由在于,中国与泰西诸国立约之时,

> 以中国法重,西国法轻,判然各异。故议交涉之案,如华人犯罪,归华官以华法治之;洋人犯罪,归洋官以洋法治之。故有时华洋同犯命案,华人则必议抵偿,并施抚恤,无能免者。至洋人则从无论抵,仅议罚锾。若过持公论,争执条约,而洋官反暗中回护,纵遣回国,究诘无从,非特轻法未加,抑且无法以制。此尤事之不平者。[2]

为此,郑观应提出如下对策建议:

> 倘有通西律,娴清例,其人品学问素为中西所佩服者,大吏得保奏于朝,给以崇衔,优其俸禄,派往总理衙门以及南、北洋大臣处差遣。其律法参用中西,与洋官互商,务臻妥善。如犹以为不合,即专用洋法以治之。以洋法治洋人使之无可规避,以洋法治华人罪亦同就于轻。庶几一律持平,无分畛域。遇有交涉事务,秉公审断,按律施行。[3]

由此可见,在郑观应看来,欲废止领事裁判权制度,首先应对中国法律进行变革,废除过分残忍之刑罚,期与外国法律相一致,否则中国将始终不能得到泰西诸国之承认,而永为公法外之国,废除领事裁判权制度以维护中国的司法主权之目标将难以达成。维新时期的唐才常曾

---

[1] 薛福成:《出使奏疏》,朝华出版社2018年版,第53页。
[2] 夏东元:《郑观应集·救时揭要(外八种)》,中华书局2011年版,第121页。
[3] 同上书,第122页。

对领事裁判权一款严重损害中国自主之权进行了严厉的谴责，他还针对领事裁判权一款提出了应对建议。唐才常（1867—1900）在《拟开中西条例馆条例》中指出，

> 中国未列公法，遇中外交涉，往往受屈于西人，有必要设中西条例馆，拟条例如下：（一）各国法律不同，需公订一中正可行之法；（二）律法由换和约时酌定，教民应归中国管辖；（三）馆生亦同时深习中西律法，遇事可据理力争；（四）由刑部设律学科总其成；（五）馆生应广习各国语文，游历见识，至议律时方有把握。①

由上可知，郑观应和唐才常都已经认识到改革中国法律乃是废止领事裁判权等额外权利之重要条件。他们一方面倡导改革中国法律，以期进一步与泰西诸国之法律趋同，另一方面则主张培养兼通中西律例之人才，以备遇有交涉案件和修改条约时据理力争，尽可能维护国家主权之完整。

1878年曾纪泽（1839—1890）就"巴西国欲遣派兵船数只东行与中国换约通好"的消息函告李鸿章。同年4月17日，李鸿章在"复曾劼刚星使"中提到：

> 巴西公使尚无到华消息。总署缄属敝处先与商议。除招工断不准行外，若照西国成约，恐难坚拒。洋人归领事管辖，不归地方官管理，于公法最为不合。但洋人刑罚从轻，每怪中国拷讯斩绞之刑太苛。若令改归地方官，则须将数千年相传之刑法大变，乃可定议。日本现与西洋议改此条，先将向用刑章改就西法，犹虑西人不

---

① 陈善伟：《唐才常年谱长编（上册）》，香港中文大学出版社1990年版，第170页。

能尽从。试问中国刑部及内外各衙门能将祖宗圣贤刑制尽改乎？不改而强西人归我管辖，巴西秘鲁小邦亦不愿也。①

李鸿章此言似乎提出了中国废除领事裁判权的具体路径，即"须将数千年相传之刑法大变"。他之所以能够有这样的认识，乃是取法日本。因为日本为了议改领事裁判权条款，已经开始"将向用刑章改就西法"，但仍然忧虑西人不能尽从。然而，对中国来说，又怎能"将祖宗圣贤刑制尽改乎"。即便当时接触洋务最多的李鸿章在面对这样的问题时，也颇有疑虑，几乎认为这是一个不可解开的历史死结。他陷入了深深的纠结之中，无奈地长叹一声："不改而强西人归我管辖，巴西秘鲁小邦亦不愿也。"这充分显现了他当时所背负的矛盾纠结的心理。

《马关条约》签订以后，列强进而通过不平等条约掀起了瓜分中国的狂潮，中国的主权进一步沦丧，面临着亡国灭种的空前危机。面对国将不国的危局，以康有为为首的维新志士大声疾呼，主张解除不平等条约的压迫。此时，维新派已经意识到须通过外交手段和国际法逐渐改订条约，"中国积弱使然，亦以未列公法之故；又无深谙公法之人，据理与争。故遇有交涉事件，往往受屈于西人而未如何"。②因此，维新派人士认为，要解决中国的积弱问题，挽救民族危亡，必以广泛传播国际法知识、研究国际法为急务。同时，他们已经认识到"祖宗之法"有明显之缺陷，故极力主张通过改革刑律，仿行西方法律，梁启超遂疾呼"故今日非发明法律之学，不足以自存矣……故吾愿发明西人法律之学，以文明我中国"。③梁启超虽然没有将"发明法律之学"与收回领事裁判

---

① 转引自安国胜：《西风落日：领事裁判权在近代中国的确立》，第243页。
② 陈善伟：《唐才常年谱长编（上册）》，第170页。
③ 汤志钧：《梁启超卷（中国近代思想家文库）》，中国人民大学出版社2014年版，第42页。

权勾连起来，但他已经明确地意识到了中国法律的野蛮性和相较于西方"文明"国家法制的落后性。他已经将西方法律和法律之学视为"文明"的重要标志，如果中国能够积极向西方学习，实现自身的法制近代化，中国亦可进于"文明"国家之行列。

正当维新运动顺利进展之际，1898年秋天发生了一场突如其来的政治大逆转，维新终结。戊戌政变之后，保守势力成为朝廷中枢，他们利用和煽动民族主义情绪，鼓励和支持义和团运动的野蛮排外行径，最终酿成了近代中国的政治悲剧，中国的国际地位跌至谷底。

在八国联军的炮口下，慈禧太后仓皇"西狩"。1901年1月29日，慈禧太后在西安以光绪皇帝的名义颁布了"预约变法"上谕，承认在"万古不易之常经"外，没有"一成不变之治法"。同年8月20日，再次以慈禧太后的名义发布文告，以表明清政府立意"变法"的决心："予与皇帝为宗庙计，为臣民计，舍此更无他策。"① "舍此更无他策"的自觉意识，表明了清廷主张变法的决心，由此开启了晚清最后十年所谓的"新政"时期。义和团运动之后，保守的王公官僚在外国列强的压力下被粉碎，维新人士再一次进入清廷的中枢，于是有了20世纪最初十年的"新政"改革。康梁维新变法虽告失败，但维新派提出的许多变法主张并没有被彻底抛弃。在新政期间，它们作为中国现代主权国家建构的重要内容和方略被清廷继续推行。清政府在1901年开启新政，就其表面看来，是清朝统治阶层主动寻求改革的行动，但就其实质而言，则是《辛丑条约》中所达成的"辛丑共识"：中国必须进行政治改革，必须缩小与世界的差距，尤其是观念上的差距。② 在《辛丑条约》中，列强一方面胁迫清政府承诺镇压反帝斗争、惩治附合过义和团的官员；另一方面又要求将

---

① 上海商务印书馆编译所编纂，李秀清、孟祥沛、汪世荣点校：《大清新法令（1901—1911）》（第一卷），商务印书馆2010年版，第11页。

② 马勇：《清亡启示录》，中信出版社2012年版，第19—20页。

总理衙门改为外务部,班列六部之首,成为清政府与列强交涉的专门机构。所有这些规定,都是为了防止再发生类似义和团的野蛮行动,进而要求中国通过改革而与欧美保持一致。为了履行《辛丑条约》规定的义务,清政府于1901年7月24日颁布了改总理衙门为外务部的上谕:

> 从前设立总理各国事务衙门,办理交涉,虽历有年所,惟所派王大臣等,多系兼差,未能殚心职守,自应特设员缺,以专责成。总理各国事务衙门著改为外务部,班列六部之前,简派和硕庆亲王奕劻总理外务部事务。①

这标志着清政府在对外交往方面的重大突破,外务部的成立也常被视为是中国近代外交形成的标志。②庚子辛丑之后,一方面清廷迫于西方列强的压力而积极推行新政改革,仿行西方政治法律制度,希望尽快完成自身的"文明国化",进而得进于西方列强主导的国际社会;另一方面,伴随国人(尤其是革命派)对国际法知识了解的深入,他们愈发清楚

---

① 熊志勇、苏浩、陈涛:《中国近现代外交史资料选辑》,世界知识出版社2011年版,第173页。

② 佐藤慎一认为,总理各国事务衙门"是中国历史上最早的相当于外交部的机构"。但是,在中国的史学家中也有人认为,严格意义上的近代外交形成于19世纪后半叶之后,他们在组织上更重视外务部,而不是总理衙门。陈体强在1945年(民国三十四年)所撰《中国外交行政》一书中认为,中国的外交形成于19世纪末之后,他对戊戌变法后光绪新政时创立的外务部给予了极高的评价。川岛真基本同意陈体强的看法,认为总理衙门只是一个洋务机构,他也更重视外务部的成立。参见〔日〕川岛真:《中国近代外交的形成》,田建国译,北京大学出版社2012年版,第67—73页。基辛格对"总理衙门"有段精彩的评价:中国直到19世纪中期才成立外交部,事出不得已,因为必须和西方入侵者打交道。即使如此,中国官员仍然认为他们的任务一如既往,是管理蛮夷,与威斯特伐利亚式的外交风马牛不相及。新设的部门叫作"总理各国事务衙门",这个名称很说明问题,暗示中国完全不是在进行国家间的交往。参见〔美〕亨利·基辛格:《世界秩序》,胡利平等译,第278页。另外,林学忠也认为,外务部的成立,标志着具有近代意义的中央外交机关之诞生。林学忠:《从万国公法到公法外交》,第355页。

地认识到了不平等条约的性质和危害,进而大力倡导废除不平等条约以维护和收回国家主权。在所有的不平等条约特权中,领事裁判权一款对中国主权之损害最烈,因此本节拟以废除领事裁判权为中心考察清末废约进程中萌生的"文明国化"意识及其努力。甚至,从某种意义上来看,清末新政改革,以及对西方政治法律制度的继受,直接目的在于修改和废除不平等条约(废止领事裁判权)。

自 19 世纪下半叶以来,上层知识分子官僚已经逐渐意识到领事裁判权一款对中国司法主权之侵蚀。在与各国进行对外交涉时,外政官僚大多都能据理力争,尽量不再签订有损主权之条约,这方面的努力在与小国的对外交涉中还是有所成效的[①],但尚不敢触犯大国而主张废止其已经攫取的领事裁判权。随着国际法知识的进一步传播,国人对领事裁判权的性质和损害有了更进一步的认识,同时也逐渐对废止领事裁判权的具体途径有了愈发清晰的认识。

(二)撤废领事裁判权的具体实践

1898 年正月,戊戌变法运动进入高潮,出使美、日、秘鲁大臣伍廷芳奏请朝廷"变通成法",首次明确地提出了在中国废止领事裁判权的具体方案。在他看来,列强在中国攫取领事裁判权并非完全是其"专恃强以凌人"的强权逻辑的体现,而是有一定借口和理据的。"一则谓我限以通商口岸,民人应就近归彼领事管束;二则谓我刑律过重,彼实不忍以重法绳其民。"那么,清政府欲在中国领土之上彻底废除领事裁判权的具体路径何在呢?伍廷芳从日本通过变法废止领事裁判权的先例

[①] 光绪六年八月,李鸿章与巴西订约,提出"参酌西国公法,问案专归地方官,而科罪则各照其国"。也就是说,将审判管辖权收回地方官行使,但仍须适用各国法律,这为取消领事裁判权开了一个先例,为以后废止领事裁判权打开了一个缺口。李育民:《中国废约史》,第 137 页。

中受到了启发,他主张效法日本,从消除列强的借口入手,变通陈规,修订法律,"采各国通行之律,折中定议,勒为通商律例一书,明降谕旨,布告各国。所有交涉词讼,彼此有犯,皆以此为准"。此通商律例制定以后,"教民教士知所警,而不敢妄为。治内治外有所遵,而较为画一矣"。[①] 伍廷芳主张引进西方法律,"改重从轻",折中定议,制定通商律例。也就是说,他主张通过仿行欧美法律制度而塞列强攫取领事裁判权之口实。由此可见,清政府上层官员此时已经不再停留在认识到不平等条约之性质和损害的阶段,而已经开始探索废除不平等条约的具体路径。他们已经认识到中国法制的野蛮性和落后性,并试图通过仿行欧美法制而实现中国法制的"欧美化",其实质在于实现中国的"近代化"和"文明化"。一方面可以回应西方列强主张领事裁判权之理由——中国法律的野蛮性和落后性,另一方面可以实现中国法制和国家的"文明化",进而被列强承认为国际社会的完全成员。

由上可知,清政府上层官员在维新运动期间已经探索到了废止领事裁判权的法门之所在,即通过仿行欧美法制,使中国法制与欧美趋同,进而获得国际社会的承认,享有国际法上的完全主体资格。日本自明治维新以来,憬然觉悟、幡然变计,通过向西方学习逐渐实现了其政治法律制度的"欧美化""近代化"和"文明化",于明治三十二年(1899年)始得收回治外法权。甲午战后清廷已经决计师法日本,日本废除领事裁判权的经验,更成为中国学习的典范。出使日本大臣杨枢(1844—1917)在奏请仿效日本设立法政速成科时指出:

> 查日本从前法律与中国同而与欧美异,故通商各国亦向日本索有治外法权。迨日本颁布宪法之后,通商各国方允将条约更正。可

---

① 李育民:《中国废约史》,第138页。

见修改法律乃今日切要之图。况各省教案多因本地官绅不谙外国法律,以致办理失宜,酿成交涉要件。中国惟有将法律修改、庶可查找近来《中英通商条约》第十二款、《中日通商条约》第十一款,与各国公议,将治外法权一律收回,不受外人挟制。然则外国法政之学,上下亟应讲求,不宜稍缓。①

1901年,清政府在与英国商订通商续约时,明确提出了取消领事裁判权的要求。这一要求被英国所接受,但是附有一定的条件。1902年《中英续议通商行船条约》(《马凯条约》)第12款对此作了特别规定:

中国深欲整顿律例,以期与各国改同一律,英国允愿尽力协助,以成此举;一俟查悉中国律例情形及审断办法,一切相关事宜,皆臻妥善,英国即允弃其领事裁判权。②

随后,美、日、葡等国亦在条约中作了类似的允诺,如果中国仿行欧美"文明"国家法制整备实行法制改革,最终"与各国改同一律",则允诺放弃领事裁判权。这在中国废约史上具有里程碑意义,它将通过仿行"文明"国家法制实行法制改革的废约路径,以条约形式最终确定下来,成为中国收回主权、利权的指南。张之洞当即兴奋地将此视为"立自强之根,壮中华之气"的重大收获,伍廷芳亦认为这是"变法自强之枢纽"。在此之前,清廷已颁发上谕,"著各出使大臣,查取各国通行律例,咨送外务部,并著责成袁世凯、刘坤一、张之洞慎选熟悉中西律例者,保送数员来京,听候简派,开馆编纂,请旨审定颁发,总期切实平允,

---

① 林学忠:《从万国公法到公法外交》,第365页。
② 王铁崖:《中外旧约章汇编(第二册)》,生活·读书·新知三联书店1982年版,第109页。

中外通行,用示变通宜民之至意。"① 1902年5月,清政府派刑部左侍郎沈家本、出使美国大臣伍廷芳兼取中西,修订法律。1903年,设立修订法律馆,命沈家本和伍廷芳为修订法律大臣,着手修订旧法、制定新法。在整个的修律进程中,他们坚持"务期中外通行"的修律原则,参考古今,博稽中外,折冲樽俎,"以中国法律与各国参互考证"制定中国新法。② 终至清亡,在近十年的时间里,清政府陆续编订、颁布的刑法、民法和诉讼法等,为实现中国法制"文明化",进而废止领事裁判权做出了巨大的努力和贡献。

　　通过法制改革实现中国的"文明国化"是清末新政的重要内容,张之洞和刘坤一的"江楚会奏"的重点内容即是法制改革和制订律例。正如英、美、日、葡等国在条约中所承诺的,只要中国仿行欧美"文明"国家法制整备进行改革,实现自身的"文明国化",即允放弃在中国的领事裁判权。清末新政时期法制改革的直接目标是废止领事裁判权,如后文所述,中国参加海牙和会的经历也使清政府认识到迅速进行法制改革,实现自身"文明国化"亦是中国进入国际社会,获得国际法上的完全主体资格的必由之路。明治维新以后进行立宪改革的日本,不仅在甲午战争中击败了"天朝上国",而且在日俄战争中击溃了强大的竞争对手俄国,这更加激发了国人以强敌日本为榜样进行改革的动力。日本通过立宪改革,成为国际社会中的"文明"国家,一方面获得了国际社会的广泛承认,另一方面也使得国家实力大大增强,成为国际社会中的大国,这对怀揣"大国"梦想的晚清中国来说,无疑具有极大的吸引力和诱惑力。也就是说,通过法制改革,实行宪制是中国成为"文明国",进而获得国际社会承认的重要步骤。经历了日俄战争的刺激以后,朝野上下顿时惊

---

① 李育民:《中国废约史》,第140—141页。
② 陈旭麓:《近代中国社会的新陈代谢》,第240页。

愕，于是就有了 1905 年五大臣出洋考察各国宪政和 1906 年清廷颁布的《宣示预备立宪谕》①。清廷郑重宣布争取用九年时间完成日本二十几年走过的路，将君主专制政体改造成一个完全意义上的君主立宪政体，使中国步入文明国家的行列。

日本之所以能在 30 年左右的时间内实现自身的"文明国化"，无疑与日本迅速接受国际法有着莫大的关联。如前所述，《万国公法》一书起初并未在中国引起广泛的关注，后来传入日本，很快引起了日本的热切关注，《万国公法》一时间成为日本国内的畅销书，为国际法知识在日本的广泛传播奠定了基础。1894 年 8 月 1 日，日本以国际法为依据正式对中国宣战，并在宣战书中明确表示"与国际法保持一致"。在甲午战争时期，日本著名国际法学家高桥作卫和有贺长雄用西文发表文章，向西方国家阐述日本军人对国际法的忠诚，他们指出"日本政府最诚挚的意图在于根据国际法行动"。同时，他们记述并向列强传播了中国军队在战争中违背国际法原则的恶劣证据，认为中国是一个"文明未化"的国家。他们向西方国家介绍了中日两国在战争中的表现，认为日本能够严格遵守国际法，已经进于"文明"国家的行列，而中国处处违背战时国际法，仍是一个"野蛮"国家。② 由于当时日本国际法学家积极向西方国家介绍日本遵守国际法的种种证据，使得列强对日本有了更深一步的了解，并在西方人心目中留下了较好的印象。英国法学家霍兰德在 1898 年评价甲午战争时说："日本在对待敌人和处理与中立国关系方面都遵守了战争法，其行为堪比西欧最文明的国家。而中国则没有表现出

---

① 上海商务印书馆编译所编纂：《大清新法令（1901—1911）》（第一卷），商务印书馆 2010 年版，第 37—38 页。

② Rune Svarverud, *International Law as World Order in Late Imperial China: Translation, Reception and Discourse, 1847-1911*, Brill, 2007, pp. 62-63. 赖骏楠在《十九世纪的"文明"与"野蛮"：从国际法视角重新看待甲午战争》一文中对此作了专门的考察和研究。

她能进行文明战争的迹象。"[①] 尤其是甲午一战,中国大败,西方国家更加相信日本的"文明"表现,很快承认日本为国际社会的完全成员,放弃了在日本的领事裁判权,日本迅速步入了"文明"国家的行列。当时的中国仍缺乏向西方国家介绍自身遵守国际法规范的能力,中国的国际形象一直未能得到改观。20世纪初,义和团之乱更是将中国的国际形象降至最低。中国向西方国家介绍自身遵守国际法规范的"文明"形象,一直要等到1907年留德学生马德润《中国合于国际公法论》在西方的面世。

马德润(1871—1937)著《中国合于国际公法论》一书,当时《外交报》称,该书"条举中国历史交涉皆与国际公法相合,以破西人訾我中国不入国际公法之谬。不徒为吾国讼直,且语根据公法原则,当时既经各博士教授评议,推为杰作,其价值可知矣"。[②] 马德润的《中国合于国际公法论》[③] 是中国人首次向世界说明中国遵守国际法的努力及其成果,认为中国通过与西方国家缔结条约、履行条约规定的内容,已经具有履行国际法规范所规定之义务的能力,进而批评了那些仍将中国列为"半文明国",而将中国排除于国际社会之外的观点。这是国人为改变世界列国对中国国际地位认识而做出的重要努力。日本学者早在甲午战争前后就已经向世界表明它能够在战争中遵守国际法规范,指责中国不守国际法规范,这对西方世界对中日两国遵守国际法规范的意识和能力的认识产生了深远影响。中国在这方面的努力比东邻日本晚了近半个世纪。无论如何,中国通过甲午战争、义和团运动和日俄战争的巨大刺激,加上自甲午战败之后积极通过向日本和西方国家学习国际法的努力,以及清末新政时期的种种努力,已经逐渐认识到了中国必须仿行欧美法制

---

① 刘文明:《全球史理论与文明互动研究》,第207页。
② 田涛:《国际法输入与晚清中国》,第144页。
③ 马德润:《中国合于国际公法论》,上海商务印书馆1908年版。

整备实现自身"文明国化",进而成为国际社会中完全成员的重要意义。其中固然有战争刺激和列强压制所起的作用,甚至还有国内政治社会变迁的推动,但毋庸置疑,国际法仍是中国努力建构现代主权国家之意识萌芽和生成的重要智识资源和概念工具。

自1843年始,西方列强相继凭借不平等条约攫取在华领事裁判权,中国的司法主权渐趋沦丧,中国主权遭到了严重的侵蚀和破坏。其间,中国人民通过切肤之痛的现实遭遇,以及"西学东渐"进程中对国际法知识的了解,逐渐认识到了领事裁判权的侵略性质,进而走上了努力撤废领事裁判权的曲折道路。至1943年,领事裁判权才最终得到撤废,中国的司法主权基本上得以收回。1902年,英国在《中英续议通商行船条约》中承诺:"中国深欲整顿律例,以期与各国改同一律,英国允愿尽力协助,以成此举;一俟查悉中国律例情形及审断办法,一切相关事宜,皆臻妥善,英国即允弃其领事裁判权。"随后,其他列强纷纷效仿。西方列强论证其在华领事裁判权合法性的理论逻辑是:中国法律严酷野蛮,西方国家断难允许自己的公民在此种法律治下。因此,中国开始法律改革,期与西方法律基本一致,否则中国必须给予西方人领事裁判权;只有通过法律改革实现了中国法律的"近代化""文明化",也就是"欧美化",并经英美等西方国家检验合格(即与西律改同一致),方可放弃在华领事裁判权。这就为晚清十年中国的"文明国化"和"近代化"提供了动力,也为中国的"法律近代化"指示了方向。从此,中国便在列强"皮鞭"的抽打和"胡萝卜"的诱惑下,踏上了法制近代化的征程。[①]

从此,中国政府满怀信心地认为:只要像明治维新以后的日本那样,以欧美法律为典范,积极修律,改善司法,通过西方列强的验收,便可如其承诺的那样废止领事裁判权,收回中国的司法主权。因此,中国的

[①] 张仁善:《近代中国的主权、法权与社会》,法律出版社2013年版,第1页。

法律改革和近代化努力都不可避免地带有撤废领事裁判权的印记。即便是从1902年英国通过条约形式明确承诺有条件地放弃在华领事裁判权算起,至1943年最终撤废在华领事裁判权,中国的法制近代化也已经走过了近半个世纪的历程。

1943年英、美等主要列强撤废在华领事裁判权,并非因为中国的法典创制和司法改革完全满足了列强设定的条件,而是因为中国在抗日战争中国际地位的提升和中国国家实力的逐步提升。历史似乎跟中国开了一个玩笑,20世纪上半期中国的政治法律精英们为收回中国的主权(包括司法主权)所作的种种努力,终究只是国际地位和国家实力的一个陪衬而已。这也从另一个层面说明,当年西方列强在中国攫取领事裁判权只是为其肆行殖民扩张提供工具而已,它们为此所提出的种种说辞,只是为了粉饰赤裸裸的侵略实质。

第二章 领土主权意识

20世纪是这样一个时代：在人类和世界历史上，我们所有人（包括古老的部落）都第一次生活在一张地图中，生活在一块被精确划定、被严格规定和彼此承认的领土上。与其他时代不同，近代以来的国家主权基本上都是以领土来定义的。现代主权国家显然都是"领土国家"，这种说法更强调了不可侵犯是国家的本质特征。主权国家的边界限定着"一种社会计划的领土范围，同样，也有利于确定一种意识形态"。[1] 领土是主权国家的核心要素，它是一个国家赖以存在的物质基础。国家无论大小，都必须以固定的领土为基础，不可能存在没有领土的国家。

我们今天所讲的领土，是一个国际法上的概念，"是指隶属于国家主权的地球表面的特定部分"。[2] 对现代民族主权国家而言，领土是得到本国和世界上其他国家和国际法承认的，它以明确的主权为根据，并有着明确的界限，但古代的疆域则不一定有明确的主权归属和界线。吉登斯在《民族-国家与暴力》中对传统国家的领土权和近代民族国家的领土权作了区分：

> 在对传统国家的领土权和民族-国家的领土权进行区分时，很

---

[1] 〔西〕胡安·诺格：《民族主义与领土》，徐鹤林、朱伦译，中央民族大学出版社2009年版，第32—33页。
[2] 〔英〕拉萨·奥本海：《奥本海国际法（第一卷·第二分册）》，詹宁斯、瓦茨（修订），王铁崖等译，中国大百科全书出版社1998年版，第3页。

基本的一点是：我们应该看到，传统国家的"边陲"与民族-国家的"国界"两者之间具有显著的差异……不管怎么说，"边陲"均指某国家的边远地区（不必然与另一国家毗邻），中心区的政治权威会波及或者只是脆弱地控制着这些地区。而另一方面，"国界"却是使两个或更多的国家得以区分开来和联合起来的众所周知的地理上的分界线。尽管在国界地区生活的群体，可能会（经常确实如此）显示出"混合的"社会和政治特征，但仍可辨识出，这些群体是隶属于这一国家还是另一国家的行政管辖。在我看来，国界只是在民族-国家产生过程中才开始出现的。[1]

与现代民族-国家（主权国家）有明确的国界相比，传统国家有边陲（frontiers）而无国界（borders）。中华帝国的先民素以"天下一家"的观念为基础，通过"天下""四土"认识自身的国土疆域和范围，将王朝的势力范围想象为一个"无外"的空间。古代中华帝国的边疆是模糊的、开放的，并且在地域上也是随着中央王朝控制能力的强弱而经常变动的，这种模糊不清是领土观念不发达的表现。这说明在人类早期的发展阶段，领土观念并不发达，但认为这一时期的先民完全没有领土观念，是不合历史的。

"版图"在《古代汉语词典》中有两层含义，一为"户籍和地图"，二为"国家疆域"。[2] "版图"一词最早见于西周初年。"版"指户籍，"图"是地图。在《周礼·夏官·司土》中记有"掌群臣之版"，在《周礼·天官·宫伯》中记有"掌王宫之士庶子，凡在版图者"，"版"即掌管宫廷士庶官员的名册或户口。在《周礼·地宫·大司徒》中记有"大司徒之

---

[1] 〔英〕安东尼·吉登斯：《民族-国家与暴力》，胡宗泽等译，生活·读书·新知三联书店1998年版，第60页。

[2] 《古代汉语词典（第2版）》，商务印书馆2014年版，第31页。

职,掌建邦之土地之图……以天下土地之图,周知九洲之地域,广轮之数,辨其山林、川泽、丘陵……之名物";又《土训》中记有"掌道地图,以诏地事"。以上提到的"天下土地""九洲之地域"指全国疆域即全国版图。后来,"版图"一词泛指国家疆域。[①] 历史上的中原王朝除了拥有主权很明确的正式行政区域以外,往往还有许多属国、藩国、羁縻单位等各种附属的、接受监督的或自治的区域。王朝在这些区域之间的地位和作用千差万别,有的能拥有完全的主权,与正式的政区相同;有的则只能部分控制,或者不能稳定地控制;还有的只是名义上的归属,与外国并无二致。[②] 因此,要完全根据现代的领土主权标准来认识和确定古代疆域的范围是很困难的。

在古代中华帝国时期,"内诸夏而外夷狄"的《春秋》古训一直主导着中国人的世界秩序观。直到 17 世纪中期,中国北方寒地的少数民族入主中原,开疆拓土,建立了统一的多民族国家,才开始注重边疆地区的治理和建设。为了论证其统驭天下的合法性和正当性,清帝国不但注重在观念和思想上打破"华夷之辨"的夷夏之防,而且也开始积极地开疆拓土,对边疆地区进行有效的治理。

一、画界立碑与勘界绘图

正当清帝国在 18 世纪积极推进帝国扩张之际,俄罗斯帝国也处于大张旗鼓的扩张时期,从而清帝国东北和西北的中俄边疆区域的安定成了这一时期的重要内容。在 18 世纪发展到顶峰之际,清帝国的领土范围比中国现在的领土范围还要大得多。清朝实现了先前朝代从未有过

[①] 陈振华:《核心利益之领土主权》,测绘出版社 2013 年版,第 18 页。
[②] 葛剑雄:《历史上的中国:中国疆域的变迁》,上海锦绣文章出版社 2007 年版,第 8 页。

的成就：将内亚的重要部分不断地整合进东亚人居住的范围内。版图巩固的过程经历了几个阶段，其中好几个都与积极对付俄国人相关，后者正向东扩张到亚洲。为了得到更多的黑貂，俄国向东北部的黑龙江流域推进，这促使康熙帝在 1683 年后把东北部边疆的安全摆到突出的位置上。经过 17 世纪末、18 世纪初的一系列战争，清俄两大帝国之间签订了《尼布楚条约》（1689 年）和《恰克图条约》（1727 年），二者之间的边界才得以划定。①

1670 年至 1690 年间，清帝国与俄帝国之间主要因西伯利亚地区少数民族的归属问题冲突不断，出现了长期的危机。在平定三藩（1681 年）、征服郑氏家族控制的台湾（1683 年）之后，清廷终于能够腾出手来处理北方问题了，并于 1689 年 9 月 7 日与俄国缔结了中俄《尼布楚条约》。普遍认为，中国政府知道近代西方国际法的存在，应以中俄《尼布楚条约》为肇始。这是一条被视为中国与西方国家最早订立的条约，其内容反映出了近代国际法关于国家主权平等的原则。根据当时作为清政府全权代表团通译之一的葡萄牙耶稣会士徐日升（Thomas Pereira，1645-1708）的记载，他曾向康熙帝介绍过近代西方国际法，康熙帝也注意到了一些关于国家主权平等及条约缔结的原则。然而，这可能只是事情的表象，对以"天朝上国"自居的大清帝国而言，这种"平等"条款仍是不合天朝定制的。据张诚日记的记载，中俄两国各自持有的拉丁文本条约在国家排序上是有差异的：中方的文本是中国皇帝列在俄国大公之前，中国的钦差大臣列在俄国使臣之前；至于俄国文本，则刚好相反。②

为了缓和清俄两大帝国之间的冲突，以期永久和好，清俄之间签订了《尼布楚条约》："于 1689 年 7 月 24 日，两国使臣会于尼布楚城附近，

---

① 罗友枝：《清的形成与早期现代》，载司徒琳：《世界时间与东亚时间中的明清变迁：世界历史时间中清的形成》，赵世瑜等译，生活·读书·新知三联书店 2009 年版，第 268 页。

② 林学忠：《从万国公法到公法外交》，第 43—44 页。

为约束两国猎者越境纵猎、互杀、劫夺、滋生事端,并明定中俄两国边界,以期永久和好起见,特协定条款如左……"①该条约的主要内容是控制边界地区少数民族的流动,因为双方均担心边疆区域的少数民族逃往对方领土,从而损害帝国利益。划界问题和贸易问题的确定与此密切相关。条约以拉丁文为正式文本,同时附有满文本和俄文本,并在界约订立之后,以满、汉、俄、拉丁文刻之于石,作为永久界碑立于两国边界。该约规定以外兴安岭和额尔古纳河划定中俄东段边界,除毁雅克萨城和尽数迁俄人出境,禁止擅越已定边界,双方应随时遣还逃亡者,清俄修好并发展双边贸易。汪晖认为,这证明国界概念、主权观念(包括相互承认的主权)以及贸易准入问题均不是"海洋时代"的特产,也不能被看作是民族-国家的排他性特征。②虽然这在一定程度上意味着边界概念和主权意识的萌芽,但它更是一种实际统治的当务之急,是一种面对具体情形的政策应对,尚未成为处理边疆问题的普遍原则。

由于当时清朝尚未能平定外藩蒙古,所以清俄两大帝国中段的边界尚无法划定。雍正皇帝继承其父离间俄罗斯人与蒙古人的策略,试图通过缔结一项新的条约来解决中俄之间所有悬而未决的问题,由此于1727年签订了《恰克图条约》。该条约为中国争得了一条蒙古与西伯利亚之间的明确边界。③《恰克图条约》中有这样的规定:

> ……将所分地方,写明绘图,两国所差之人互换文书,各给大臣等。
>
> 此界已定,两国如有下属不肖之人,偷入游牧,占据地方,盖房居住,查明各自遣回本处。

---

① 王铁崖:《中外旧约章汇编(第一册)》,第1—2页。
② 汪晖:《现代中国思想的兴起(上卷·第二部"帝国与国家")》,第687—688页。
③ 〔美〕徐中约:《中国近代史:1600—2000,中国的奋斗》,计秋枫等译,第24页。

两国之人如有互相出入杂居者，查明各自收回居住，以静疆界。①

　　该约明确提出，将所分地方，写明绘图，并再次规定严禁擅自越界，以静疆界。濮德培（Peter C. Perdue,1949—）认为，17、18世纪的满洲人、俄国人和准噶尔人展示了新的领土观，一个很典型的例子就是，他们在绘制地图时呈现出的早期现代主权国家的特征。在耶稣会士通事的帮助下，中俄《恰克图条约》签订，帝国的一种新的领土观就在这个条约中产生了固定的边界。耶稣会士先为皇帝勘定绘制了东北的新地图，后来绘制整个帝国的地图。② 17世纪末和18世纪初，清朝与俄国签订了《尼布楚条约》和《恰克图条约》，开创了中国历史上以双边条约的形式确定"国际"边界的先例。与此同时，康熙帝又利用耶稣会教士，历时十几年于1721年完成了《皇舆全览图》。但康熙帝的努力与欧洲民族-国家在这方面的努力存在着巨大的差异。曾有论者指出，俄国在签订了《尼布楚条约》《恰克图条约》之后，基本上仍被清政府作为朝贡国对待。③ 近代欧洲民族-国家勘界绘图是以国际竞争为动力的，而康熙帝斥巨资勘界绘图则是为了"昭中外一统之盛"的天朝观念和"昭代典章"的皇统目的。④

　　地图是一国版图的实物载体，亦是主权国家的象征。清康熙前期，先后平定"三藩之乱"、收复台湾，除了西北的准噶尔以外，国内其他的分裂割据的威胁已经消除。经过一段时间的休生养息，经济得到恢

---

① 王铁崖：《中外旧约章汇编（第一册）》，第8页。
② 罗友枝：《清的形成与早期现代》，载司徒琳：《世界时间与东亚时间中的明清变迁：世界历史时间中清的形成》，赵世瑜等译，第271页。
③ 〔日〕川岛真：《中国近代外交的形成》，田建国译，第27页。
④ 金喆：《康雍乾时期舆图绘制与疆域形成研究》，中国人民大学出版社2003年版，第55、58页。

复,国力日渐强盛。加之,康熙皇帝对自然科学有着浓厚的兴趣。早在1868年,康熙帝就已经萌生了编绘全国地图的计划,在给《一统志》总裁勒德洪(1624—1697)的上谕中,他提出了"务求采搜闳博,体例精详,厄塞山川、风土人物,指掌可治,画地成图"的要求。① 此后,他在康熙帝的直接督问下,做了一系列准备工作。其间,得到西方耶稣会士在技术方面的大力帮助。

到清代康熙时期,中国开始利用西方传教士引入的经纬网、投影等技术绘制全国地图。《皇舆全览图》于1721年完成,通过绘制全国地图,清朝开始明确自己的管辖范围,并在此基础上运用中国自己的法律管理边界地区的少数民族。至此,清代的边境概念逐渐萌生,边界也逐步明晰起来。通过《尼布楚条约》和《恰克图条约》的规定,以及《皇舆全览图》的绘制,清俄之间模糊的边界逐渐清晰起来,对两国边界地区的安宁具有重要的意义。尽管清代绘图技术更加精确,但清代出现的这种实测地图,并没有从根本上动摇地理上的华夏中心观。《皇舆全览图》依然呈现出"内中国,外夷狄"的整体结构。外部世界只是衬托中国为"中央之国"的点缀物而已。②

两国之间勘界立碑("国际"边界)在中国古代亦不陌生。至少到宋朝时,已经有了这方面的实践,如南宋曾与金、辽以河为界,清代也数次与缅甸、朝鲜、锡金、尼泊尔等国勘界立碑。1793年英使马嘎尔尼来华要求通商建交,乾隆皇帝斥之曰:"天朝疆界严明,从不许外藩人等稍有越界搀杂,是尔国欲在京城立行之事,必不可行。"又说:"天朝尺土俱归版籍,疆址森严,即岛屿沙洲亦必画界分疆,各有专属,况外夷向化天

---

① 葛剑雄:《普天之下(葛剑雄文集)》,广东人民出版社2014年版,第469页。
② 王小红、何新华:《天下体系:一种建构世界秩序的中国经验》,光明日报出版社2014年版,第17页。

朝，交易货物者，亦不仅尔英吉利一国，若别国纷纷效尤，恳请赏给地方买卖居住之人，岂能各应索求？且天朝亦无此体制，此事尤不便准行。"①然而，在另一特定情形下，雍正皇帝则对疆界表现出了与乾隆帝迥异的态度。1728年安南国王黎维裪具奏陈辩，请雍正皇帝给还一百二十里有争议的疆土。雍正命总督鄂尔泰确查，先给还八十里，于铅厂山下小河内四十里立界。安南国王复疏辩，要求给还余下四十里。对此，雍正谕曰："鄂尔泰体朕怀远之心，定界于铅厂山下小河，较旧界已缩减八十里，诚为仁义尽至。朕统御寰宇，凡臣服之邦皆隶版籍，安南既列藩封，尺地莫非吾土，何必较论此区区四十里之地？"又云："此四十里之地，在云南为朕之内地，在安南为朕之外藩，毫无所分别，著将此地仍赏赐该国王世守之。"②

从表面看来，乾隆和雍正对于疆界问题的立场反差极大。然而，就其实质而言，雍正帝和乾隆帝在疆界问题上的立场看似判若云泥，实则殊途同归。他们讲的都是"天朝内地"与"外藩"之间的疆界，而非近代国际法意义上的国际边界。在他们看来，"天朝内地""内藩""外藩"同归"版籍"，并且"天朝内地"与"内藩""外藩"的疆界视具体情况可严可宽。而"外藩"以外的边界状况如何，便不再是天朝应予关心的问题。对这种由中心向四周辐射的疆界观，清代曾有人用中国传统家宅布局做过贴切而又形象的比喻，即由堂室至门户、由门户至藩篱。就此而言，天朝无邻国。今人若把中华帝国历史上的藩界直接转换成近代国际法意义上的国际边界，将雍正皇帝视为"随心所欲地把土地'划批'给外国人"的始作俑者，就有时代误植的嫌疑了。就实际的历史进程而言，天朝是在列强坚船利炮的威逼下才把藩界变成了近代国际法意义上的

---

① ［清］王之春：《清朝柔远记》，中华书局1989年版，第142、143页。
② 同上书，第68—69页。

国际边界的。鸦片战争后,列强不仅在清政府处于惊愕状态时拆毁了天朝的"藩篱",踏破了中国的"门户",而且还"登堂入室"。[①] 它们以坚船利炮为后盾,以不平等条约为根据,将殖民扩张的铁蹄踏进了中国内地,划定了势力范围,并肆意掠夺中国丰富的资源。清政府曾经拥有的对于"外藩"的相对主权不但丧失殆尽,而且其对"内地"的绝对控制权也岌岌可危。

即便是如康熙大帝这样的一代明君,他也只是将《尼布楚条约》当作应对具体情形的个案处理,并没有将之上升为处理对外交涉事宜的普遍原则的意识。到雍正、乾隆时期,清政府更是厉行禁教及闭关政策,一方面将中国古代"朝贡体系"下的对外交涉原则发挥到极致,做起了"天朝上国"的迷梦;另一方面遏制了中西之间的经济文化交流,也妨碍了近代国际法知识的传入和国家领土主权意识的萌芽。

二、帝国主义对中国领土主权的侵害

在古代,由于人口稀少或迁徙、生产力低下等缘故,领土归属尚不是一个很突出的问题,更谈不上界定地域边界的问题。在中国,先秦就有"普天之下,莫非王土"的观念。在西方,从古希腊罗马到中世纪,无论是城邦,还是帝国或教会统治,国家领土争议问题,并未如现代那般凸显。康乾盛世之后,清王朝内政凋敝、危机四伏,国势日渐衰落。同时期的西方国家则经过工业革命日渐强大,凭借军事实力加速殖民主义扩张,领土问题瞬时成为一个威胁人类和平的毒瘤。甚至可以说,从17世纪到20世纪上半叶的两次世界大战,就其实质而言,都是围绕领土

---

① 〔美〕刘晓原:《中国领土属性近代转型刍议》,载豆丁网,https://www.docin.com/p-24251596.html。

争议而大动干戈。随着西方工业革命的极速推进,中国这块地大物博的东方土地,早已成为利欲熏心的西方列强垂涎已久的肥肉。

(一)割让领土

在国际法上,割让是说一国的领土依条约转移于他国。领土的移转可以发生于各种不同的情况,也可以是有代价的转让。但是,严格意义上的割让,是领土的强制性的移转,无代价的移转。这往往是以作为战争结果的和约作出的具体规定为基础的。割让构成国家取得领土的一种转承方式,一向被认为是国际法承认的合法方式。但是,从现代国际法的观点看来,割让这一获取领土之方式的合法性也还需要重新检审。特别是在第二次世界大战后,根据《联合国宪章》的原则,各国负有彼此不侵害领土完整的义务。因此,除为了进行边界调整或其他公平合理的目的,在友好协议的基础上作一些必要的土地移转外,一国没有权利索取别国的土地。一切领土的强制转移,即令是战争的结果,即令是通过条约,在原则上割让都不能认为是合法的;收复失地,又当别论。[1]然而,自鸦片战争以后,西方列强为了攫取在华特殊利益,往往通过不平等条约这一"合法"形式迫使中国割让土地。因此,中国近代史可以说是一部被迫向西方列强不断割让自己土地的历史。中国领土主权持续地遭遇侵蚀,从反面激发了中国人的领土主权意识,实际上在某些方面导致了19世纪末中国领土主权意识的全面加强。

1840年以后,帝国主义列强轰开了中华帝国久已紧闭的国门,用武力威逼清政府签订了一系列的不平等条约,并据此侵占了中国的部分领土,攫取了大量的在华利权。它们甚至有时连威逼清政府签订不平等条约的形式"合法性"都弃之不顾,就凭借强大的军事实力造成既定事实。

---

[1] 周鲠生:《国际法(下册)》,武汉大学出版社2007年版,第386—388页。

1842年签订的中英《南京条约》规定,"今大皇帝准将香港一岛给予大英国君主及嗣后世袭主位者常远据守主掌,任立法治理"①,将香港割让给了英国。1860年第二次鸦片战争结束时,中英签订《续增条约》规定:"前据本年二月二十八日大清两广总督劳崇光,将粤东九龙司地方一区,交与大英驻扎粤省暂充英法总局正使功赐三等宝星巴夏礼代国立批永租在案,兹大清大皇帝定即将该地界付与大英大君主并历后嗣,并归英属香港界内,以期该港埠面管辖所及庶保无事"②,又以香港对岸的九龙司地方一区割归英属。

在中国近代史上,侵夺中国领土最多者莫过于沙皇俄国。沙俄通过《瑷珲条约》(1858年)、《北京条约》(1860年)等侵占了中国东北、西北等地,从中国夺去了150万平方千米的领土。1885年,法国吞并越南,次年英国吞并缅甸,此后英法两国于中国多次交涉,划定缅甸、越南与中国的边界,结果云南西部的茶山等地划归英属缅甸,南部的乌得、孟乌二土司划入法属交趾支那。甲午战败后,中国被迫签订《马关条约》(1895年),台湾岛及其附属各岛屿和澎湖列岛于1895年割让于日本,直到1945年抗日战争胜利后才由中国政府收回。西方列强还在中国划分势力范围,掀起了瓜分中国的狂潮。

传统中国所固有的是一种辐射型的地缘政治观念,它随着中国的疆域在秦汉两朝以地理边界大致确立下来,中国强,则藩属附,中国弱,则四夷离。中国对周边国家的吸引力大小往往与双边距离成正比,朝鲜、越南、琉球相比于内亚诸国藩属关系更强烈,中央政府的势力所及与国家的国力成正比。这种辐射型领土观念与近现代西方主权国家那种明确领土界线的概念截然不同。在中俄关于伊犁地区的修约中,钦差全权

---

① 王铁崖:《中外旧约章汇编(第一册)》,第31页。
② 同上书,第145页。

大臣崇厚为求强俄退兵而速签割地求和的《里瓦几亚条约》(1879年)遭到朝野反对,言此举实属"贻误国家",表明当时清政府上层官僚阶层对边境"千里旷地"的重新认识,中国同列强的外交也从单纯"论势"转向于"论理",即"俄人虽其猖獗,亦不能违越万国公法"。相较而言,曾纪泽(1839—1890)在同俄国谈判中更加注重明确国界勘定和对国家边疆领土的维护。马士·宓亨利(Harley Farnsworth MacNair,1891-1947)对此外交成就曾有高度的评价:"左宗棠曾用武力平定了喀什噶尔一带,现在曾纪泽又和平而光荣地收回了伊犁。像曾侯这样不流血的外交胜利,在中国的经验中还是前所未有的。"[①]

(二)建立租界

就对主权的侵害程度而言,租借乃是一种严重的限制主权的形式,它对主权的侵害程度仅次于割让。领土的租借是19世纪末出现的事,西方国际法学家也有将之视为一种变相的割让。帝国主义列强通过租借这一新办法,在当时形成了瓜分中国的局势。1898年之前,清政府先后将胶州湾租借与德国(租期99年),旅顺和大连租借与帝俄(25年),威海卫租借与英国(租期比照旅大租期),广州湾租借与法国(99年)。有的法学家以为这种租借事实上同土地割让很难分别。英国国际法学家劳伦斯(Lawrence)说,中国在这里所丧失的是主权。但有些法学家(如奥本海)虽然也承认就实际的效用说,租借等同于割让,但断言在严格的法律意义上,租借地仍属原主国所有。必须指出,上述所谓变相的割让之说,只是反映帝国主义推行掠夺和侵占政策的企图,而对于有关领土的地位并不是正确的法律解释。那些领土是否会变为割让,当依形势的发展而定;如果自始就说是原主国失掉了对有关领土的主权,那在

[①] 王翔宇:《晚清政府对现代国家主权观念认知的转变》,载《历史长廊》2013年第5期。

法理上是站不住脚的。事实上，中国已经先后收回了各租借地。①蒲安臣（Anson Burlingame，1820—1870）在谈到《蒲安臣条约》（1868年，又称《中美续增条约》）第一条的意义时曾经也承认："中国从未放弃过它的大好领土，从未放弃过它在该领土内（租界）的管辖权，而且我相信它永远不会放弃。"美国国务卿海约翰（John Milton Hay，1838—1905）曾经也承认："在租约中既然明白规定中国对所租之地仍保有主权，无疑可以肯定地说，这些地方仍为中国领土。"②由此可见，从法律的角度来看，租借虽然严重地侵害了中国的领土主权，但它毕竟与割让不同，租界的所有权并没有转移，仍然应当属于中国领土主权的管辖范围。

租界对中国领土主权的影响是十分明显的。它是由通商口岸发展而来的一种特殊制度，这是列强在某些通商口岸的外人居留、贸易区域中，起初通过非法手段，继而由不平等条约确定下来，侵夺中国的行政权和司法权，并建立独立于中国政权体系之外的行政管理机关，以致形成"国中之国"的特殊制度。③《南京条约》规定："自今以后，大皇帝恩准英国人民带同所属家眷，寄居大清沿海之广州、福州、厦门、宁波、上海等五处港口，贸易通商无碍。"1843年10月签订的《五口通商附粘善后条款》又规定："在万年和约内言明，允准英人携眷赴广州、福州、厦门、宁波、上海五口居住，不相欺侮，不加拘制。但中华地方官必须与英国管事官各就地方民情，议定与何地，用何房屋或基地，系准英人租赁。"④这一规定可以说是租界得以建立的原始条约根据。1843年11月，英国领事巴富尔（George Balfour，1809—1894）与上海道宫慕久（1788—

---

① 周鲠生：《国际法（下册）》，第389页。
② 刘利民：《不平等条约与中国近代领水主权问题研究》，湖南人民出版社2010年版，第51、47页。
③ 李育民：《中国废约史》，第17页。
④ 王铁崖：《中外旧约章汇编（第一册）》，第31、35页。

1848）商定的《上海租地章程》，是第一个有关租界制度的章程。该章程规定：

> 英人请求于广州、福州、厦门、宁波、上海等五处港口许其通商贸易，并准各国商民人等携眷居住事，准如所请，但租地架造，须由地方官宪与领事官体察地方民情，审慎议定，以期永久相安。兹体察民情，斟酌上海地方情形，划定洋泾浜以北，李家庄以南之地，准租与英国商人，为建筑房舍及居住之用，所有协议订立之章程，兹公布如下，其各遵照毋违。①

1854年7月5日，英、美、法三国驻上海领事，趁上海小刀会起义，清政府地方政事混乱之机，擅自修改1845年的《上海租地章程》，制定了《上海英法美租界地章程》。通过该章程，上海外人租地拥有了征税权、武装警察，类似于西方自治政府，并完全摆脱中国的行政管辖的市政机关，租界制度由此基本成型。② 第二次鸦片战争之后，列强通过不平等条约又增开许多新的口岸，同时又以租借的形式将租界制度推向这些口岸。甲午战败和八国联军之役后，列强又借机谋取这一特权，开辟了不少新的租界。

晚清中国积贫积弱、外强中干，才使得租界这种"国中之国"得以长期施行，清政府对此亦予以"默认"。甚至在1896年10月19日所订中日《公立文凭》中通过条约肯定了租界行政权，"添设通商口岸，专为日本商民妥定租界，其管理道路以及稽查地面之权，专属该国领事"。③随后，日本以此为先例，与各通商口岸地方官订立租界章程，对租界制

---

① 王铁崖：《中外旧约章汇编（第一册）》，第65页。
② 同上书，第80—84页。
③ 同上书，第686页。

度作了更为详尽、明确的规定。其他列强则援用最惠国待遇条款，获得了与日本相同的特权，各国亦攫取了在租界内的行政权。[①]

从法律的角度来看，租界仍是中国领土的一部分，中国对其享有主权。但是，租界形成之后，列强根据各种不平等的条约，通过各种合法和非法的手段，在租界内行使着某种程度的属地管辖权，如法权[②]、税权、警察权、市政权等等，成了中国领土范围之内的特殊区域，俨然一个与中国并立的"独立国家"，甚至成了实质上的"国中之国"。此外，列强还在中国攫取了大量的势力范围或利益范围。当列强并未获得在属于各自的利益范围的地域内取得中国领土的权利时，它只是要求中国不把这地域割让与别国，例如中国对英国声明扬子江流域各省不得割让，对日本声明福建不得割让。势力范围，连同租界的攫取，以及辐射地区的承诺，都是西方列强对华殖民侵略行径的表现，并且在19世纪末期造成了一种瓜分中国的态势，这当然是不可能找出任何国际法规则来将之合法化的。列强的殖民侵略无疑使中国的领土主权遭到了前所未有的侵蚀和破坏，这同时也在客观上刺激了中国政府及国民领土主权意识的萌芽。

---

① 自1843年上海开埠，到1902年12月27日《天津奥国租界章程合同》的订立，总计有8个国家在10个通商口岸开辟了22个专管租界。其中英国6个、法国4个、德国2个、俄国2个、日本5个，比、意、奥各1个。如果加上上海公共租界合并前的英、美两个租界，以及美国在天津放弃的租界，则为9个国家和25个专管租界。照此数计算，天津辟有9个专管租界，上述9个国家各有1个；汉口5个，上海3个，广州2个，厦门、镇江、九江、杭州、苏州、重庆各1个。此外还有上海和鼓浪屿两个公共租界，其中参与清政府开辟鼓浪屿公共租界的有日、英、美、德、法、西、丹、荷，以及瑞挪等9国。参见李育民：《中国废约史》，第19页。

② 以英美法为代表的西方列强为了获取更大的在华利益，利用清政府的政策疏漏与中国官员的昏聩无知，相继在中国设立"租界"，攫取各项特权，营造中国版图之内的"国中之国"，并进而一步一步取得了对租界内华人的部分审判权，从而催生了"会审公廨"这个中国法制史上绝无仅有的法律怪胎。参见安国胜：《西风落日：领事裁判权在近代中国的确立》，第254页。

三、宗藩体系的崩塌与领土主权的建构

中国和越南、琉球、朝鲜等有着历史悠久的宗藩关系(朝贡体系)。这种东方的朝贡体系中的"宗主"与"藩属"关系，与西方殖民体系中的宗主国与殖民地的关系有着本质区别。在中国古代，"宗藩关系"下的"宗主"方，虽然要求"藩属"方的国王接受其"册封"，但并不对其国家实施政治统治；虽然要求"藩属"方定期或不定期地前来"朝贡"，但目的也不是谋图经济利益(其回赠品的价值甚至往往超过贡品)，其最为看重的是一种"从属"的名分，充其量兼图军事地理上的屏蔽作用。并且，在这种关系下，"宗主"方对"藩属"方也负有保护的责任。清朝与越南、琉球和朝鲜的"宗藩关系"皆如此。在资本主义列强全球性殖民扩张的时代，这种在历史上形成的以"宗藩关系"为特征的"朝贡体系"，既是欧美列强为扩大侵略而急欲扫除的障碍，又是它们蓄意利用的极好借口。中法战争和后来的中日甲午战争都是例证。

自鸦片战争以来，在帝国主义列强殖民扩张的铁蹄之下，琉球、越南、朝鲜等朝贡国先后丧失。在朝贡体系迅速衰落的进程中，中国开始努力建构新的政治秩序。在传统朝贡体系失坠之际，中国开始运用国际法上的领土主权原则，在台湾和新疆建立行省，努力实现全国政治统治的同质化和一元化，从而使传统的帝国体制逐渐转变为现代的领土主权国家。古代中国是一个帝国体制，没有确定的边界，也没有固定的疆土，一切都仰赖帝国权力的强弱而定。现代民族主权国家则是以确定的边界和疆土为基本特征的。清政府在台湾和新疆建立行省，无疑是将传统的帝国"版图"变更为近代国际法上主权国家的"领土"的行动。[①] 清政

---

① 林学忠：《从万国公法到公法外交》，第275页。

府在台湾和新疆设立行省，固然有古代郡县制统治模式的影子，但它无疑也是对国际法上领土主权原则的接受和内化，为中国后来建设成为现代主权国家，进而成为国际社会之一员，获得国际法上的主体资格奠定了坚实的基础。

（一）中法战争及越南的丧失

安南（今越南）是清朝主要的朝贡国，清朝在政治上并不对其进行实质性的管控，主要是重视其名义上的"从属"和"宗藩"关系。但是，当安南遇有危机时，清政府有保护的义务。自19世纪中叶以来，法国一直试图将安南划入其殖民范围。1874年，法国占领了越南南部地区，并继续向北推进，希冀打通中国西南的贸易通道。越南情势十分危急，便正式向其宗主国（中国）请求支援。作为越南的宗主国，中国是有义务向其藩属国（越南）提供支援的。但是，在对待法国的问题上，清政府内部对此意见分歧很大：李鸿章力主缓和，将希望寄托在其他列强的身上，并力劝英国与越南签订通商条约，以对法国形成牵制，就其实质而言，又是一项"以夷制夷"的策略；曾纪泽等人采取强硬态度，一方面承认法国在华的既得利益，一方面又坚持主张中国在越南的各项权益，不使法国获得进一步扩张的空间。在他看来，这一策略基本可行。李鸿章一面与法国谈判，一面应付着来自强硬派的攻击。

中国国内当局对于越南事务，皆不希望挑起战端，力主缓和的恭亲王奕䜣和李鸿章如此，态度强硬的曾纪泽亦希望和平解决，出兵北圻只是出于防御的策略，想使法国知难而退，适可而止。但是，中法之间的战事终于还是未能避免。战端即开，实由法国不宣而战，中国方面乃是被迫应战。

清政府在中法战争宣战问题上也充分运用了国际法知识。1884年8月23日，法军炮轰马尾，福建水师全军覆没。对于法国不宣而战的挑衅行为，8月26日，清政府下旨宣战，称"衅自彼开"，中方实为"不得已而用兵"。同时，清政府依据国际法宣布，对中国境内的外国人一体保护：

> 此事系法人渝盟肇衅，此外通商各国与中国订约已久，毫无嫌隙，断不可因法人之事有伤和好。着沿海各督抚严饬地方官及各营统领，将各国商民一律保护，即法国官民教民有愿留内地，安分守业者，亦当一律保护。①

> 倘有干预军事者，一经察出，即照公例惩治。各该督抚即晓谕军民人等知悉，如有借端滋扰情事，则是故违诏旨，妄生事端，即著严拿正法，毋稍宽贷。②

清政府的这则谕令表明，中国已经能够在战时依据国际法要求保护各国侨民了。实际上，中国也确实以国际法为依据，对各国侨民，连同法国侨民加以一体保护。对此，郑观应在给李鸿章的上书中提出："中国与法开战，各国人与敌人应如何保护、驱逐之处，宜将公法开战后交涉条款，摘出刊示，俾各遵守。"曾纪泽也提出过同样的建议。当然，在清政府宣战前后的几天里，丁韪良（William Alexander Parsons Martin, 1827-1916）就保护在华法国人的问题向清政府提供过多次建议。并在1884年8月24、25日，两次致函总署，引《公法会通》《公法便览》等国际法著作对这一问题进行了阐述。③ 在中法战争期间，清政府对保护

---

① 田涛：《国际法输入与晚清中国》，第304页。
② 林学忠：《从万国公法到公法外交》，第268页。
③ 田涛：《国际法输入与晚清中国》，第308—310页。

各国商民一事特别重视,使得在战争期间的国内社会形势保持了相对稳定的状态。

在中法战争期间,清政府依据国际法处理的另一个问题是要求各国严守中立,并就禁止协助法军问题与各国进行了反复的交涉。李鸿章在致总署的电报中称:"公法一经宣战,应知会局外各国,不准接济敌人军需。"由于法国舰船所用煤炭多从日本购运,李鸿章遂要求日本公使"严禁长崎煤商,不得私运法船"。曾国荃(1824—1890)也指出:"是中法业经开战,目前断绝法船接济,最为要著";"想各国与中国和好素敦,必能秉公严禁,以循公法"。① 同时,清政府亦敦请各国严守局外中立之例,并按战时国际法的禁运原则,要求各国严守中立,禁止接济法国军舰:

> 现在福州省河法国兵船业已开衅,按照公法,各国应饬各行各矿商人,不准出售煤斤接法国兵船,以守局外之例。②

在战争进行了三个月之后,清廷最后又产生了动摇:东京战局胜负难料,法国对台湾的封锁,以及预期英、德两国的援助并未兑现;同时,俄国在北部边疆卷土重来,日本又在朝鲜发动侵略威胁。此时的法国也同样希冀和平,一则因为当时法国政局不稳,另则由于如此远距离作战的困难,也使得法国不堪重负。法国在谅山一战败北,给清政府提供了一个争取和平的机会,朝廷随即采取"乘胜即收"的方针。1885年6月,李鸿章和法国驻中国公使巴德诺(Jules Patenotre des Noyers, 1845-1925)在天津签订了《中法会定越南条约》(即《中法新约》),其主要内

---

① 田涛:《国际法输入与晚清中国》,第312—313页。
② 林学忠:《从万国公法到公法外交》,第268页。

容是：清政府承认法国对越南的保护权，承认法国与越南订立的条约；中越陆路交界开放贸易；日后中国修筑铁路，应向法人商办相助；此约签字后六个月内，中法两国派员到中越边界会同勘定界限；法军退出台湾、澎湖。11月28日，此条约在北京交换批准。从此，中国丧失了唇齿相依的藩属国越南，西南门户随之大开。

经过中法战争丧失越南之后，中国的另一藩属国缅甸亦随后丧失。19世纪中期，缅甸已成为英国囊中之物，亦为进入中国后门的捷径。法国在越南得手以后，英国起而效尤，于1885年入侵缅甸，使缅甸脱离了中国。1886年，英国迫使中国订约承认缅甸为英国的保护国，不过条约允许缅甸继续向北京每十年纳贡一次。随着中国南方各朝贡国的相继陷落和丧失，清朝最主要的藩属国朝鲜，也随之处于千钧一发的态势。

（二）中朝宗藩关系的改变与崩塌

朝鲜与中国唇齿相依，与越南等藩属国相比，更接近中国首都北京，在地缘政治上占有重要地位；同时，朝鲜亦是臣服最久、政教礼俗与中华最为相近的藩属国，是中国朝贡体系最为核心的一个环节。另一方面，朝鲜与日本仅隔一道窄窄的海峡，自然成为明治维新后迅速崛起的日本觊觎的对象。朝鲜除了与中国之间素有朝贡关系之外，一直对外实行"锁国"政策，被欧洲人称为"隐士之国"。日本先前想与朝鲜建立邦交，但遭到朝方拒绝，转而推行"中日交涉先行"的方针。直至1876年2月才与朝鲜国建立《日朝修好条规》：

> 大日本国与
> 　　大朝鲜国，素敦友谊，历有年所，今因两国情意未洽，欲重修旧好。固亲睦，是以日本国政府，派特命全权办理大臣陆军中将兼参议开拓长官黑田清隆、特命副全权办理大臣井上馨，诣朝鲜国江

华府。朝鲜国政府派判中枢府事申櫶,都总府副总管尹滋承。各遵所奉谕旨,议立条款,开列于下。①

经过多方努力,1871年9月日本与中国签订了《中日修好条规》和《中日通商章程》。这两个条约是在和平对等的基础上签订的,体现了平等互利的原则。经过19世纪70年代与日本交涉的经历后,晚清重臣李鸿章对日本的看法明显发生转变,他开始认识到日本"诚为中国永远之大患",将其"连为外缘"而"联东制西"的幻想,自然也就随之在李鸿章的心中破灭了。

随着东亚地域被纳入近代世界体系,不但中国与西方国家间的关系有了新的变化,就连中原帝国秩序(朝贡体系)内部也发生了巨大的结构性变化。②1875年日本派遣的一支巡逻队在江华湾遇袭,他们马上进行了有力的还击,并摧毁了朝鲜的防守要塞。经过此次胜利以后,日本又派遣兵船前往朝鲜,并另派一名使者前往北京探听清政府的反应。1876年1月24日,日本使者森有礼(1847—1889)专门拜访了李鸿章,试图要中国"保全"日本与朝鲜"交好",想说动李鸿章从而影响总理衙门。期间的谈话有可供揣摩的意蕴。李鸿章当然以签订《中日修好条规》中关于中朝关系的规定,作为抵挡森有礼否认中朝"宗藩关系"的"法器"。但森有礼不买账,竟说:"依我看和约没甚用处。"李鸿章急忙回应:"两国和好全凭条约,如何说没用?"森有礼直截了当地说:"和约不过为通商事可以照办,至国家举事只看谁强,不必尽以旧条约。"李鸿章直言反驳:"此是谬论,恃强违约,《万国公法》所不许。"森有礼并不服,说是"《万国公法》亦不可用"。李鸿章不能不有些愤然了,他道:"叛约背公

---

① 南洋公学译书院初译,商务印书馆编译所补译校订,王兰萍点校:《新译日本法规大全》(第四卷),商务印书馆2008年版,第81页。

② 林学忠:《从万国公法到公法外交》,第276页。

法,将为万国所不容!"① 在李鸿章的坚持下,总理衙门于1月29日照会森有礼,重申清王朝与朝鲜之间久已确立的宗藩关系,要求日本严格遵守《中日修好条规》中"所属邦土不可稍有侵犯"的规定。日本方面对此置若罔闻,在日本的强大压力和清政府息事宁人的态度下,朝鲜于2月底与日本签订了《日朝修好条规》(后世通称《江华条约》)共12款,第一款写道:

> 朝鲜国为自主之邦,与日本国保有平等之权,嗣后欲表两国和亲之实,彼此互以同等礼义相接,勿相侵,越猜嫌先将从前有碍交情诸规例,悉行革除,务立宽大之法,以期彼此永远安宁。②

这一规定背后的真实意义在于隔断朝鲜与中国之间的藩属关系,为将来侵略和吞并朝鲜扫清障碍。③《日朝修好条规》签订之后,朝鲜的国门终于被日本打开了。随后,日本就借口朝鲜是"自主之邦",开始越过中国直接与朝鲜交往。此后,俄国也加强了在朝鲜的活动,朝鲜的局势日渐紧迫起来。

李鸿章在衡量中国本身的实力后,得出如下结论:鉴于朝鲜内部的反对,以及日本方面的觊觎,对朝鲜实行直接统治是不现实的,也不符合中国传统朝贡制度下的宗藩关系。加之,日本继在朝鲜行动之后,又于1879年吞并了琉球,开始了对中国的侵略和蚕食。于是,他决定利用国际法上的均势外交原则,鼓励朝鲜与西方列强之间签订条约,形成

---

① 董丛林:《刀锋下的外交:李鸿章在1870—1901》,东方出版社2012年版,第151页。
② 南洋公学译书院初译,商务印书馆编译所补译校订,王兰萍点校:《新译日本法规大全》(第四卷),第81页。
③ 雷颐:《李鸿章与晚清四十年:历史漩涡里的重臣与帝国》,山西人民出版社2008年版,第141—142页。

对日本的牵制态势，从而制约日本对朝鲜动用武力。清政府向自己过去的"藩属国"推介"以夷制夷"之策，实属无奈之举。接下来的几年中，先是由美国，后有英、德等国接踵与朝鲜缔约。李鸿章本想建议使用"以夷制夷"的策略，但实际后果是朝鲜遭受多头控制，局势更加复杂化。虽然朝鲜与美、英、德等国建立条约关系，但它与中国仍然保持着名义上的宗藩关系，在朝鲜形成了国际法上的条约关系与中国传统的宗藩关系的重叠这样一种复杂现象。这只是在中国传统的朝贡体系走向崩溃，而由国际法规范的新主权国家体系尚未确立的转型时期的一种特殊现象。

1882年以后，朝鲜的亲华派和亲日派之间的斗争愈演愈烈。日本方面派伊藤博文前来和李鸿章谈判，李鸿章由于当时正忙于应付中法战争，无奈之下很快妥协，并于1885年4月在天津签订了中日《天津条约》。此约规定，若任何一国欲派兵前往朝鲜平乱，应先行文知照对方，一俟事定，应即撤兵，不得留防。就其实质而言，这一协定实际上使朝鲜变成了中、日两国的共同保护国，取消了唯一宗主国的权利，并且确认了日本具有向朝鲜派兵之权。[①] 此后，中日两国都提出并推行扩张海军的方案，展开了激烈的军备竞赛。

1894年（甲午年），朝鲜爆发了东学党起义。朝鲜前来天朝借师助剿。李鸿章沉吟再三，遂向皇上奏请派直隶总督叶志超和太原总兵聂士成带兵2000多人开赴朝鲜。根据1885年签订的《天津条约》，如果中国出兵，日本亦可以出兵。日本亦派大量兵力进入朝鲜，并远远超过了清朝所派遣的数量。甲午战争一触即发。7月25日，日本联合舰队在朝鲜西海岸的丰岛海域，突然击沉了大清国的运兵船"高升"号，甲午战

---

① 〔美〕费正清、刘广京编：《剑桥中国晚清史（下卷）》，中国社会科学院历史研究所编译室译，中国社会科学出版社1985年版，第104页。

争全面爆发。

　　大清陆军在牙山之战、平壤之战中失败。9月17日，在鸭绿江口外的黄海海面上，中日两国舰队进行了一次对决。中国损失了四艘军舰、一千余名官兵。日本失去了一艘军舰。黄海之战后，中国剩下的七艘军舰退入威海卫海军基地。日本人却从陆路抄后路攻陷了旅顺、大连、威海卫。清政府的海军基地成了瓮中之鳖。占领威海卫后，日本人用岸上大清国的大炮轰击港内军舰，北洋水师官兵殊死抵抗，提督丁汝昌自杀，北洋舰队全军覆灭。[①] 作为战败国议和大臣，必将遭受屈辱，也必将留下千古骂名。朝廷委任李鸿章为赴日议和大臣，他虽然知道此行万难，但又无可奈何。

　　1895年3月19日，李鸿章一行抵达马关，并与伊藤博文前后进行了若干次谈判。日本人不仅要求割让台湾和辽东，更狮子大开口，索要3亿两白银的赔款。正在双方僵持不下，日本方面拒不相让的形势下，发生了一件无法凭外交努力获得的"不幸中的万幸"的意外事件，李鸿章被暗枪击中左眼下部，幸好无大碍，只是流了许多血。李鸿章遭暗杀，让日本政府很是被动。随后，欧美各国纷纷谴责日本，同情中国，日本遂将赔偿金额从3亿两白银降到2亿两。

　　4月17日，李鸿章与日本代表签订了《马关条约》。条约规定：清政府承认朝鲜"独立自主"；割辽东半岛、台湾岛及其附属各岛屿、澎湖列岛给日本；赔偿军费白银2亿两；增开重庆、沙市、苏州、杭州为通商口岸；开辟内河新航线；允许日本在中国的通商口岸开设工厂，产品运销中国内地免收内地税。至此，中国不仅割让了大块领土、增开了几个内地口岸、赔偿了大量白银、失去了重要利权，还丧失了最重要的藩属国，使得中国传统的朝贡体系彻底崩塌。在传统的朝贡体系失坠和崩塌

[①] 田川：《李鸿章外交得失录》，译林出版社2011年版，第115—120页。

的过程中，新的秩序——以领土主权为原则的现代主权国家体系——也在旧秩序的断壁残垣中萌芽成长。同时，甲午战败以后，晚清国人尤其强调进入现代国际社会，进而获得国际社会中"文明"诸国的承认，并开始以国际法上的完全主体资格频频参与国际会议。为此，晚清国人及政府开始了各种改革努力，争取获得国际社会的认同和接纳。

（三）琉球失离与台湾建省

在明朝时期，琉球就已经与中国形成了宗藩关系。明朝覆亡后，清王朝建立。随后，清政府便派使者前往琉球，册封尚质为中山王，同时规定琉球每两年向清朝进贡一次。清政府不仅要求琉球向清王朝称臣纳贡，并且还要求它使用清朝的年号，并常年派官生到中国的国子监读书。然而，琉球距日本的萨摩藩很近，曾多次遭遇萨摩藩的侵扰。17世纪初期，萨摩藩甚至将琉球国王掳往鹿儿岛，此后琉球的历代国王慑于萨摩藩的威胁，也开始向日本进贡，自此才逐渐形成了中、日两属的复杂局面。甚至在康熙朝以后，日本仍在琉球设官、征租税、保护商旅等，当时的日本毕竟羽翼未丰，尚不敢与中国公开挑衅。明治维新后，日本废藩置县，国力日渐强盛，遂立即显现出了其侵占琉球的勃勃野心，试图将其变成日本的领土。

1871年冬，发生了所谓的"琉球船民事件"：有66名琉球船民因遭飓风漂流到台湾，当地高山族人杀害了54人，其余12人获免，清地方政府妥为遣回，并进行了善后处置。台湾固为中国的辖区和领土，就史实而言，琉球素为中国藩属，"琉球船民事件"本来与日本毫无瓜葛。然而，此时的日本羽翼日益丰满，便借机生事。日本不仅为此大兴舆论，而且在1872年10月将琉球划为它自己的藩属国，并强行确定了日本和琉球之间的宗藩关系，为进一步吞并琉球提供了口实。1873年春，日本派遣了一个"换约"使团来华。在使团临行之前，日本天皇公然布谕说，

"台湾岛生蕃,数次屠杀我人民,若齐而不问,后患何已",并告以交涉和处置要旨。

日本此次组织使团访华,"换约"只是个幌子,实际上打算借"琉球船民事件"大做侵华文章。① 对于日本借"琉球船民事件"发难一事,总理衙门诘问:"二岛(指台湾和琉球)俱属我土,属土之人相杀,裁决固在于我。我恤球人,自有措置,何预贵国事而烦为过问?"但是,清政府交涉官员由于未谙国际法原则,言语之中错把杀害琉球船民的肇事者说成是"化外之民"。日方认为,中国既然视杀害琉球船民者为"化外之民",又清廷不惩办"生番",所以台湾"番地"不属于中国管辖。日方便以此为把柄,欲根据国际法上的无主地原则声称占领台湾,企图否认高山族聚居的台湾东部为中国有效管辖的领土。

到1880年初,日俄关系全面紧张,双方剑拔弩张,中俄之间爆发战争的可能性大增。就当时的局势而言,朝野上下大都认为中国不值得为琉球开战,与俄国对中国的威胁相比,日本非但不是最大的威胁,反倒可借俄国对日、英已构成的威胁,与之结成反俄同盟。出于对时局的考虑,清政府准备接受日本的要求。最终,中国的藩属国琉球成了日本对外扩张的第一份祭品。

迫于时局,清政府遂开始对台湾统治进行重大调整。1875年沈葆桢(1820—1879)上奏,建议在台湾北路增设府县,设立行政机关,将清政府的统治渗透到全台湾境内,确立清政府在台湾符合国际法上的实质统治。此后,沈葆桢在台湾的政策得以推行,并开始在台湾敷设电线、开采石炭。继任福建巡抚的丁日昌继续开发台湾,并鼓励汉人移居台湾,开垦山地耕作,扩大清政府实际统治的地域。11月,清政府又决定将福建巡抚的驻地改为福建与台湾两地春秋交替。10月,清政府吸取中法战

---

① 董丛林:《刀锋下的外交:李鸿章在1870—1901》,第27—29页。

争的教训，决定在台湾建立行省，并同时设立海军衙门，筹备海防。在首任台湾巡抚刘铭传的苦心经营下，台湾不但修建了大量铁路，而且还开拓了与香港等地的贸易，使得台湾人民的生活状况得到了很大的改善。十年以后，1895年甲午战败，台湾被割予日本，但战后台湾抵抗运动十分激烈，可见清政府对台管控政策深入人心，起了很大的作用。

清政府在台湾设立行省，表面上看与中国传统的郡县制的治理模式无异，是将"生番居地"纳入王化之内的行动。但是，此举使得台湾对于清政府而言，在客观上符合了国际法的领土主权原则，并且就主观意识而言，当时的有识之士已经能够认识到根据国际法上的领土主权原则确立边界领土的重要性。[①]清政府在台湾设立行省，乃是中国从传统帝国向近代国际法意义上的领土主权国家转变的标志性事件。

（四）伊犁危机与新疆建省

1862年陕西回民叛乱，迅速蔓延至甘肃和新疆全境。1864年，新疆爆发大规模的回民叛乱，新疆局势陷入动荡。对新疆垂涎已久的英、俄帝国主义加紧了对新疆的部署，为了防止英国在新疆势力的扩大，俄国抢先行动。1871年7月，俄国以恢复边境秩序为由，悍然出兵，占领了我国伊犁地区。俄国侵占伊犁毕竟是"师出无名"，便向清政府声称，此举实为"代收"，即代为收复。既是代为收复，收回后自应"物归原主"。清政府与俄国当局再三交涉，俄国以各种理由拒绝交还，足见俄国欲侵吞伊犁之意图。

在与俄方的交涉中，清政府意识到消灭阿古柏政权收复南疆，乃是与俄国谈判归还伊犁的必要条件。1877年冬，左宗棠率领军队彻底摧毁了阿古柏政权，收复了天山南北除伊犁外的广大地区。随后，清政府决

---

① 林学忠：《从万国公法到公法外交》，第273—274页。

定重启收回伊犁之谈判，经过挑选，朝廷选派崇厚赴俄谈判伊犁交涉问题。1879年10月，崇厚在尚未经清政府承诺的情况下，在克里米亚半岛的里瓦吉亚签订了《里瓦吉亚条约》及《陆路通商章程》等几个条约。通过这些条约，中国虽收回了伊犁，但付出了巨大的代价。一时间，欧洲舆论大哗，与俄国争夺新疆的英国更是坐立不安；中国国内的反对之声更是一浪高于一浪。为了安抚国内的不满情绪，清廷于1880年1月2日，以"奉命出使，不候谕旨"为名，宣布将崇厚交部严加议处，随后定为斩监候。对此，沙俄表示抗议，双方互不相让，事态十分紧急，战争一触即发。

此时，中俄双方都希望冲突能够早日平息。清政府于1880年2月任命当时的驻英公使曾纪泽兼任驻俄公使，以便重启中俄谈判。经过紧张激烈的谈判，曾纪泽代表清政府最终于1881年2月24日与俄方签订了新约(《圣彼得堡条约》)以取代崇厚签订的旧约。根据该条约，沙皇同意将伊犁全部交还中国，但仍规定了大量赔款。

1882年清政府与俄国签订《伊犁条约》后，清政府立即着手筹建新疆省，勘定国界。1884年，清政府在新疆建立行省，并积极鼓励汉人迁往新疆开发土地，并实行汉语教育，使新疆无论在政治上、经济上都与内地连成一片，实现清政府对新疆的实质统治，使得全国的统治架构实现同质化和一元化。[①] 清政府在新疆建立行省的这一行动，将新疆正式确立为中国的疆土，并且赋予其近代国际法意义上的领土性质，是中国从传统帝国体制向近代以领土主权为原则的现代主权国家转变进程中的重要事件。1907年奉天、吉林、黑龙江省成立，东北与内地形成一致的行省体制，是中国从传统帝国向现代领土主权国家转变的另一个重要事件。

[①] 林学忠：《从万国公法到公法外交》，第275页。

清政府在台湾、新疆等地设置行省，是对来自外部冲击的直接回应，对清代边疆政策也进行了重大修改。这一政治实践势必强化中央政府对于边疆地区的行政管理，将边疆地区与内地从制度上统一起来，使得清帝国具有更为统一的特点，从而为多元的清帝国蜕变为统一的现代主权国家提供前提。这同时也是中国实现近代化的基本逻辑，即如果中国要在世界经济和贸易的网络中具有独立的国际人格，它就绝不能是相互分离的或过分松散的经济单位，而要维持这一经济单位的整体性，就有必要同时进行行政制度的改革，在皇权之下实行准民族国家的组织结构。毋庸置疑，外部力量的冲击加速了中国实现内部同一性的步伐。

有鉴于此，晚清时期列强对中国领土主权的持续侵害，一方面使得中国蒙受了巨大的损失，但同时也在客观上激发了19世纪末中国领土主权意识的加强。主权和国际法观念的传入及其在政治实践领域的运用，确立了中国领土管辖范围的明确界限，而中国人此前对于那些鞭长莫及的疆土一直满足于模糊不清的分界线。尤其是，正值清朝统治者已无能力维持这个庞大的帝国之际，对于摇摇欲坠的清王朝来说，任何外来冲击的政治后果无疑都是灾难性的。但是，颇具讽刺意味的是，现代意义上的国家权利和疆土的定义，无形中也就认可和稳定了中国事实上的领土主权和边界。①

---

① 〔美〕罗兹曼：《中国的现代化》，国家社会科学基金"比较现代化"课题组译，第52、185页。

第三章　国民意识

"人"与"土地"是现代主权国家的基础，无论从统治者的观点看，还是从国际法的观点看，这时都已经进入了必须清楚确定统治对象的时代。① 设置驻外使领馆，不仅使"中国人"的意识植根于海外华侨，也使清朝抓紧了作为近代主权国家界定"国民"这一统治和保护对象的工作。这一工作与确定"中国"疆域的工作平行进行。反映在"人"方面，最为典型的就是宣统元年（1909年）中国首部国籍法——《大清国籍条例》的制定。

依据近代西方国际法原则，主权国家依法享有对寓居海外的本国侨民的管辖权和保护权，保护海外侨民亦是现代主权国家的法定义务。然而，沉醉于"天朝上国"迷梦之中的清政府却一味地厉行海禁、闭关锁国，长期的骄傲自大和昧于时势，致使其对保护本国侨民一事一无所知，甚或是熟视无睹。由于传统观念的影响，以及处理现实问题的政策需要，清政府非但不对寓居海外的本国侨民设置保护机制，甚至直接否认出洋华侨为中国国民，主动放弃对海外华侨的管辖权，也不承担政府对海外华侨的保护义务。

---

① 〔日〕川岛真：《中国近代外交的形成》，田建国译，第97页。

一、天朝的弃儿

(一)户籍制度与海禁迁界

在晚清政府全面引入西方国籍法制度之前,中国传统社会民人与国家间的关系是通过户籍制度来管理的。对于以自给自足的自然经济为核心的中国传统社会而言,虽与周边国家有经济文化方面的交流和互动,但这几乎都是在传统的"朝贡体系"下展开的,所以不存在产生国籍问题的土壤。因此,对传统的中国社会而言,历朝统治者足以通过户籍制度掌握人口信息,并以此为据向民人征收赋税、派发徭役。所以,对中国历朝统治者而言,户籍制度的建立是其维护统治的前提和基础,因此都相当重视建设户籍制度,户(婚)律成为历朝法典的必备内容。甚至可以说,在鸦片战争以前,户籍制度一直是中国历朝统治者进行有效的国内统治和管理的主要手段。然而,自清初以来,由于海上贸易的逐步发展(尽管清政府厉行海禁)致使民人出境日益增多,先前有效的户籍制度已经开始受到了新的挑战,国籍问题也逐渐萌生。

顺治初年,大陆初定,但郑成功父子仍雄踞海上,与清军成对峙之势。为了切断大陆与海上反清势力的勾连,清政府果断推行迁界令:将沿海居民向内陆迁移,并将沿海村镇夷为废墟。康熙二十二年(1683年),施琅攻下台湾,清廷开始派大臣前往各省展界。同时,先前所定海禁处分条例尽行停止,海禁即开。在迁界政策严格推行期间,严禁沿海地区的人民在边海地区居住生活,更遑论允准华侨出入国境了。[①] 清政府除了下令推行迁界外,还厉行海禁,严禁中国海船出洋。尽管期间海

---

① 庄国土:《中国封建政府的华侨政策》,厦门大学出版社1989年版,第61—62页。

禁严密,但出于反清的政治目的,以及饱受迁界之苦的东南沿海民人,为了出洋谋生,私自偷渡出国者亦为数不少。

1684年海禁开放后,海上贸易盛况空前,康熙皇帝同时也预见到"海洋为利薮,海舶商贾必多",必须严加管理,"不得因以为利,终生事端"。康熙皇帝认为,虽然海上贸易能够带来巨额的经济利益,如增加政府税收,改善民人生活,但是因此而招致政治上的麻烦(甚或灾难)却是得不偿失的。这一政策为此后历代清朝统治者所继承。[①] 因此,清廷自始至终都对海外贸易进行着严格的限制,并且逐步形成了一套严密有效的制度规章,使得海上贸易备受压抑,民人出境也遭到了极为严厉的禁止。

开放海禁以后,清廷对从事海上贸易的各项活动都设置了严格的规定。"凡直隶、山东、江南、浙江等省民人情愿在海上贸易捕鱼者,许令乘五百石以下船只往来行走。""如有打造双桅五百石以上违式船只出海者,不论官兵民人,俱发边卫充军。"这样严格的规定,一方面不利于商船出海远洋,另一方面对民人偷渡出洋也具有严格的限制作用。为了严防民人私自出洋,清政府通过严行保甲法以控制民人,康熙五十一年(1712年)规定:"欲清盗源,无过于严查保甲,然保甲之不清,无处分之严厉以惕之也。嗣后沿海州县海岸有出口为盗者,文职失察一次者,罚俸一年……,凡有商船之地,皆为保甲必严之所。"[②] 尽管清政府为压抑海上贸易,控制民人出海设置了诸多规定,但是这一时期的海上贸易还是盛况空前,饱受迁界和海禁之苦累的东南部沿海居民,仍旧乘机私自搭乘洋商船偷渡出国,开启了清代华侨持续出国的潮流。

有清一代,中国人口剧增。顺治末年(1661年),战乱初定,全国人

[①] 庄国土:《中国封建政府的华侨政策》,第69页。
[②] 同上书,第70—72页。

口不足 1 亿。经过近一个半世纪的休养生息,中国人口增长甚速,至乾隆末年(1795 年)增至 3 亿;到道光二十年(1840 年),增至 4.12 亿。由于人口剧增(尤其是闽粤地区),对耕地的需求相应增加。至乾隆末年,人均耕地剧减,粮食匮缺,流民剧增。如果说明中叶至清初,不少移民出洋者尚为发财,欲搏"中人之富",而到清代中期以后,绝大多数华侨则是为了安身活命才不得已漂洋出海。即使在清初海禁迁界时期,东南沿海仍有人冒禁出洋。清廷于 1683 年开放海禁以后,海上贸易更是出现了盛况空前的景象,深受迁界和海禁之苦的东南沿海人民纷纷出洋。虽然康熙五十六年(1717 年)实行南洋禁航令,但沿海民人仍偷渡出国。至鸦片战争前夕,闽粤两省的海外华侨当在 150 万人左右。①

(二)南洋禁航令

康熙帝知道,海外华人多是明末遗臣,他们长期远离中国大陆,不受清政府的控制。加之,在清朝建国初年,他们曾经是郑氏集团的有力后盾,如今又与吕宋之人(今菲律宾人)不时与台湾方面交流往来。康熙皇帝曾与海上反清势力斗争数十年,"每以汉人为难治",深忌汉人在海外聚集。为此,康熙皇帝力推南洋禁航令,一方面可断绝内地与南洋之间的联系,另一方面可防止内地民人出洋,防止南洋华侨日渐积聚而形成反清力量。康熙五十六年(1717 年)的南洋禁航令一方面严禁商船驶往南洋,另一方面则谕令已经居住南洋的中国商民迅速回国,清廷作出明确规定:"入洋贸易人民,三年之内,准其回籍,康熙五十六年以后私去者不得徇纵入口。"② 另外还规定:"所去之人留在外国,将知情同去

---

① 庄国土:《华侨华人与中国的关系》,广东高等教育出版社 2001 年版,第 120—123 页。
② 《清世宗实录》卷 58,雍正五年六月丁未,第 7 册,中华书局 1985 年版,第 892 页。

之人枷号一月,仍行文外国,将留下之人解回立斩。"① 有论者指出,南洋禁航令是针对国外华侨的明确规定,它的推行标志着有清一代华侨政策的一个重要转变。与以往不同者在于:在1716年之前,清廷主要限制海上贸易,只是从总体上规定人民不得私自出海贸易,而南洋禁航令则主要是针对出国华侨的,即不准洋船、商民到南洋,又谕令南洋华侨归国,不许在国外聚居。而在贸易方面则没有什么限制。因此,似乎可以说,专门针对华侨出入国政策的制定始于南洋禁航令。虽然南洋禁航令在1727年后解除,但漠视海外华侨,防止华侨出入国的禁令,却被继承和逐步完备。②

(三)视同"叛民"的华侨

《大清律例》的"私越冒度关津"条规定:"凡无文引,私度关津者,杖八十。若关不由门,津不由渡(别从间道)而越度者,杖九十。"凡山东民人私赴奉天,边省民人越境,商人私入生番地,违禁下海,私渡台湾,迁移海岛住等都在禁令之内。甚至连缉捕逃入夷地罪犯的承缉官也不许私入夷地。对民人私自越境、下海更是课以重刑,以"通贼论斩",力求杜绝。即用律令强制民人固定于土地上,不得随意迁徙。③ 清政府在用严刑峻法防止华侨出国的同时,还颁布诸多禁令对归国华侨进行限制,甚至百般讹索。一方面是为了杜绝华侨出国,另一方面则体现了清廷对国外侨民的强烈不信任感。唯恐国外华侨回国后危害边疆及国内治安。因此,清政府在实行南洋禁航令的时期,一方面谕令国外华侨归国,另一方面却规定1717年以后出洋者不许回国。对此,雍正皇帝认为:"数年以来,附洋船回来者甚少,朕思此等贸易外洋者,多不安分之

---

① 《朱批谕旨》,第46册,上海点石斋光绪十三年缩印本,第33页。
② 庄国土:《中国封建政府的华侨政策》,第75、77页。
③ 同上书,第88页。

人，若听其去来任意，伊等全无顾忌，则漂流外国者，必致愈众，嗣后应定一期限，若逾期不回，是其人甘心流于外方，无可悯惜，朕意应不令其复回内地。"乾隆九年（1744年）规定："内地人已在番娶番妇，生有子女，与夷人结有姻娅，并庐墓田业，情甘异域者，例安插彼地，永远不许入口，以后如有商民在彼私娶番妇者，照例杖责。"同时，清政府还对回国华侨疑心重重，雍正皇帝甚至明确指出：归国华侨"在外既久，忽复内返，踪迹莫可端倪，倘有与外夷勾连，奸诡阴谋，不可不思患预防耳。"①

清代前期，清政府对国外华侨社会的活动从来不甚放心，或以为"为盗之利薮"，或以为"患边之蠹"，他们试图采取各种措施对华侨社会进行瓦解和破坏。清朝初年，清政府对海上反清势力素以"盗""匪"相称，并且明确地将华侨出国视为"通盗为匪"。对此，《大清律例》规定："凡官员兵民私自出海贸易及迁徙海岛居住耕种者，俱以通贼论斩。"②这样一来，清政府便以律令的形式明确地将私自出海视同通贼，并且，这种视华侨通盗济匪的论调一直为以后历朝统治者所沿袭。历朝提倡厉行海禁，将华侨与"盗匪""叛民"同等看待。

19世纪中期以前，清朝历届政府大都厉行海禁，严禁国民私自出海，甚至拒绝承认出洋之人的侨民身份，所谓"人已出洋，已非我民，我亦不管"。如此态度实际上是主动放弃了对出洋国民的保护权（义务）和管辖权，亦是清政府国籍意识淡薄的表现。鸦片战争以后，出洋民人剧增，加之清朝缺乏国籍意识和一部有效的国籍法，侨民问题给中国政府管理带来的巨大的难题。其间，西方列强为了进一步加强对中国的控制，并从中攫取更多的利益，积极向中国宣传近代外交观念（包括国籍意识）。但是，沉醉于"天朝上国"迷梦中的清朝官吏为了减少不必要的外交纷

---

① 庄国土：《中国封建政府的华侨政策》，第93—94页。
② 同上书，第101页。

争,却对此熟视无睹,对海外侨民的悲惨遭遇更是无动于衷,甚至将他们视同"叛民"。另外,鸦片战争以来,清王朝日趋积弱不振,内忧外患,纷至沓来,面对此艰难时局自顾不暇,更遑论关注和保护违逆圣意流落异国的"叛民"。19世纪60年代,译为汉文的《万国公法》传入,先进的国人逐渐意识到国籍问题的重要性,一些开明的对外交涉官员和先进的知识分子开始能够援用国际法知识据理力争。直到1909年,中国第一部成文国籍法——《大清国籍条例》才得以问世,为清政府保护海外侨民提供了法律上的依据。

二、鸦片战争后华侨政策的转变

(一)贩卖华工

鸦片战争以前,清政府对海外移民向来持禁止态度。但到清中叶以后,各项禁令先后废弛,华人漂洋过海者急剧增加。自18世纪以来,西方各资本主义国家相继完成工业革命,新的生产技术的发现和使用接踵而至,使得世界政治和经济格局发生了巨大的变化。随着西方列强生产力的大幅提升,它们对原材料产地、商品市场和廉价劳动力市场的需求亦明显增加。到19世纪初时,它们的殖民地已经遍及全世界。然而,19世纪伊始,西方一大批人道主义者开始纷纷谴责奴隶制度之残酷性,各主要资本主义国家纷纷响应:英国于1807年率先通过了禁止买卖奴隶的法令,随后,葡萄牙1815年、西班牙1820年也相继通过了禁止奴隶买卖的法令。美国在南北战争之后,林肯总统也宣布解放黑奴。虽然几纸法令终不能彻底禁绝惨无人道的奴隶贸易,但大规模的贩奴活动毕竟还是受到了抑制。这无疑给蓬勃发展的资本主义经济活动带来了巨大的困难,契约华工一时间成了弥补资本主义国家劳动力短缺的主要渠道。

虽然闽粤地区地狭人稠，民人出洋谋生历史悠久，而且少数携巨财而归的"淘金者"也不可避免地刺激了当地民人的发财梦，纷纷出洋"寻梦"。但是，这一时期更大多数的契约华工则是被欺骗、绑架和拐卖出洋的。第二次鸦片战争以后，西方列强在中国开始了大规模掠夺和贩卖华工的活动。

第二次鸦片战争以后，清朝被迫与英、法两国订立了《北京条约》（1860年），该约规定清政府不再阻止华工出国。"戊午年定约互换以后，大清大皇帝允于即日降谕各省督抚大吏，以凡有华民情甘出口，或在英国所属各处，或在外洋别地承工，俱准与英民立约为凭，无论单身或愿携带家属一并赴通商各口，下英国船只，毫无禁阻。"① 1868年，蒲安臣（Anson Burlingame，1820-1870，美国驻华公使）以"办理各国中外交涉大臣"头衔代表清廷访问欧美。其间，他与美国国务卿威廉·西华德在华盛顿签订了《中美续增条约》，作为1858年中美《天津条约》的补充。因该条约是由蒲安臣主持签订的，故又名《蒲安臣条约》。该约第5条明确规定："大清国与大美国切念民人前往各国，或愿常住入籍，或随时来往，总听其自便，不得禁阻，为是现在两国人民互相来往，或游历，或贸易，或久居，得以自由，方有利益。两国人民自愿往来居住之外，别有招致之法，均非所准。是以两国许定条例，除彼此自愿往来外，如有美国及中国人将中国人勉强带往美国，或运于别国，若中国及美国人将美国人勉强带往中国，或运于别国，均照例治罪。"② 这些条约的签订，意味着西方殖民者已经通过强迫清政府签订不平等条约的形式，使得其在中国掠夺劳动力有法可依了。

《蒲安臣条约》为中国人移居美国提供了法律依据。其实，早在

---

① 王铁崖：《中外旧约章汇编（第一册）》，第145、148页。
② 同上书，第262页。

1848年美国西海岸的加利福尼亚州发现金矿并兴起淘金热的消息传入中国后,就已经有数以万计的东南沿海地区民人私自偷渡美国,开始编织自己的黄金梦和发财梦,也开启了华工前往美国的大潮。①大批华工赴美,虽然是为了采掘金矿以实现自己的发财梦,但客观上为美国的西部开发做出了巨大的贡献。1862年,美国国会通过修筑横贯美国东西的交通干线的计划,并于1863年开始动工。由于沿途环境险恶,加之工资低廉,白种人大都不愿从事此项工作,致使进展极为缓慢。此后约有14000多名华工出现在极为恶劣的工作环境中,他们用生命和鲜血铺就了这条横贯美国东西的铁路干线。1867年冬天,雪崩频发,华工的帐篷被吞没,大约有上千名华工被埋葬,他们的尸体直至第二年春天冰雪消融后才被发现。1869年5月举行了全线通车仪式,中央太平洋铁路公司董事E. B.克罗克在竣工庆祝大会上的讲话中说:"我愿意提请各位注意,我们建造的这条铁路能及早完成,在很大程度上应归功于贫穷而受鄙视的、被称为中国人的劳动阶级——归功于他们所表现的忠诚和勤奋。"商人海特曾在向加州参议会作证时亦宣称:"横贯大陆的铁路,倘若不是这些中国人,决不能完成得这样快。这条铁路能够如期交工使用,主要应当归功于他们。"②

(二)驱逐华工

然而,好景不长,随着美国铁路干线的完工和西部淘金热的降温,

---

① 中美《望厦条约》签订四年后的1848年,美国西海岸的加利福尼亚州发现金矿并兴起了淘金热潮(gold rush),对年轻劳动力的需求激增,导致中国华南地区特别是广州周围一带的华人大量进入该地。1849年初,54名华工抵达加州"San Francisco"一带,这个数字到1850年底上涨为4000人,到1851年已经是25000人。19世纪60年代末,美国作家马克·吐温估计,在美西地区大约有7万到10万中国劳工。根据美国政府方面的统计,1860年在美华人34933人,均在美国几个州,到1870年增至63190人,1880年增至105465人。参见王元崇:《中美相遇:大国外交与晚清兴衰(1784—1911)》,文汇出版社2021年版,第292页。

② 张礼恒:《伍廷芳的外交生涯》,团结出版社2008年版,第91—92页。

社会所能提供的就业机会越来越少。此时也正值美国1861—1865年内战结束,大批解甲归田的白人士兵离开了饱受战火摧残的美国东部,成为美国西部一批新的白人移民,失业队伍日益庞大,此时的华工便被认为是他们的竞争对手,是导致他们失业和工资低下的原因。1870年6月30日,《纽约论坛报》(New-York Tribune)发表了一个记者的社论,称中国人和黑人一样愚蠢,不配在这样一个民主社会中生活,而"现在要紧的不是讨论和做决定,而是付诸行动"。这完全是赤裸裸地号召暴力排华,而这种仇恨也照样在美西蔓延开来,针对华人的暴力袭击开始出现。自此,美国总体趋势开始向排华发展,惨剧接连不断。[1] 积极排外的情绪在美国逐渐发酵升级,种族暴力、种族歧视的恶魔开始向勤劳善良的华工袭来。起源于加利福尼亚的排华狂潮,很快遍布美国,甚至是整个美洲大陆。

与驱逐华工相并行,美国政府一直在通过外交努力,寻求禁绝华工入境的最佳方案。修改1868年的《蒲安臣条约》成为大势所趋。1880年,美国派密歇根大学校长安吉立作为特使,前往中国商讨修改1868年《蒲安臣条约》中有关中国移民的规定。他在递交给总理衙门的照会中说,华工赴美后价钱低廉,影响了美国工人的工作,中国政府最好能够答应修改1868年条约,禁止中国除了贸易、游历和学习之外的其他人进入美国,并允许美国对赴美华工人数做出限制。最终,总理衙门同意与安吉立修约,并在1880年11月17日签署了总计四款的《中美续修条约》,又称《安吉立条约》。《安吉立条约》在中美关系史上首次明确了"华工"的基本概念,即除了贸易、游历和学习之外的其他中国人都可以被划入"华工"范围之内。通过该条约,美方一举堵死了华人自由赴美的道路,并向清政府强调了其单方面出台法律限制赴美中国人人

---

[1] 王元崇:《中美相遇:大国外交与晚清兴衰(1784—1911)》,第295—296页。

数等权力,为其最终推出《排华法案》铺平了道路。①

继 1880 年签订《中美续修条约》后,1882 年 5 月 6 日,美国第 21 任总统切斯特·阿瑟(Chester Arthur)正式签署了《实施有关中国人的条约规定的法案》(An act to execute certain treaty stipulations relating to Chinese),俗称《排华法案》(Chinese Exclusion Act),以法律形式禁止中国人移民美国,并禁止美国的联邦、州和地方法院允准中国人归化。该法案的通过将原本已经肆虐全美的反华和排华情绪推向了高潮。②《排华法案》规定:禁止华工(不论有无技术)在未来 10 年内移居美国;在美华人必须登记且持有有效通行证;华人不得加入美国国籍;禁止在美华工的家眷赴美。《排华法案》颁布以后,对华工的虐待和驱赶日趋激烈。为了躲避时刻面临的屈辱和灾难,华工或逃入荒山野岭与动物为伍,或屯居欧美人划下的种族隔离区——"唐人街",苟且偷生。③

面对着在美华工所面临的艰难处境,郑观应早在《求救猪仔论》中就极力呼吁保护华工在外国之利益。同时,清政府也通过外交途径向美国政府提出抗议,谴责美国的排华行动。驻美公使陈兰彬(1816—1895)、郑藻如(1824—1894)、张荫桓(1837—1900)、崔国因(1831—1909)和杨儒(1840—1902)都曾多次向美国外交部递交措辞强硬的照会,抗议美国的排华行径,要求采取切实可行的措施来保护华人华工的

---

① 王元崇:《中美相遇:大国外交与晚清兴衰(1784—1911)》,第 299—300 页。
② 《排华法案》通过之后,美国针对华人的明目张胆的暴力犯罪直线上升,比较严重的包括 1885 年 9 月 2 日怀俄明的石泉大屠杀(Rock Springs Massacre),事件中大约 150 名白人煤矿工人向华工开枪,并抢掠和焚毁了华工居所,最终导致 28 名华人遇害,15 人受伤,酿成了震动全国的惨案。1887 年,一伙 6 名白人偷马贼和男学生在地狱峡谷(Hells Canyon)的蛇河(Snake River)靠近俄勒冈州的一侧,伏击和枪杀了 34 名华人淘金工人,可谓惨绝人寰。据统计,在 19 世纪 70 年代到 19 世纪 90 年代这 30 年之间,在美国西部地区排华暴力事件多达 153 宗。参见王元崇:《中美相遇:大国外交与晚清兴衰(1784—1911)》,第 300—301 页。
③ 张礼恒:《伍廷芳的外交生涯》,第 93 页。

利益。但由于弱国无外交的现实，美国对此置之不理，华工在美遭遇没有得到改变，他们依旧在歧视与暴力的氛围中忍辱苟活。

道咸年间，清政府对海外华人的潜在力量的认识尚只局限于耳闻而非目睹，当时他们对海外华人的力量仍是不屑一顾，置若罔闻。1858年，中美订立天津条约时，美国全权大使之代表杜普（Captain Dopont）建议直隶总督谭廷襄(？—1870)应遣使保护居住在美国的十数万华侨，谭廷襄断然拒绝，认为天朝无须顾及这些弃民。① 然而，由于这时大量华民出洋，已有不少人了解到寓居外洋之华工生存环境极为恶劣，1867年，江苏布政使丁日昌明确提出，在侨民居住地设置驻外领事，以有效地保护身处异国的华工和华商。曾国藩、李鸿章等洋务派大员对此亦极为看重，并大力支持此项政策的推行。从此，清政府对待华侨的政策开始有所转变，由先前厉行海禁、禁止出洋，到积极设置驻外领事保护华工和华商。

（三）设置驻外领事保护华工和华商

郑观应早在19世纪70年代初写作《澳门猪仔论》和《求救猪仔论》时，就已经认识到贩卖华工的问题，那时他已对华工的悲惨遭遇有所认识。"窃思粤东拐风日炽，自贩人出洋为奴以来，被骗而去者不可胜计。""夫猪仔馆者，拐贩华人过洋为奴，其所居名曰招工，俗谓之'买猪仔'。粤东方言，物之小者曰'仔'，盖言被拐者若猪仔之贱，有去无还，既入其笠，又从而招之意也。……又闻粤省拐徒千万，与洋人串通，散诸四方。被骗出洋而死于难者，每年以千百计。有半途病死者，有自经求死者，有焚凿船只者。要之，皆同归于尽。即使到岸，充极劳极苦之工，饮食不足，鞭挞有余；或被无辜杀戮，无人保护，贱同蝼蚁，命若

---

① 庄国土：《中国封建政府的华侨政策》，第138页。

草菅。"[1] 1870年,美国驻秘鲁外交官代中国海外华工向清政府转呈控告书,并建议清政府"派员驻扎有华人所在之有约各国"。

与此同时,郑观应接触到了《万国公法》,他开始倡导中国政府在华人所在之地设置领事,以保护寓居国外之华工和华商。"外国之人万里而来,尚能设官呵护,岂我国乃不能保护我民乎!"在大约同时期发表的《论禁止贩人为奴》一文中,他更为明确地指出,清政府应运用万国公法来禁绝澳门贩奴问题,"即使澳门一隅,实系西人管辖之地,亦当设法禁止。盖万国律法,未有不衷乎义,循乎理者,以义理折之,亦当无词以对,则其禁止亦不难也"。[2] 可见,此时的郑观应已经认识到了万国公法的效用,并试图以之为武器保护寓居海外的华人。在《拟请设华官于外国保卫商民论》一文中,郑观应明确地表达了通过设置领事保护华侨的建议:

今各国商人来中土者,无不设立领事保护。而我民之出洋者,不知凡几,常闻受外洋之辱,而莫可伸诉。何不照欧洲各国之法,于海外各国都、各口岸,凡有华人贸易其间、居处其地者,则为之设领事官。大都会则分立二员,大口岸则特立一员,遇有殴争、欺侮、凌虐诸情节,则照会该处地方官,按照万国公法,伸理其冤,辨析其事。华人在彼处滋生事端,而不安本分者,治亦如之。如此,则寄寓之民既得安其生业,而贸易之途以开;佣工之人复得其身命,而荼毒之害可免。[3]

郑观应在此倡议根据欧洲各国定例,在华人寓居之地设领事官,根

---

[1] 夏东元:《郑观应集·救时揭要(外八种)》,第6、10页。
[2] 同上书,第10、13页。
[3] 同上书,第21页。

据万国公法保护当地华工和华商，同时也处理相关纠纷争议。后来，他又在《通使》一文中对此作了详尽的说明。显然，郑观应早已经明确认识到，以万国公法为根据，在华人寓居之地设置领事官保护寓居海外华侨之重要性。

1890年，薛福成在《咨总理衙门与英外部商办添设领事》一折中指出，根据北洋海军提督丁汝昌巡洋调查报告，"南洋各岛，华人巨万，惟新嘉坡已设有领事，交涉懋迁，尚称安谧；其未设领事各岛，曰槟榔屿，曰麻六甲，曰柔佛，曰芙蓉，曰石兰莪，曰白蜡，该处商民无不受其欺凌剥削，环诉哀求，实不忍视；新嘉坡领事既无监管各埠明文，亦无遥制各岛权势"。"本大臣又查泰西各国所设领事一官，遍于地球，所以保护人民，疏通商务。盖枝叶盛则本根固，声息捷则国势张，关系綦重。即英国在中国领事，既有二十余员之多。而南洋各岛，华民流寓者有数百万，其为中外门户，固不待言。中国从前未甚措意。而近年中外往来交涉日繁，风气大开。"因此，"拟请新嘉坡改为总领事；其余随地设立副领事一员，即以该处公正殷商摄之，统辖于新嘉坡之总领事"。① 同时，薛福成还明确界定了领事官之职责："盖领事一官，在彼外洋，虽无管辖华民之权，实有保护华民之责。纵令妥订条约章程，必得领事随所见闻，与彼地方官商办，则洋官亦得藉以稽查，而土人不敢任意苛虐。……此领事一官所以不能不设之由，而已设领事之处，未尝无显著之效也。"② 在《许巴西墨西哥立约招工说》(1891年)一文中，薛福成指出："诚乘此时与彼两国详议约章，许其招纳华民，或佣工，或贸易，或艺植，或开矿。设立领事官，以保护而约束之。并与订立专条，彼既招我华民，力垦荒土，功成之后，当始终优待，毋许如美国设谋驱逐。夫有官保护，则遇

---

① 马忠文、任青：《薛福成卷（中国近代思想家文库）》，中国人民大学出版社2014年版，第252、253页。

② 同上书，第257—258页。

事理论,驳其苛例,不至为远人所欺。有关约束,则随时教督,阻其不法、不至为远人所憎。"① 由此可见,到19世纪下半期时,朝廷官员及其开明的知识分子大都已经认识到保护寓居海外华侨之重要性和紧迫性,同时也指出了保护海外华侨的具体策略和方案,即在华民寓居之地设置领事官。

薛福成还从经济角度出发,认识到了华侨对晚清国家建设的重要价值,建议清政府彻底废止海禁政策,招徕华侨回国投资。他首先对招徕华侨回国的种种障碍进行分析:"偶有回华再来者,无不切齿痛恨,极言宗族戚里之讹索,官长胥吏之欺侮,多自居化外,不愿归国。……推原其故,盖缘中国旧例,有不准出番华民回籍各条。"② 1891年,调任黄遵宪(1848—1905)为新嘉坡(新加坡)总领事官,详查流寓华民情形。据报所称,南洋华民不下百余万人,他们依靠自己辛勤的劳动,积聚了丰厚的财产。若能申明新章,豁除旧禁,保护商民,招徕华侨回国投资,必能够丰盈政府税收,缓解国库亏空。他认为这事关各国交涉与数十万华民之向背,极力建议撤废旧例,禁遏讹索,招徕羁旅,这样既能收拾既散之人心,又能挽回积坏之大局。

在19世纪六十年代,清朝统治者尚是被迫允准华工出国。然而,到19世纪七八十年代,清政府内部已有不少开明人士认识到移民的意义和价值之所在。他们认识到,向海外移民不仅可以缓和国内日益激化的社会矛盾,而且海外华侨还能对中国社会做出巨大的贡献,具有很高的利用价值。到了1880年代,清政府甚至着力开辟各种华工出国的渠道,并且积极地组织华工出国。清政府还多次与美国、西班牙政府交涉华工前往美国和菲律宾移民的权利,同时,清政府还与英国、德国、巴西、

---

① 马忠文、任青:《薛福成卷(中国近代思想家文库)》,第272页。
② 同上书,第303页。

墨西哥等国相继签订了与华工出国相关的协议和条约，其中明确规定了华工应当享有的基本待遇，还逐渐向华工所在地派出领事进行照管等。这一时期清政府采取的各项政策对华人出国起到了鼓励和刺激的作用。1893年，经驻英大使薛福成提议，清政府正式废除了海禁政策，从此允许国人自由移民，华民出国不再受任何阻拦和限制。[①]

迫于民族危机，同治初年，清朝朝野对强兵、防海、富国、裕民展开大讨论。以"强兵利器"为要的方略逐渐为富国强兵的方略所代替，"先富后强"成为朝野上下普遍的呼声。海外华人的经济实力及所处的地理环境所具有的战略地位逐渐为朝野所认识。这种认识主要是如何利用海外华人来振兴商务和巩固海防。[②] 1893年5月16日，薛福成在《请申明新章豁除海禁折》中，从经济的角度强调了海外华侨对清政府的重要价值和意义，并力荐清廷彻底废止海禁政策，以招徕海外华侨回国投资。同年9月13日，光绪皇帝批准了总理各国事务衙门的奏议，宣布彻底废止海禁政策。清政府除了对那些因违反刑律而潜逃国外者和一些不法商民保留追诉和惩罚的权利外，"其余良善商民，无论在洋久暂婚娶生息，概准由使臣领事馆给予护照，任其回国治生置业，与内地人民一律看待：并听其随时出洋经商，毋得仍前借端讹索，违者按律惩治"。[③] 至此，清政府彻底废除了先前严厉推行的移民禁令，中国民人才获得了真正意义上的移民自由。中国大量民人为谋生计和其他目的纷纷出洋，清政府要对其侨民给予应有的保护，首先必须从法律上明确作为其保护对象的中国国民，这就为日后国籍法的制定和颁布创造了客观条件和有利土壤。

---

① 庄国土：《华侨华人与中国的关系》，第133页。
② 庄国土：《中国封建政府的华侨政策》，第138页。
③ 王彦威纂辑、王亮编，李育民、刘利民、李传斌、伍成泉点校整理：《清季外交史料》第4册，湖南师范大学出版社2015年版，第1791页。

1893年清政府彻底废止海禁政策之后,归国华侨日益增多,但他们的人身财产安全往往得不到很好的保护,甚至常常遭遇地方胥吏的无端讹索和亲戚朋友的冷眼相待,面对此种窘境,他们常常被迫改入外国国籍。清政府农工商部了解相关情况后,往往能够对欲入外籍者动之以情、晓之以理,劝告归国华侨不要轻易脱离国籍。同时,清政府还采取措施,责令地方政府有效地维护归国华商的利益,以切实有效地保护好归国华商的人身财产安全。自1899年始,清政府先后在闽粤两省试办保商局,随后沿海各省亦纷纷仿效建立,作为保护归国华商利益的民间侨务机构。但是,由于保商局自身并非官办机构,缺乏相应的执法权,所以并没能很好地实现保护归国华商的目的。[①]

(四)援引国际法抵制排华法案

伍廷芳自1897年上任驻美公使伊始,就为维护在美华人的利益而努力。其间,伍廷芳援引国际法和中美所订条约,以排华案例为突破口,反击美国的排华政策和美国人的排华情绪。毕竟,当时中国的国家实力和国际地位尚不足以迫使美国做出巨大妥协和让步。缘此,伍廷芳曾以悲愤的口吻写道:"然于例准来美之人不应过于狐疑苛待,遂致无辜者加以犯法之名,递解回国,甚至死于监守。以素号文明之国,而有此损碍声名之事,窃为贵国不取。"[②] 无奈之下,伍廷芳对美国号称遵守国际法的"文明之国"提出疑问,认为诸如借种族之名排斥和歧视外人,乃是"文明之国"所不取的。然而,在伍廷芳任职期间,美国政府并未作任何放宽限制华人的政策举动,反而是变本加厉,排华法案愈加严苛。

《排华法案》之后,美国政府于1888年又通过了《斯科特法案》

---

① 张平:《晚清国籍问题与法律应对(1840—1911)》,中国政法大学2011年硕士学位论文,第10—11页。
② 伍廷芳:《伍廷芳集(上册)》,丁贤俊、喻作凤点校,中华书局1993年版,第156页。

(Scott Act)，禁止离开美国的中国劳工重新返回美国，这等于进一步删除了《排华法案》中允许的"持合法文件返回美国的劳工"的这一条。在此局势下，原本法律效力为期10年的《排华法案》于1892年延长10年。1892年同年出台的补充法案《吉尔里法案》(Geary Act)，则要求所有的中国移民登记办理"居住证"，并随身携带，否则将被罚以苦役，或遣返中国。1902年初，中国驻美公使伍廷芳援用国际法和中美条约对美国政府的排华政策提出外交抗议，但美国政府并没有改变该项政策，且到1904年变为无限期延长（直到1943年，《排华法案》才被永久废止），激起了1905年中国上海等地声势浩大的抵制美货运动。①

此次抗议失败，给伍廷芳带来了强烈的震撼。一个素号遵守国际法的"文明之国"，居然可以肆意践踏法律，恃强凌弱，置国际正义于不顾，那么中国实施相应的报复行动也将成为必要。排华系列法案延长期限以后，伍廷芳在给国务卿海约翰的照会中提出了严正警告，如果美国政府继续禁止获得特许的华人进入美国，中国政府必将采取相应的行动，禁止所有传教士、银行家、路矿工程师、铁路承包建造商、商业经纪人和无固定住处的商人进入中国。并于同年7月12日给外务部的电函中，就正在进行之中的中美商务谈判，再次重申报复计划：

> 现正在沪议立商约，似可明告以华商至美稽留苛待，殊失体面。如美再不变计，则我亦依照办法，凡美商人入境亦须稽留，照美例严为盘查，庶使美绅闻而知警。②

伍廷芳首倡的报复计划，于三年后变成了现实。美国于1904年在

---

① 王元崇:《中美相遇：大国外交与晚清兴衰(1784—1911)》，第302页。
② 转引自张礼恒:《伍廷芳的外交生涯》，第105—106页。

圣路易斯博览会上对中国人的肆意凌辱，以及排华分子的过分主张，终于激怒了中国政府和四万万中国人民。1905年中国近代史上首次全国规模的抵制运动——抵制美货运动在上海发起，并迅速推向全国。这场轰轰烈烈的抵制美货运动，是在义和团运动和八国联军之役后，在中国展开的不以暴力对抗为手段，严格遵循国际法而展开的"文明排外"的社会运动。

三、《大清国籍条例》：中国第一部国籍法

（一）华侨国籍问题的提出

自19世纪60年代丁韪良翻译的《万国公法》在国内流传开来以后，其中所阐述的"国籍"观念也渐次为国人所知，尤其是那些从事洋务的官员和开明的知识分子更是注意到了国籍制度的重要性。随着中外交往日益频繁，国籍这一曾经不成其为问题的问题也日益凸显出来了，为了能够从根本上解决国内民人私自改入他籍的问题，[①] 清政府谕令修订法律大臣从速妥订中国的第一部国籍法。此后，修订法律馆大量译介了欧美诸国的国籍法，它们为日后迅速制定中国第一部国籍法提供了参考和依据。

20世纪初，巡视南洋的刘世骥（1857—1909）报告驻德公使："窃维有国之大患，一曰失土地，二曰失人民，有土而归他人之领据，则土非其土；有民而入异国之属籍，则民非其民。二者之患，尤以失民为甚。"[②]

[①] 晚清时期，出现了大量内地民人私自改籍，利用西方列强在中国攫取的领事裁判权，肆意侵犯中国的司法主权。这给地方行政官员维持地方社会秩序带来了极大的困难和挑战。加之，中国当时尚无一部国籍法，致使地方管理更加艰难。

[②] 陈翰笙：《华工出国史料汇编》，第一辑第一册，中华书局1985年版，第460页。

这里将领土丧失与民人异籍相提并论，甚至认为失民之事为害尤烈，足见此时朝野上下对保护寓居海外华侨的重要性和紧迫性的认识已经十分明确，甚至已经上升到了维护国家主权的高度。

1906年，中美两国之间就美籍华人黄庆财产纠纷一案引发争议。美国驻华公使柔克义（William W. Rockhill，1854-1914，又译罗克希尔）便向清朝外务部发出询问，中国法律体系中是否有关于华人出入国籍的律条，即诘问清政府究竟"谁是中国人"。对此，外务部无所适从，遂立即转询修订法律大臣沈家本，沈家本答曰："中国数千年来闭关自守，从未与外国交通，故向无国籍之说。即海通以后，凡民户之移徙外洋者，其如何管理，亦并未辑有专条。现在民法尚未成立，一切咸无依据。"沈家本的这一通答复使外务部官员甚感不悦。对此，沈家本又补充道："本大臣以国籍出入，中国律例既无明文，当即饬令馆员调查东西各国成法，妥为议定。唯事关重要，非旦夕所能定议。"① 至此，清政府已经明确地意识到缺失国籍法给中国内政外交所带来的种种弊害，其中尤以清朝外政官员对国籍法的制定和施行表现最为积极。因为，他们对寓居海外华侨的生存现状和由于缺乏国籍法而带来的种种窘境有着最为深刻的体会。

自19世纪70年代以来，清政府开始陆续向美国、古巴、秘鲁等华工生存处境险恶的地方派驻领事官，保护当地华工和华商。同时，为了全面保护寓居海外的华侨，清政府计划向华工和华商更为集中的东南亚地区派驻领事官。然而，清政府向东南亚地区派驻领事官保护当地华侨的计划，也曾遭到荷兰政府的严正拒绝。荷兰外交部明确否认南洋华侨的中国国民身份，"和（荷）兰，南洋属地居住之华人，多与土人婚配，所生之子，即不得视为中国之民"。荷兰政府的这一单方面宣示，意在

---

① 《外务部档·侨务招工类》卷三三三四，中国第一历史档案馆藏。

将寓居南洋的所有华工和华商划归荷兰国籍,就其实质而言,是通过其单方面谕示否定清政府对寓居南洋的华侨的保护权和管辖权。驻德国、荷兰大使许景澄(1845—1900)对此进行了强有力的反驳,并立即照会荷兰外交部,表示抗议荷兰政府单方面剥夺寓居南洋的华工和华商的中国国民身份的行径:"查欧洲诸国通例,本国国民在他国娶妇,其妇应从本夫之籍,所生子女应从父籍……所有贵国属地之华民,为本地妇女所生,概作荷兰子民,中国国家不能允从。"① 清政府与荷兰政府就在南洋设领事保护华侨一事进行了多轮谈判磋商,但两国政府在华侨国籍问题上产生了严重的分歧,始终难以达成一致,因此在南洋设领事官一事久拖难决。

1907年,荷兰政府出台了《爪哇殖民籍新律》,将其治下的东南亚地区的华工和华商强行收属荷兰籍,为使之成为真正意义上的荷兰属民奠定法律上的依据。一时间,海外华侨纷纷集会,共商对策,呼吁迅速派驻领事,并尽快制定和颁布中国近代国籍法。寓居海外的华侨呼吁清政府以血统主义作为中国国籍法的立法原则,以有力地对抗荷兰政府强行将南洋华侨划属荷籍所依据的属地管辖之出生地主义。

到20世纪初时,不仅海外华人出于种种原因加入外国国籍,甚至内地民人也开始纷纷加入外国国籍。他们生活居住于国内,但是为了寻求在西方领事裁判权制度下的各种特权,加入外国国籍,在外国驻华领事的庇护下享受法外利益。国内民人纷纷加入异国国籍,常常把内地事务转变成对外交涉活动,致使地方行政官员遇事窒碍。因此,东南沿海各省总督请求光绪皇帝责令内政部和外务部起草国际法案,"参考中西法律,明定国籍条例,迅速通行遵守。务期严出籍之限制,重管辖之全权"。②

---

① 《驻德使馆档案钞》,台北学生书局1966年影印本,第662页。
② 《外务部档·侨务招工类》卷四五一四,中国第一历史档案馆藏。

1908年，出使法国大臣刘式训（1869—1929）上奏请求制定国籍法，得到光绪皇帝的批准。军机处责令外务部、民政部、法部研究制定国籍法。刘式训还列举了制定国籍法的四点理由，以说明中国亟须制定一部国籍法的紧迫性和重要性：

首先，制定国籍法事关中国主权之大体。刘式训认为："所谓国籍者，仅系生长地方及出身之区别，无对于外国之关系也。今当万国交通之世，情事繁赜，决非旧有之简单法律所能因应。即以国籍而论，我既无治外法权，而租界中外杂居，南洋华侨甚众，若不早定入籍条例，则日后流弊有不堪胜言者。"他已经了解到，中国人在外国领事馆登记（注册）以寻求外国保护之事已屡见不鲜，其弊端自不待言。在他看来，这是对中国主权的侵犯，他将国籍看作是声张主权的一个要件。其次，他指出中国民人纷纷通过"登记注册"加入异国国籍，并以与外国人相同的身份来中国置办财产，导致禁止"外国人在内地置产"的条约实际上遭到"暗中破坏"。再次，他之所以倡言速立国籍法，是担心欧美所采用的出生地主义国籍法会涉及南洋的100多万华侨，使其通过"登记注册"而脱离清朝管辖。因为当时正值清朝在荷属东印度（今印度尼西亚）设置领事馆受到阻碍之际，所以他更加强调加紧制定国籍法的重要性和紧迫性。最后，他明确指出，欲成为近代意义上的主权国家，不论是选举还是征兵，都需要确定国民，因此国籍法不可或缺，其制定也刻不容缓。①

（二）《大清国籍条例》的颁行

在清朝驻外大臣、地方行政大员以及海外华侨的积极呼吁和推动下，清廷各部以及主持修订法律的宪政编查馆奏请光绪皇帝，请求迅速制定国籍法。1908年光绪皇帝与慈禧太后相继去世，光绪年间国籍法未

---

① 〔日〕川岛真：《中国近代外交的形成》，田建国译，第97—98页。

能制定。宣统元年(1909年)2月8日,农工商尚书溥颋等奏云:

> (荷兰)初由国会议准华侨入籍之案,近复订新律,凡久居彼属者,皆收入殖地民籍。华侨自闻此议,函电纷驰,互相奔告,联络各埠商民,开会集议,共筹对待之策。现据呈称,请速定国籍法,以资抵制等情到部。臣等伏思,一国之国民,必有一国之国籍。国籍之出入,必有法律以定之。中国户籍之法,历代具有成规,今制尤为完善,徒以时处闭关,条文未备,只详此省与彼省界限之攸分。未计我国与他国范围之各异。……第虑告成尚需时日,万一和(荷)国拟定新律,克期实行,是时华侨虽群起力争,无国力以为后援,则众情易涣。部臣驻使虽多方磋议,无法律以为依据,则胜算难操。臣等深维职守,目击时艰,若坐视海外百万侨民,转瞬即隶他邦版籍,上何以副朝廷委任之重,下何以免商民责望之严?……拟请旨饬下修订法律大臣,将国籍法一门,迅速提前拟订,克期奏请钦定颁行,以利外交,而维国势。"[①]

荷属东印度的华侨状况加快了制定国籍法的步伐,清廷意识到必须尽快制定国籍法以争取在此问题上的主动权。就是在这样的背景下,中国近代国籍法《大清国籍条例》[②]制定颁行了。在《宪政编查馆奏遵旨议覆国籍条例折并清单》中明确提出了《大清国籍条例》的立法目的:

> 仰见朝廷涵育民生、怀远招携之至意,钦佩莫名。臣等窃维国

[①] 王彦威纂辑、王亮编,李育民、刘利民、李传斌、伍成泉点校整理:《清季外交史料》(第8册),湖南师范大学出版社2015年版,第3916—3917页。

[②] 《大清国籍条例》共五章二十四条,《大清国籍条例施行细则》共十条。上海商务印书馆编译所编纂:《大清新法令(1901—1911)》(第五卷),商务印书馆2010年版,第191—200页。

以得民为本，民以著籍为本，自来言户籍者，不过稽其众寡、辨其老幼，以令贡赋、以起职复而已。国籍之法则操纵出入之间，上系国权之得失，下关民志之从违。方今列国并争，日以辟土殖民，互相雄长。而中国独以人民繁庶贸迁耕垦遍于重瀛，衡量彼我之情，扬摧轻重之际，固不必以招徕归附为先，而要当以怀保流移为贵，此则今日立法之本义也。①

《大清国籍条例》共分五章二十四条，另有施行细则十条。"以固有籍、入籍、出籍、复籍为纲，而独采折衷主义中注重血脉系之办法，条理分明，取裁允当，所拟施行细则亦系参照历年交涉情形，借免抵牾起见。"《大清国籍条例》中最为重要的当属"固有籍"，其中明确规定，"生而父为中国人者""生于父死以后而父死时为中国人者""母为中国人而父无可考或无国籍者"，"不论是否生于中国地方，均属中国国籍"。②自此国家保护海外华人、华侨有了法律上的依据，加强了海外华人、华侨对大一统中国的认同，成为晚清主权国家建构的关键一环。在此之前，中国历史上并没有近代意义上的国籍概念。鸦片战争以后，闭关锁国的状态被打破，华洋来往杂居日渐频繁，中国古代的户籍制度已不能应对新的现实，由于缺失一部国籍规范，致使晚清社会陷入了种种混乱无序之中。

据此，寓居海外的华工和华商的国籍归属有了法律上的依据。就晚清国籍问题而言，清政府的态度经历了从消极被动到积极主动，从拒不承认华侨的国民身份到制定国籍法为保护华侨提供法律依据的认识过程。但是，国籍意识的萌生，以及彻底解决因国籍意识淡薄而导致的民

---

① 上海商务印书馆编译所编纂：《大清新法令（1901—1911）》（第五卷），第192页。
② 同上书，第191—200页。

族国家身份认同问题,晚清政府首先必须从观念上完成从传统帝国向拥有主权、国民、领土的现代主权国家的转变。也就是说,晚清政府只有在放弃"天朝上国"的幻想,认识到自己只是由诸国组成的国际社会之一员,并承认其他国家具有平等地位的时候,才能产生制定和施行国籍法的客观条件。清廷制定国籍法,不仅是实现中国法律近代化的一个环节,更是清朝通过确定其国民,积极建构现代主权国家的政治实践之一。

第四章　国际社会意识

在晚清中国的特殊语境下，就主权意识的生成而言，最为关键的问题在于对国际社会的认识。如果中华帝国传统的"天下观"不能瓦解，尚不能认识到自己只是国际社会之一员，不能彻底实现其世界秩序观从"中国之天下"向"世界之中国"的转变，就不可能真正意义上建构起现代民族主权国家。也就是说，在晚清主权意识生成的历史进程中，主权的对外向度具有特殊的重要性，它甚至是晚清主权意识得以生成的前提条件。

一、鸦片战争：古今中西的交汇点

无论是同情东方文化的历史学家，还是否定东方文化的历史学家，都一致认为鸦片战争是中国近代史的开端。就本书主题而言，鸦片战争无疑也是西方殖民主义扩展至中国，通过以武力胁迫为后盾的不平等条约，将中国从"天朝上国"的迷梦中唤醒，从客观上将中国纳入国际社会的转折点。

（一）两种"世界体系"的碰撞

自15世纪的地理大发现以来，欧洲的船队在世界各处的洋面上出现，探寻着新的贸易线路和贸易伙伴。随着新航路的开辟，各大洲之间相互孤立的状态被打破，世界的每一个角落都不可避免地被逐渐卷入了由欧洲列强所主导的"殖民扩张时代"。大约在同一时期,欧洲通过文艺复兴和宗教改革的巨大震荡,慢慢地从拉丁帝国的衰落中振作起来,至17世纪中期,《威斯特伐利亚和约》的签订标志着一个世俗的主权国家体系已经初具规模。这个"世界体系"以主权国家为单元,最初只包含欧洲的"基督教"国家,它们相互之间以主权平等为原则组织起来。但是,当这些欧洲的"基督教"国家扩张至非欧洲世界时,非但没有赋予原住民群体以平等的主权地位,反而将之贬为"野蛮人",并据此论证对其进行征伐掠夺的正当性。

随着工业革命在轰鸣的机器声中迅速推进,英国人的民族自信,乃至整个欧洲在文化、政治和经济上的优越感空前膨胀。19世纪中期,卡莱尔(Thomas Carlyle, 1795-1881)就曾旗帜鲜明地宣称,欧洲人要比非洲人聪明,劣等民族应当驯服于优等民族。与卡莱尔同一时期的约翰·斯图亚特·密尔也坚持文明社会与野蛮社会、欧洲国家与非欧洲国家的二元世界观,并且以此为据公开声援英帝国对非欧洲世界的殖民扩张。他认为非欧洲国家基本上处于"野蛮"状态,对它们进行教化革新乃是欧洲文明国家的使命和职责。[①] 19世纪西方的国际法学家也都坚持此种二元世界观,其中,爱丁堡大学的洛里默教授曾热烈地拥抱了这种欧洲文明优越论,他将人类社会划分为三个"同心圆地带",它们分别代表"文明人""野蛮人"和"未开化人",并且赋予它们完全不同的国际地位。在他的这一分类计划中,中国被定性为"野蛮"(或"半文明")国家。[②]

伴随着殖民扩张的强力推进,英国工业革命在18世纪和19世纪初迅猛发展,亟须更为广阔的海外市场。当时的英帝国雄踞海上霸主之

[①] 〔英〕约翰·斯图亚特·密尔:《代议制政府》,汪瑄译,商务印书馆2008年版,第242、249页。

[②] 赖骏楠:《十九世纪国际法学中的中国叙述》,载《法学家》2012年第5期。

位,有足够的实力推动这一计划。英国对东方的广阔市场垂涎已久,尤其中国这块土地是它早已盯上的肥肉。英国人第一次来华是在明崇祯十年(1637年),此后有过断断续续却不成规模的通商贸易,但是经过18世纪的各种努力,英国在华贸易额已经居于他国之上了。即便如此,面对偌大一个主张闭关锁国的帝国,乾隆年间1793年,英国派马嘎尔尼使团借为乾隆贺寿之名来华交涉通商事宜,未果。嘉庆年间1816年,又派阿美士德(William Pitt Amherst, 1st Earl Amherst, 1773-1857)率团访华,交涉仍未果。自诩为"文明"国家的大英帝国究竟遭遇了怎样一个国家和文明呢,这个一直被它们定性为"野蛮"国家的中华帝国究竟又拥有怎样的文明观和世界秩序观呢?

1. "华夷之辨"的天下观

中国传统"天下观"的核心是"华夏中心论",即"天下"是以"中国"为中心的,其他都是"边缘",而且由"边缘"渐成"野蛮"。① 先秦典籍《尚书·禹贡》把"天下"划分为五个"同心圆地带",并且赋予它们明确的等级性,它们分别是"甸服""侯服""绥服""要服""荒服"。蛮夷属于要服,它们需要中原帝国的控制和管理,每三个月贡赋一次;而戎狄则属于荒服,相对于蛮夷离中国更远,因此它们只需一年贡赋一次。可见中国的世界观("天下观")从一开始就是等级制的和非平等主义的。司马迁在《史记·夏本纪第二》中对这一等级严明的世界秩序作了明确的说明:

> 今天子之国以外五百里甸服:百里赋纳总,二百里纳铚,三百里纳秸服,四百里粟,五百里米。甸服以外五百里侯服:百里采,二百里任国,三百里诸侯。侯服外四百里绥服:三百里揆文教,

---

① 雷颐:《面对现代性挑战:清王朝的应对》,社会科学文献出版社2012年版,第9页。

二百里奋武卫。绥服外五百里要服：三百里夷，二百里蔡。要服外五百里荒服：三百里蛮，二百里流。①

司马迁将中国古代的世界秩序观淋漓尽致地展现了出来，它是一个以中央天子为中心，向四周辐射开来的"同心圆地带"，并且从中心向四周，其等级地位依次递减。夷夏对举始于西周，有"四夷、八蛮、七闽、九貉、五戎、六狄"之说。严"夷夏之辨"却是春秋时期提出的。大约到了春秋时期，"夏"和与之相对的"狄""夷""蛮""戎""胡"等（后简称"夷狄"或"夷"）概念的使用开始突破地域范围，被赋予文化上的意义，甚至被赋予一定程度上的种族意义，主要用于区别尊卑上下、文明野蛮、道德与非道德，"华夏"代表正宗、中心、高贵、文明、伦理道德；"夷"则代表偏庶、边缘、卑下、野蛮、没有伦理道德，尚未脱离兽性。中国古代虽坚持严"夷夏之辨"的理念，但在现实中，"华夏"却不能不与"夷狄"接触交往，因此孔子和孟子都提出要"严夷夏大防"的主张。孔子在《论语》中有言："夷狄之有君，不如诸夏之亡也"，强调"夷夏之辨"。《孟子》明确说："吾闻以夏变夷也，未闻变于夷者也。""吾闻出于幽谷，迁于乔木者；未闻下乔木而入于幽谷者。""今也南蛮鴂舌之人，非先王之道。"②

自先秦起将夷狄看作"禽兽""豺狼"的种族歧视论，对后世影响深远。班固在《汉书·匈奴传》中云：

是以《春秋》内诸夏而外夷狄。夷狄之人贪而好利，被发左衽，人面兽心，其与中国殊章服，异习俗，饮食不同，言语不通，辟居北

---

① ［汉］司马迁：《史记》，中华书局2006年版，第9页。
② 雷颐：《面对现代性挑战：清王朝的应对》，第10—11页。

垂寒露之野，逐草随畜，射猎为生，隔以山谷，雍以沙幕，天地所以绝外内也。是故圣王禽兽畜之，不与约誓，不就攻伐；约之则费赂而见欺，攻之则劳师而招寇。

东汉经学著作《白虎通义》认为："夷狄者，与中国绝域异俗，非中和气所生，非礼义所能化。""非中和气所生"实际指人的生理构造，即人种的天生低劣，实际上否定了"以夏变夷"的可能性。这种居高临下俯视其他文明的华夏中心论，在处理、对待与他国的关系中，逐渐制度化为以中国为宗主国，他国为藩属的"宗藩体制"，或曰"朝贡体制"，并以此来规制"华夷秩序"。① 先秦两汉是中国文化和中华民族精神气质的养成和定鼎阶段，此时形成的以"华夷之辨"为核心的世界秩序观对中国后世影响极为深远。直至满人入关，这种"严华夷之防"的世界秩序观并没有减弱，只是改变了其存在形式。至清朝时期，有关"朝贡体系"的各种规章制度已发展得相当精细。

2. 清朝的世界观

乾隆以前的康熙、雍正两朝《会典》，基本上把俄罗斯，属国朝鲜、安南等，以及其他外国或民族政权等，那些不在清朝统治下的外国或民族政权置于外国的项下，当然朝鲜、安南等属国，由于与清朝之间存在着正式的朝贡、宗属关系，在国家位阶上理所当然低于清朝。因此，乾隆以前的官方记录也会称其为外藩或外藩小国等，不过，很少将属国或外国称为"夷"的，最多就是称其为"远人"罢了。② 历经康、雍、乾三代皇帝励精图治、攻城略地，至乾隆朝中叶，清帝国的统治渐趋稳定，并逐渐出现了盛世局面。经过上百年的征伐，清帝国确立了前所未有的

---

① 雷颐：《面对现代性挑战：清王朝的应对》，第 11 页。
② 廖敏淑：《清代中国的外政秩序：以公文书往来及涉外司法审判为中心》，中国大百科全书出版社 2012 年版，第 218—219 页。

广大版图。此时,"天朝上国"的优越感在乾隆皇帝心中萌发,也是再自然不过的事了,他时常不忘强调天朝上国的历史功勋。[①] 清朝在这一时期确立和巩固的帝国版图为近代中国版图划定了基本的界限,并最终为国际法所确认。

满族作为边疆民族入主中原,首先必须面对的治理困境是疆域内部的满汉对立情绪。雍正朝时,皇帝尚且必须努力破除前明遗老及其弟子所传播的狭义概念的华(汉)夷(满)之分,雍正皇帝在《大义觉迷录》中极力宣扬的在天下一统、疆土开拓广远的大清帝国内部不应该有华夷、中外之分的理念,似乎已经在帝国内部形成普遍共识。因此,乾隆朝以后,华夷之分成为区分帝国内外的理念。结果,原先属于"向化"范围内的属国,在康、雍两代还被称为"外国",等到清朝的"天朝"世界观过度膨胀后,因为他们不隶属于清朝版图,不受清帝国的统治,而成了"夷"。自乾隆朝以后,华夷之分被界定为帝国内外之分,此时,那些向"天朝"朝贡的"朝贡国"(属国)也开始被称为"夷""番"等等。相对于帝国版图与统治所辖范围之外的属国,清朝将隶属于帝国版图与统治所辖范围内的地方、人员等,称为"内地""天朝",以示中外之分。嘉庆皇帝自称清朝为天朝,对于俄罗斯的罗字,加上了口字旁。清朝的中国在咸丰、同治年间,经常称俄罗斯为"俄夷"等,也显示了对于外国俄罗斯所作的华夷区分。然而,对于英国来说,出现"夷""番"等字眼与"天朝"的对照,就更是司空见惯了,甚至英吉利三字还全加上了口字旁。[②]

[①] 廖敏淑对清朝历朝实录中所出现"天朝"一词的卷数做了初步统计,其结果显示:共有 500 卷出现了"天朝"的记载,其中各朝的卷数统计如下,崇德 6 卷、顺治 2 卷、康熙 22 卷、雍正 8 卷、乾隆 288 卷、嘉庆 61 卷、道光 89 卷、咸丰 18 卷、同治 2 卷、光绪 4 卷(仅到光绪十六年八月以前为止,此后不见"天朝"字眼)。可见乾隆朝的卷数占了一半以上,乾隆皇帝在上谕中提及"天朝"的爱好,是其他清朝皇帝所无法比拟的。而以各朝皇帝在位的时间长短来计算,乾、嘉、道、咸四朝提及"天朝"的比例,也是远远超过其他朝的。参见廖敏淑:《清代中国的外政秩序:以公文书往来及涉外司法审判为中心》,第 220 页。

[②] 同上书,第 219—225 页。

清朝历经几代皇帝励精图治,至乾隆朝时清帝国的统治已基本稳固,帝国疆域也得到了空前扩张和巩固。至此,"华夷之辨"除了具有文化意义之外,已经包含了浓厚的政治统辖意义,它开始与帝国的疆域密切地联系在了一起。乾隆皇帝基于现实的需要,将"华夷之辨"改变成了"中外之分"或"内外之分"。在这种世界秩序观下,隶属于帝国版图和在帝国直接管辖之下的地区被称为"内地""天朝",从中心向外一层的"同心圆地带"则是臣服于帝国的朝贡国,如朝鲜、安南等。从朝贡国再向外一层的"同心圆地带"则是其他外国或外族。"内地""天朝"以外所有的地区都被称作"夷"。

　　两个向四周辐射的世界秩序必将在某一时刻发生碰撞,中国以"华夷之辨"为原则向四周辐射的世界秩序观,就其精神气质而言乃是一种"众星拱月"的内敛式体系,它并不具有很强的扩张性;然而,西方自地理大发现以来的世界秩序观则是以文明与非文明、欧洲与非欧洲的区分为原则,以原始资本积累和追求工业革命所需的广阔市场为动力,迅速向世界各个角落进行殖民扩张,它的侵略性和扩张性已为几个世纪血与泪的殖民扩张史所证明。率先完成工业革命的英国亟需广阔的市场,它拓展中国贸易市场的愿望由来已久。最终,英帝国终于按捺不住了,悍然发动了鸦片战争,两种不同的"世界体系"不可避免地遭遇了一场强劲的碰撞。

(二)鸦片战争与国际法知识的传入

1. 鸦片战争

　　自 18 世纪中期起,中国在对英贸易中开始处于出超地位,以至于一位中国官员对皇帝夸口,"只须凭借茶叶,陛下就能控制住英国人"。这种认识由来已久,并且也常常成为地方督抚愉悦皇帝的说辞。1834 年 9 月 30 日两广总督卢坤在奏折中写道:"且内地大黄茶叶瓷器丝绸,为该国必需之物。"① 甚至林则徐在1839年拟谕英王稿中自信却无知地写道："窃喜贵国王深明大义，感激天恩，是以天朝柔远绥怀，倍加优礼，贸易之利，垂二百年，该国所由以富庶称者，赖有此也。"② 如林则徐这般"开眼看世界"的第一批朝廷上层和知识分子都坚持如此的态度，可见朝野对外部世界的认知是极其盲目的。

至19世纪40年代，英国的工业革命已经基本宣告完成，英国工商业阶级对于中英贸易的现状甚为不满，马嘎尔尼和阿美士德使团无功而返，使得当时的英国人将中国视为"傲慢的"和"反商业主义的"。19世纪上半期，自由贸易已经在英国国内获得了普遍的胜利，而此时的中国广州仍对外商贸易进行着严格的限制。拥有四亿人口的中国市场，对早已垂涎三尺的英国商人而言是何其诱人的肥饵。1830年12月，在广州从事贸易活动的英国散商们向下院呈递了他们的请愿书，请愿书明确指出，对华贸易是世界上潜力最大的贸易。现在该是把对华贸易置于"一个永恒的、体面的基础之上"的时候了。③

为了扭转对华贸易逆差，自19世纪初开始到19世纪二三十年代，英属东印度公司大规模地向中国出口鸦片。到19世纪三四十年代起，印度出口收入的40%都来自鸦片贸易。英国政府对于日益猖獗的鸦片走私贸易，采取一种默许的态度。1839年，英国外交大臣帕麦斯顿（又译为巴麦尊）在给英国驻华商务总监的训令中明确指示："女王陛下的政府不能因为英国臣民违反中国的法律而采取干预行动。"④ 帕麦斯顿三度出任外交大臣⑤，当政期间奉行对内保守、对外扩张的政策。他的名言是

---

① 蒋廷黻：《近代中国外交史资料辑要》，湖南教育出版社2008年版，第9页。
② 同上书，第62页。
③ 〔美〕费正清、刘广京编：《剑桥中国晚清史（上卷）》，中国社会科学院历史研究所编译室译，第166页。
④ 张本英：《自由帝国的建立：1815—1870年英帝国研究》，安徽大学出版社2009年版，第58页。
⑤ 第一任1830—1834年，第二任1835—1841年，第三任1846—1851年。

"没有永远的朋友,只有永远的利益"。在19世纪中叶的几十年中,英国的对华政策主要由帕麦斯顿所左右。帕麦斯顿坚持自由贸易论,他把自由贸易称作"伟大的自然法则",是"万能上帝之下的国际法"。他对英帝国向全世界扩展贸易的行为充满道德上的自豪感,认为"为了使人类更幸福、更有希望、更富裕,商业用一只手引导着文明,另一只手引导着和平,而这是上帝(给我们)的使命"。因此,"商业是文明的最好先锋"。[1] 帕麦斯顿同时坚定不移地主张运用武力维护英帝国商业利益和帝国尊严。在1846年他写给时任香港总督戴维斯爵士(John Francis Davis,1795-1890)的信中明确指出:"我必须说,不管哪里的英国臣民处于危险中,英国的军舰就不仅应当被派往该地,而且只要保护英国利益的需要,它还将维持在该地的存在。"[2] 对中国发动的两次鸦片战争,是帕麦斯顿运用武力威胁的手段打开非欧洲国家的国门,迫使这些国家对英国开放贸易的典型例证。

当然,在英国国内,对于帕麦斯顿坚持的以坚船利炮为后盾的自由贸易政策也不乏反对之声,当时有托利党人认为,对中国发动的鸦片战争是由维多利亚女王那些短视的现任顾问们发动的。内阁中一位最年轻的阁员,替辉格党作了答辩。他向议员们宣称,被封锁在广州的英国人是"属于一个不习惯于接受失败、屈服或耻辱的国家……"[3] 总之,他无疑是在英国人本已极度傲慢和充满民族优越感的民族情绪的烈火上浇灌油脂。对于这种充满傲慢情绪的辩解,有托利党人作了如下回应:

> 我不知道而且也没有读到过,在起因上还有比这场战争更加不

---

[1] 张本英:《自由帝国的建立:1815—1870年英帝国研究》,安徽大学出版社2009年版,第50页。
[2] 同上书,第51页。
[3] 〔美〕费正清、刘广京编:《剑桥中国晚清史(上卷)》,中国社会科学院历史研究所编译室译,第187页。

义的战争,还有比这场战争更加想使我国蒙受永久耻辱的战争。站在对面的这位尊敬的先生竟然谈起在广州上空迎风招展的英国国旗来。那面国旗的升起是为了保护臭名远扬的走私贸易;假如这面国旗从未在中国沿海升起过,而现在升起了,那么,我们应当以厌恶的心情把它从那里撤回来。①

但是,帕麦斯顿通过否认他的政府支持不法的鸦片贸易的巧妙手法,有效地转移了议会辩论的中心议题。他坚持认为,英国政府所希望做的一切仅仅是为了保证将来英国贸易的安全和英国公民的安全。他指出,应该记住的非常重要的事情是,英国已经在遥远的东方遭受了侮辱。就这样,托利党的反战决议最终只以五票之差被否决。②

从某种意义上说,马嘎尔尼和阿美士德访华失败、无功而返,已经埋下了英国远征军在中国海岸长驱直入的伏笔。几次正式的外交活动均告失败,使英国政府进一步确认,就建立对华贸易关系而言,正常的外交手段无济于事,只能诉诸武力威胁。第一次鸦片战争,从其表象而言,是林则徐大刀阔斧的禁烟运动使英国鸦片商人遭受了巨大的经济损失,就其实质而言,却是为英国借机运用武力威胁彻底打开中国市场提供了口实。可以说,即便没有林则徐主持的轰轰烈烈的禁烟运动,英国最终也会通过坚船利炮轰击中国闭关锁国的门户。

2. 林则徐翻译国际法的尝试

1689年8月22日,清、俄两国在尼布楚举行会谈,清朝使团成员有领侍卫内大臣索额图(?—1703)等,康熙另派两名耶稣会士参与清朝代表团,他们是葡萄牙人徐日升(Thomas Pereira, 1645-1708)和法兰

---

① 〔美〕费正清、刘广京编:《剑桥中国晚清史(上卷)》,第187页。
② 同上书,第187—188页。

西人张诚(Jean Francois Gerbillon,1654-1707)。徐日升在日记中认为，清朝之所以派他们担任译员，主要目的是"务必要使一切事务都按国际法原则办理，也就是说，排除中国人对俄国人的猜疑，提供中国人所需要的'关于世界的知识'"，以致条约的写制、签署、盖印、互换"都严格遵守国际惯例"。自1689年《尼布楚条约》签订一直到鸦片战争前夕林则徐邀请美国传教士伯驾翻译瑞士法学家瓦泰勒(Emer Vattel)的国际法著作，在此期间的150年时间里，中国人再也没有留下提及国际法的任何蛛丝马迹。[1] 清政府虽然在1689年中俄尼布楚谈判中已经有接触到国际法观念的记录，但是，此次事件并没有激发当时朝野上下对国际法的关注。对于国际法传入及其对中国国际法意识的萌芽而言，它仅仅是一个孤立的事件而已，并没有对此后国际法观念的萌芽产生观念史上的影响。

1838年底，林则徐以钦差大臣身份奉命前往广州查禁鸦片。1839年7月，出于禁烟运动的需要，林则徐组织翻译了瓦泰勒《万国法》(The Law of Nations)中的部分章节。具体承担这项翻译工作的是美国传教士伯驾和林则徐本人的译员袁德辉，他们将瓦泰勒的《万国法》译为《各国律例》。田涛在《国际法输入与晚清中国》一书中节录了他们翻译的一些段落，这些译文主要讨论违禁走私问题、战争问题、服从所在国法律、采取外交与战争的步骤以及有关英国内政外交的处理方式等。就此而言，当时摘译的这些关于国际法的知识，都是出于应付和回应当时紧迫的情势(查禁鸦片和处理与英国的关系)而甄别选择的。

而且，从林则徐在广东的禁烟活动来看，这些译文片段所介绍的国际法知识确实对其行动起了一定的指导作用。如林则徐到达广州后曾

---

[1] 谭树林：《晚清在华美国传教士与近代西方国际法的传入：以伯驾为中心的考察》，载《南京大学法律评论》2010年(秋季卷)，第354页。

宣布鸦片乃是早经清政府明令禁止的违禁物,晓谕广州外商和鸦片烟贩呈交烟土,这种做法符合"各国皆有当禁外国货物之例";在销毁鸦片之后,林则徐了解到从事鸦片贸易的"奸夷""并未领照经营","若被彼国查出,在夷法也必处于正刑",要求各国商人具结,声明"嗣后来船,永不敢夹带鸦片,如有带来,一经查出,货尽没官,人即正法"。按照"欲与外国人理论,先投告对头之王"的程序要求,林则徐在拟谕英王稿中指出:"向闻贵国王存心仁厚,自不肯以己所不欲者,施之于人,并闻来粤之船,皆经颁给条约,有不许携带禁物之语,是贵国王政令本属严明,只因商船众多,前此或未加察,今既行文照会,明知天朝禁令之言,定必使之不敢再犯。"从而使自己后续的禁烟运动有国际法上的依据。另外,1839年7月林维喜案发以后,林则徐要求义律移交凶手,按例办理,而义律拒不执行,林则徐依据"外国有犯者,即各按各犯事国中律例治罪"的原则,指出:"查该国向有定例,如赴何国贸易,即照何国法度,其例甚为明白",英国人"犯罪在伊国地方,自听伊国办理,而在天朝地方,岂得不交宪审办?"① 从以上所述事例可以看出,林则徐已经开始在处理中英涉事问题时援引国际法知识作为理据。

鸦片战争前后,出现了第一批"睁眼看世界"的朝廷上层和知识分子,他们广泛搜罗资料,进行翻译汇编,为中国人了解世界做出了巨大的贡献。1839年7月,出于禁烟运动的需要,林则徐还翻译了英国人慕瑞(今译名休·默里,Hugh Murray)1836年在伦敦出版的《世界地理大全》(The Encyclopedia of Geography),译名为《四洲志》。1841年,已被革职遣戍新疆的林则徐将《四洲志》等编译的有关外夷的资料交给魏源,嘱托其编纂成书。魏源在此基础上,于1842年整理出版了《海国图志》。此外,这一时期还出现了一些关于夷情的重要著作,如姚莹的《康

---

① 田涛:《国际法输入与晚清中国》,第29—31页。

辖纪行》(1846 年)、徐继畬的《瀛环志略》(1848 年)。但是,这些书出版后,引起了极大的非议和强烈的批判。

鸦片战争期间,英人凭借其船坚炮利,震开了中华帝国闭关锁国的大门,一部分人被轰鸣的炮声惊醒,开始睁眼注视远涉重洋而来的"怪物",而大部分中国人只是如驱赶飞萤般胡乱一挥手,转身又酣睡过去了。鸦片战争本是中国遭受奇耻大辱后奋发图强的契机,也是中国"走向世界""进入国际社会"的机会。但是,中国"天朝上国"的迷梦毕竟已经做了很久,愚蠢顽固、虚伪腐化的保守氛围使得"睁眼看世界"的朝廷上层和知识分子们的心血之作,在当时只能发挥十分有限的作用。结果,直到第二次鸦片战争前后,朝野上下所提出的御敌之策与 20 年前几乎如出一辙。在这乌云压城的气氛中,林则徐通过翻译引进的国际法知识只能是他自己查禁鸦片的应景之作,不可能激发朝野上下对国际法知识的兴趣,也就更别提扭转中国久已成形的世界秩序观和文明观了。[①]

二、《万国公法》的引入及其影响

《天津条约》和《北京条约》正式签署生效,标志着欧美对华关系从此发生了革命性的改变。1861 年,根据《天津条约》和《北京条约》所确立的"双方互派公使"的规定,英、法、美、俄等国纷纷在北京东交民巷设立公使馆。鉴于《天津条约》和《北京条约》所确立的各国公使常驻

---

① 林学忠指出,尽管在林则徐的领导下,瓦泰勒《万国法》的部分内容早在 1839 年就已引入中国,但未能引起中国朝野有识之士的注意。即使强调"师夷长技以制夷"的魏源,也没有在 1842 年第一次编纂《海国图志》时收入国际法的译文(当然我们不能排除魏源可能还没有或还来不及整理此材料),虽然其后译文先后收于 1847 年版及 1852 年版的《海国图志》内,而且《海国图志》的出版在海内外更是轰动一时,但同时代的报刊以及私人文集、书信及日记等,似乎都没有提及此事,包括引进者林则徐本人。其后丁韪良翻译惠顿的《国际法原理》时,我们也看不到与袁德辉和伯驾的译文在策略以及术语上受到了它的影响。参见林学忠:《从万国公法到公法外交》,第 47 页。

北京的现实,加之列强要求中国成立一个专门的中央级别的对外交涉机构,以及出于应对各国公使驻京的新形势的需要,1861年1月11日钦差大臣恭亲王奕䜣、大学士桂良、户部左侍郎文祥奏请设立总理各国事务衙门:

> 查各国事件,向由外省督抚奏报,总汇于军机处。近年各路军报络绎,外国事务头绪纷繁,驻京之后,若不悉心经理,专一其事,必致办理延缓,未能悉协机宜。请设总理各国事务衙门,以王大臣领之,军机大臣承书谕旨,非兼领其事,恐有歧误,请一并兼管。并请另给公所,以便办公,兼备与各国接见。其应设司员,拟于内阁部院军机处各司员章京内,满汉各挑取八员,轮班入值,一切均仿照军机处办理,以专责成,俟军务肃清,外国事务较简,即行裁撤,仍归军机处办理,以符旧制。①

总理各国事务衙门的设立,使得中国与其他国家的外交关系收归中央直接管理,不再根据时势需要临时派驻钦差大臣赴通商口岸办理,结束了中国由地方直接负责对外交往的时代。中国开始跨出了与外国交往的最新一步,即便此时朝野上下仍旧沉浸于"天朝上国"的迷梦之中,不肯直面不平等条约将中国卷入由欧美列强所主导的世界秩序的新现实。然而,即便是在这样一种保守的氛围中,对外部世界知识的客观需要,也激发了一部分先进朝廷上层和知识分子认识世界秩序的兴趣,西方传教士也正怀着极大的热情向中国传播西方的先进知识。在他们所介绍的西方智识资源中,国际法知识的引介对中国世界秩序观的影响实为深远。

---

① 廖敏淑:《清代中国的外政秩序:以公文书往来及涉外司法审判为中心》,第247页。

第二次鸦片战争之后,随着《天津条约》和《北京条约》的签订,西方列强在中国攫取了大量权益。在签订了大量不平等条约以后,西方列强意识到如欲充分实现条约规定的各项权益,就必须与清政府维持相对和平稳定的秩序和局面。西方列强进而认识到,要保证条约权益的充分实现,维持清政府的存在,并扶植能够与它们协调合作的政府官员,使其心甘情愿履行条约义务才是上策。此时,继续推行炮舰政策显然已经不合时宜了。

西方列强通过与恭亲王奕䜣的交往,发现他是一位可以合作的开明人物,因而支持恭亲王执掌大权。同时,为了充分实现条约规定的权益,西方列强(尤其是美国)开始积极地向中国传播西方国际法,希望清政府能够在国际法规定的框架内履行法定义务。在他们看来,这可能是实现不平等条约所规定的利益之最佳途径。所以,这一时期西方列强也大多都注重向中国输出西方的国际法。1860年北京议和之后,恭亲王等所重视的,乃今后如何与西人相处,以求彼此相安。恭亲王上台以后,积极奏请筹备建立总理衙门,以应对1860年代英、俄、法、美四国公使正式驻京的新形势。这就为同治年间清政府与西方列强间外交关系的缓和铺就了道路,也在某种程度上为《万国公法》的翻译创造了条件。

(一)《万国公法》的引入及其最初命运

1. 译介《万国公法》

19世纪60年代,随着西方列强陆续在北京驻使,清政府与西方列强之间进行的对外交涉活动日益频繁。加之,随着总理衙门的设立,一些专门处理对外交涉事务的开明官员逐渐意识到,国际法乃是西方国家在与中国交涉时据以主张其权利的秘密武器,于是主动提出翻译西方国际法,并以之为总理衙门当前之急务。恭亲王在1864年奏请刊刻《万国公法》一书时指出:每与西人辩论事件时,

（西人）援据中国典制律例相难。臣等每欲借彼国事例以破其说，无如外国条例，俱系洋字，苦不能识；而同文馆学生，通晓尚需时日。臣等因于该国彼此互相非毁之际，乘间探访，知有《万国律例》一书。然欲径向索取，并托翻译，又恐秘而不宣。适美国公使蒲安臣来言，各国有将《大清律例》翻出洋字一书；并言外国有通行律例，近日经文士丁韪良译出汉文，可以观览。①

丁韪良 1827 年 4 月 10 日生于印第安纳州立沃尼亚，是马丁牧师十个孩子中的第八个。从印第安纳州立大学和新奥尔巴尼神学院毕业后，于 1850 年到宁波传教。在宁波传教多年后，他获得了一次休假回国的机会，当他于 1862 年返回中国的时候，决定在北京设立布道团。但是，上海传教出版社负责人克陛存（CuBertson M. C.，1819-1862）的突然死亡，使得丁韪良无法脱身前去北京，他在上海居住期间，在美国驻华公使华若翰（John Eliott Ward，1814-1902）的建议下翻译了惠顿《国际法原理》的部分内容。②

1863 年夏，清政府在与法国交涉时遇到了困难，总理衙门大臣文祥（1818—1876）便向美国驻华公使蒲安臣求助，请他向清政府推介西方各国公认的国际法著作。这一举动正中西人下怀，蒲安臣便积极推动这项事业，他对丁韪良翻译惠顿的《国际法原理》一事颇为上心，并表示会向清政府推荐译稿。由此可见，通过翻译向中国介绍西方国际法并非清政府或西方列强单方面的考虑，而是双方共同的志向和要求。

当英国公使卜鲁斯（Frederick Bruce，1814-1867）得知丁韪良正在翻译惠顿的《国际法原理》一书时，他说："这件事很有意义，可以让中

---

① 蒋廷黻：《近代中国外交史资料辑要》，第 372 页。
② 〔美〕徐中约：《中国进入国际大家庭：1858—1880 年间的外交》，屈文生译，商务印书馆 2018 年版，第 195—196 页。

国人知道西方国家有它们所遵循的道理，武力并不是它们唯一的规矩。"关于英国公使卜鲁斯高度赞赏丁韪良的译介工作，有论者指出，对于英国和其他西方列强对中国发动的若干次战争中违反国际法的各种行为，它们亟需对此给出某种合法性证明。西方列强以武力威逼清政府签订了一个又一个"不平等条约"，为了顺利实现通过不平等条约所攫取的在华利益，最有效的方式便是能够使清廷严格根据国际法的要求履行和实施这些条约中的各项条款。就此而言，丁韪良向中国译介国际法可以说既是迟到的，又是非常及时的。[①] 然而，无论是在西方，还是在中国，对于丁韪良译介西方国际法一事，并不是每个人都持肯定和赞赏的态度，仍有许多人对此疑虑重重。

法国使馆代办哥士奇（Klecskowsky）认为，丁韪良是一个麻烦制造者，他向蒲安臣抱怨道："那个让中国人了解到我们西方国际法秘密的人是谁？杀死他，绞死他；他将给我们带来无数的麻烦。"同样，卫廉士（Samuel Wells Williams）也相信引进国际法将会使中国有可能达到西方的法律水准，从而找到废除"不平等条约"的某些方面（如治外法权）的法律依据。[②] 正如哥士奇所言"我们西方国际法"一语，充分体现了实证主义的国际法观念在19世纪西方国际法理论中所占的主导地位，同时也体现了西方国际法赤裸裸的工具性和侵略性。这体现了西方在向中国输入国际法时的矛盾心情，一方面欲使中国认识到国际法上之义务，自愿地遵行已经签订的不平等条约；另一方面，却又担心国际法的传入会使中国主权意识增强，并以此为据主张废除不平等条约，进而有损西方列强在华利益之保障。一英商在上海《北华捷报》（North China Herald）上的一篇评论中淋漓尽致地表现了这种矛盾复杂的心情：

[①] 刘禾：《普遍性的历史建构：〈万国公法〉与19世纪国际法的流通》，载《视界（第一辑）》2000年，第73页。

[②] 同上书，第75页。

我们是正在提供在未来某个时候用来直接对付我们自己的武器,抑是在将来仅仅得到一个新的征服,这一点无法肯定。当河流刚从发源地流出不远,就要堵住它,把它引导到合适的河道上去,这应是我们现在的目标。①

然而,丁韪良本人则认为,他是在把基督教文明的成果介绍给中国,把国际法介绍到中国与传播基督教理"没有什么不同"。对于丁韪良花费大量时间和精力在中国从事的这项与传教事业并无直接关系的活动,长老会差会曾表示了极大的怀疑。但是丁韪良却认为,这项翻译工作"在影响上不会次于圣经的翻译",通过这项译介活动对清政府施惠,对传教事业会产生积极的意义。②在这里,除了期望清政府能够在法律框架内严格履行条约义务外,还体现了丁韪良本人(包括大批传教士)翻译西方国际法的宗教目的。同时,丁韪良对中国对国际法的无知、破坏休战条例、囚禁英国全权代表巴夏礼等违反国际法的行动印象深刻,因此他希望通过向中国译介西方国际法以达到教导中国人遵守西方国际法规范的目的。对此,丁韪良直言不讳地讲道,教导这样一个不遵守国际规则的国家,"最好的治疗乃是教之以荆棘"。③

在中国方面,清政府的许多官僚对丁韪良积极推进这项工作的动机颇有疑虑,甚至有人怀疑他是想模仿利玛窦沽名钓誉。"臣等窥其意,一则夸耀外国亦有政令,一则该文士欲效从前利玛窦等,在中国立名。"④针对不少清廷官员的疑惧,以及一些人对引进西方国际法公开表达的敌意,恭亲王在1864年7月29日的奏折中表示:

---

① 转引自林学忠:《从万国公法到公法外交》,第194页。
② 田涛:《国际法输入与晚清中国》,第48—49页。
③ 转引自林学忠:《从万国公法到公法外交》,第50页。
④ 蒋廷黻:《近代中国外交史资料辑要》,第373页。

窃查中国语言文字，外国人无不留心学习。其中之尤为狡黠者，更于中国书籍，潜心探索。往往辩论事件，援据中国典制律例相难。臣等每欲借彼国事例以破其说，无如外国条例，俱系洋字，苦不能识；而同文馆学生，通晓尚需时日。臣等因于该国彼此互相非毁之际，乘间探访，知有《万国律例》一书。然欲径向索取，并托翻译，又恐秘而不宣。适美国公使蒲安臣来言，各国有将《大清律例》翻出洋字一书；并言外国有通行律例，近日经文士丁韪良译出汉文，可以观览。旋于上年九月间，带同来见，呈出《万国律例》四本，声称此书凡属有约之国，皆宜寓目。遇有事件，亦可参酌援引。惟文义不甚通顺，求为改删，以便刊刻。臣等防其以书尝试，要求照行。即经告以中国自有体制，未便参阅外国之书。……半载以来，草稿已具。丁韪良以无赀刊刻为可惜。并称如得五百金，即可集事。臣等查该外国律例一书，衡以中国制度，原不尽合；但其中亦闲有可采之处。即如本年布国在天津海口扣留丹国船只一事，臣等暗采该律例中之言，与之辩论。布国公使即行认错，俯首无词，似亦一证。臣等公同商酌，照给银五百两。言明印成后，呈送三百部到臣衙门。将来通商口岸，各给一部。其中颇有制伏领事官之法，未始不有裨益。此项银两，即由臣衙门酌提三成船钞项下发给。（御批：依议。）①

为了能够获准支持《万国公法》一书的刊行，恭亲王在奏折中说明了引进西方国际法的实际好处。正巧此前发生了普鲁士于中国领海拿捕丹麦船只事件，这为总理衙门请求支持刊行《万国公法》提供了一个有利的契机，有力地证实了引进西方国际法的实用性。

---

① 蒋廷黻：《近代中国外交史资料辑要》，第 372—373 页。

1864年普鲁士和丹麦两国交战,是年4月,普鲁士公使李福斯(von Rehfues)来华进驻,在天津大沽口突命所乘兵舰"羚羊号"拿捕了三艘丹麦商船作为捕获品。总理衙门旋即提出抗议,指出扣留丹麦船只之地位于中国专辖之洋内,并非距岸数十里、枪炮所不及之共海洋,认为普鲁士的行动明显"夺中国之权"。总理衙门警告李福斯,如不释放丹麦船只,将对来华履新的他不予接待。在上奏中,总理衙门特别强调之所以力争,非为丹麦,而是为中国保其权。最后,普鲁士公使"俯首无词",承认错误,释放两艘丹麦商船,余下一艘则以洋元赎回,事件宣告结束。①从恭亲王上述的奏折可知,总理衙门在处理这次事件时,虽援引《万国公法》中的内容为交涉理据,但并不敢公然援引《万国公法》,而是"暗采该律例之言与之辩论"。这是因为,在总理衙门看来,丁韪良译介的《万国公法》有可能是柄双刃剑,恐怕将来有西方人会据此束缚中国的危险。

但是,无论中国和西方有多少反对和疑虑的声音,丁韪良还是完成了《万国公法》的翻译,恭亲王给皇帝的奏折也十分奏效。因此,丁韪良的翻译工作得到了清廷的认可,允准拨付银两,以资助《万国公法》一书的刊行,并发给各通商口岸负责对外交涉的官员学习应用。尽管《万国公法》经丁韪良翻译,并刊行面世,但其最初动机仍是"以夷制夷"的御夷之策,希望以此作为与西方列强交涉的根据。他们将《万国公法》视为与外夷交涉的技术性工具,并且"暗采该律例之言与之辩论",生怕反受西方国际法的束缚和钳制,并且认为中国不应受此约制。这与将西方国际法视为一种自身拥有其程序价值的普遍规范的认识还距数步之遥。

2.《万国公法》的有限影响

《万国公法》刊行后不久,海关总税务司赫德(Robert Hart,1835—

---

① 林学忠:《从万国公法到公法外交》,第253—254页。另参见王维俭:《普丹大沽口船舶事件和西方国际法传入中国》,载《学术研究》1985年第5期。

1911),便在 1865 年 11 月 6 日呈递总理衙门的《局外旁观论》中,借用《万国公法》提醒清政府:

> 国中背条约,在万国公法准至用兵,败者必认旧约,赔补兵费均外加保方止。中国初次与外国订约,并未以条约为重,不过聊作退兵之策。至今万众之内,或有一二人知有条约,然未识条约之重,未知违约之害。①

赫德一针见血地指出,中国与西方列强立约,只是将其视作"退兵之策",并没有认识到条约本身所具有的独立价值。而今《万国公法》已引入中国,国人当认识到遵守条约的法律义务,并认识到违约所要承担的沉重代价。正如赫德所指出的那样,《北京条约》签订以后,西方列强陆续在北京驻节,但是仍遭遇了巨大的抵制和障碍。《天津条约》和《北京条约》虽已签订,但条约规定时常得不到实施和执行,清政府不愿意在外国真正地设立使馆,朝廷拒绝让欧美外交官觐见皇帝等。中国全面的自我孤立状态可能已经终结,但高耸的城墙并没有倒下。②

19 世纪 60 年代,在北京驻扎使馆的规定逐渐得到了落实,但对西方外交使臣而言,"平等觐见"问题依旧迟迟得不到解决,清廷以在位的同治皇帝还只是个孩子为由继续拖延。直到 1873 年同治皇帝成年时,西方使臣才看到了解决觐见问题的机会。是年 6 月 29 日,英国、法国、德国、美国、俄国和日本的公使们在紫光阁觐见了皇帝,他们站立着递交了国书,并祝贺皇帝成年。通过这次看似平等的觐见,"叩头"礼节

---

① 赫德:《局外旁观论》,载王健:《西法东渐:外国人与中国法的近代变革》,中国政法大学出版社 2001 年版,第 6 页。
② 〔美〕何伟亚:《英国的课业:19 世纪中国的帝国主义教程》,刘天路、邓红风译,社会科学文献出版社 2007 年版,第 158 页。

已经从西方列强与清朝的外交关系中消失了,清廷似乎已经承认了中国与西方国家之间的主权平等。但安排觐见的紫光阁曾是皇帝接见贡使的地方,这里面依旧隐含着中国乃"天朝上国",各国使臣觐见清朝皇帝并非"平等觐见",而是"万邦来朝",只是现在不能公开表达这层傲慢的优越感罢了。西方驻华公使们翘首期待了12年之久的觐见活动,只用了半小时就结束了全部礼仪。他们对此次觐见颇为失望,尤其是当他们后来得知被皇帝接见的紫光阁原本是清朝皇帝接见贡使的地点时,就更是大失所望了。①

鉴于《天津条约》和《北京条约》所确立的各国公使常驻北京的现实,加之列强要求中国成立一个专门的中央级别的对外交涉机构,奕䜣等人在1861年1月上奏,提出在北京设立总理各国事务衙门,负责对外交涉事宜。咸丰皇帝批准了奕䜣等人的建议,同意"京师设立总理各国通商事务衙门"。咸丰皇帝有意加上"通商"二字,事实上是为了坚持"天朝"与"外夷"间只能是洋人来华的通商关系,而不可能有政治关系。奕䜣知道中外已不可能只是通商关系,于是坚请去掉"通商"二字。在奕䜣的坚持下,咸丰皇帝最终同意了。② 在这个意义上来说,总理衙门的最初设立,也只是"羁縻"夷人的策略而已,并非严格意义上的近代外交部门。

对于西方列强要求中国应立即向各国派遣驻外使节的建议,总理衙门的回复是:"各国至中华,通商传教,有事可办,故当遣使。我中国并无赴外国应办之事,无需遣使。"就其真实的原因而言,主要是因为在中国历史上"中华"一直是"万方来朝"的"中央之国",只有周边蛮夷之邦派遣"贡使"来"中央之国"朝拜的道理,绝无"中央之国"派遣使者

---

① 〔美〕费正清、刘广京编:《剑桥中国晚清史(下卷)》,中国社会科学院历史研究所编译室译,第81页。

② 雷颐:《面对现代性挑战:清王朝的应对》,第27—28页。

"驻外"之说。^① 直到 1875 年马嘉理被杀事件后,清政府被迫与英国签订了不平等的《烟台条约》,其中确定派钦差大臣到英国"道歉",并任驻英公使。最终,清政府决定选派郭嵩焘出使英国,开启了中国向外国派驻使节的先例。郭嵩焘被派来英,在当时引起了轩然大波。

由此可见,在同治时期,虽然清廷资助刊行了《万国公法》,不得已而承认了西方国家在北京派驻使节的权利,并放弃了外交使节觐见皇帝时"叩头"的大礼,但是清廷依旧处于深拒固闭的状态之中。在这种依旧阴霾压抑的氛围中,丁韪良翻译刊行的《万国公法》能否激起国人的兴趣,从根本上改变国人对于世界的封闭保守的理解呢?

1865 年初丁韪良翻译的《万国公法》终于面世,由他创办的北京崇实馆刊行。丁韪良向总理衙门呈上 300 部,再由总理衙门根据需要颁发给全国各省的衙门。就这 300 部的数量来看,《万国公法》一书在当时并未得到广泛的流通。林学忠指出,《万国公法》出版后,在中国似乎只在少数涉外官僚之间流通阅读,并未如日本那样成为举国上下人人追捧的畅销书。丁韪良翻译的《万国公法》乃是东亚世界第一部国际法著作,翌年在日本便有翻刻本以及训点本的出版。除了由东京开成所翻刻外,日本松江、延冈、出石和金泽等诸藩也相继翻刻,更有日译本、训读本、训点本和注释本出现。在很短的时间内,丁韪良翻译的《万国公法》变成了日本最为畅销的书。^②

(二)《万国公法》及其翻译

在中西各方的共同努力下,美国传教士丁韪良译介了美国法律人兼外交官亨利·惠顿(Henry Wheaton)的 *Elements of International Law*

---

① 雷颐:《面对现代性挑战:清王朝的应对》,第 32 页。
② 林学忠:《从万国公法到公法外交》,第 53—54 页。

一书,以《万国公法》(今译作《国际法原理》)之名面世。这一事件对19世纪后半叶晚清国人的国际法观念产生了决定性的影响。

1. 惠顿国际法思想的基本精神辨析

关于丁韪良翻译《万国公法》时所依据的蓝本问题,学术界多有关注且有不同认识。何勤华认为丁韪良是根据惠顿《国际法原理》第一版(1836年版)进行翻译的。① 张用心通过对比惠顿《国际法原理》1846年版和1855年版与《万国公法》,认为刘禾的"所依版本是1846年第三版"的观点是站不住脚的。② 傅德元通过对《万国公法》和惠顿《国际法原理》的各个版本(1836年版、1846年版、1855年版)的对比发现,丁韪良翻译《万国公法》时所据蓝本应为惠顿《国际法原理》1855年版。他进而通过逐节排查,得出如下结论:丁韪良《万国公法》的翻译基本上忠实于1855年版《国际法原理》,并据此对如下观点进行清理:"丁韪良在翻译《万国公法》时,以自己的口吻,增加了翻译蓝本中'纯属子虚乌有'的内容,来为其政治目的服务。""通过查阅惠顿原著,我们知道了丁韪良在翻译时……对原书的结构、体系和章节有过调整。"③ 傅德元的这一研究成果基本被后来关于这一主题的研究者所采信,通过对1855年版的《国际法原理》与丁译《万国公法》的章节结构和内容的对比考察,证明傅德元的结论是可靠的。在讨论《万国公法》一书对晚清中国世界秩序观的影响之前,首先要面对的一个问题是惠顿国际法思想的基本精神。

惠顿生活在一个法律实证主义逐渐战胜自然法而占据主导地位的时代,他在这样的时代背景下进行外交实践和国际法著述。因此,他的国际法著作不可避免地打上了那个时代的烙印。惠顿如同他那个时代

---

① 何勤华:《〈万国公法〉与清末国际法》,载《法学研究》2001年第5期。
② 张用心:《〈万国公法〉的几个问题》,载《北京大学学报》2005年第3期。
③ 傅德元:《丁韪良〈万国公法〉翻译蓝本及意图新探》,载《安徽史学》2008年第1期。

的其他国际法理论家一样,也坚持欧洲与非欧洲,文明与野蛮这一典型的二元世界秩序观。正如惠顿在《国际法原理》第六版序言中明确指出的:

> 共同适用于所有文明国家和基督教国家的国际法,是我们的祖先从欧洲带来的,在我们作为英帝国的一部分时,它仍对我们具有强制力,除非我们宣布独立于我们的母国,否则这种状态将不会改变。①

这里可以明显地看出,惠顿将非欧洲的亚非拉地区排除在国际法适用范围之外。同时,他在"没有普遍的国际法"一节问道:"是否存在统一的国际法呢?"他紧接着就做出了回答:

> 显然没有普遍适用于世界上所有国家和民族的国际法。国际法过去常常(现在依旧)极少例外地局限于文明的和信奉基督教的欧洲人民及其后代之间。在欧洲国际法与人类其他种族之间所作的区分已经为公法学家们所注意到久矣。②

这是对他坚持欧洲国家与非欧洲国家,奉教之国与异教之国的二元划分的一个明显的例证。作为一个从事外交实践活动的外交官,他对于世界范围内的政治现实是极为敏感的。他注意到了政治实践领域的一些新变化,但这并没有改变他关于世界秩序的二元论的基本观点。他在讨论完萨维尼的国际法观以后,就开始讨论当时国际秩序中的一些新

---

① Henry Wheaton, *Elements of International Law*, Little, Brown and Company, 1855, 6th edition, p. cxciii.

② Ibid., p.16.

动向：

> 我们可能已经注意到，最近欧美的基督教国家与亚非的回教和异教国家间的交往活动预示着这样一种倾向，后者开始逐渐放弃他们自己独特的国际交往惯例，转而接受了基督教世界的国际惯例。互派使节的权利已经为它们所认识到，土耳其、波斯、埃及和巴巴里诸国已经与我们互派使节。土耳其帝国很早就已经被视为欧洲势力均衡的核心因素。①

由此可见，虽然西方国际法的适用范围似乎已经逐渐扩大了，但是它并不意味着国际法开始抛弃其"欧洲"属性，而拥抱了普遍价值。因为，亚非地区各国放弃自己独特的国际惯例，而接受西方国际法惯例，在很大程度上都是通过武力胁迫而得以实现的，中国通过不平等条约从客观上进入西方国际法所主导的世界秩序就是明显的例证。但是，对惠顿的国际法思想而言，对世界政治现实的关注和思考，恰恰体现了他的国际法思想的实证主义品质。惠顿在《国际法原理》第一版启示中指出：

> 笔者旨在收集那些支配（或意图支配）各国行为——无论是在战争时期还是在和平时期的交往活动的规则与原则，因此，它们获得了"国际法"之名……构成国际法的大量原则和规则，都是在各国间的交往实践中已经发生或已经被决定的例证中推演出来的。……笔者的主要目的在于，从这些渊源中发掘一般原则，以求获得大多数文明国家和基督教国家的赞成……因此，关于国际法科

---

① Henry Wheaton, *Elements of International Law*, pp. 20–21.

学的知识，被认为对所有关注政治事务的人都具有至高的重要性。笔者热切地希望，自己的努力即使不能得到深知此项事业之艰辛的人的支持，也应当得到他们的宽容。①

18—19世纪，西方各国间出现了大量关于国家间交往的成文的规章条例，它们对19世纪实证主义国际法高度关注条约和惯例的传统影响深远。惠顿的国际法著作也深受这一传统的影响，这可能也与他从事外交实践密切相关。以1855年版《国际法原理》的编排体例来看，除了第一章讨论一些基本的理论问题外，其他各章都在讨论各种具体的国际法制度，如通使权、交战条规等等。

实证主义国际法认为，国际法并非出于自然法，而是来源于各个独立自主的主权国家间明示或默示的同意，它们主要体现在国际条约和国际惯例之中。惠顿在给国际法下定义时明确指出，"国际法乃是由独立国家之间存在的行为规则所构成的"。正如里弗（J.S. Reeves）指出的：

> 英美法院在某种程度上对实证国际法——在质和量上贡献颇大，但这一点迄今鲜为人知……到19世纪，英美对于自然法的依赖日益减弱。美国最高法院，像英国法院一样，越来越多地依赖于习惯和惯例。正是由于沿着实证主义的路线，法律人和外交官对一本有关于此的系统性著作的需要已是不证自明的了。这一要求通过1836年出版的美国法律人兼外交官的惠顿的《国际法原理》而得以实现，这是第一本用英语写成的关于国际法的系统论著。②

---

① Henry Wheaton, "Advertisement to the First Edition", in *Elements of International Law*, pp. cxcv–cxcvi.

② J.S. Reeves, "The First American Treatise on International Law", *The American Journal of International Law*, Vol. 31, No. 4 (Oct., 1937), p. 699.

有鉴于此，惠顿国际法思想的实证主义倾向是再明显不过的了。但是国内有学者以惠顿给国际法所下定义为依据，得出如下结论：在某种程度上，惠顿的国际法思想仍具有自然法的影子，他并没有全然抛弃自然法传统。如赖骏楠在《误读下的新世界：晚清国人的国际法印象》一文中指出，惠顿的《国际法原理》毕竟是 19 世纪上半叶的作品，这个时代正是国际法从自然主义向实证主义转向的时期。因此，惠顿尽管从整体上而言偏向于实证主义，但是相较于后来的作品，他又带有更多的自然法色彩。赖骏楠博士从两个方面为他的这一结论进行论证：首先，他指出惠顿在第一部分中不厌其烦地讨论了格劳秀斯、普芬道夫、沃尔夫和瓦特尔这些与自然法关系甚密的学者。这一论证并不充分，因为惠顿对国际法史的依赖是非常明显的，这可以从他《国际法原理》第一版的副标题"国际法史概览"窥知一二。甚至在 20 世纪仍有不少最新出版的国际法著作对国际法史进行了大量的探讨，[①] 然而就国际法的发展史而言，它与自然法的关联是无论如何讨论都不过分的。因此，以此为据说惠顿国际法思想具有自然法倾还是略显牵强的。惠顿为国际法所下的定义，展示了他的思想体系在实证法与自然法之间的纠结：

> 国际法，正如文明国家之间理解的那样，可以被定义为与推演自**理性**的规则相一致，这种理性与存在于独立国家间且源自于社会本性的正义相一致；通过这样的定义，只要对其略微加以修正，国际法便可以建立在**普遍同意**的基础之上。[②]

赖骏楠在论述了惠顿关于国际法的定义之后，得出了惠顿国际法思

---

① 〔美〕阿瑟·努斯鲍姆：《简明国际法史》，张小平译，法律出版社 2011 年版。
② Henry Wheaton, *Elements of International Law*, p. 22.

想仍具有自然法倾向的结论。① 尽管惠顿对国际法的基本定义看似有自然法的理性主义特征，但是他对国际法问题的讨论基本上是以国际惯例和国际条约为基础的，而非以自然法理论为基础。这就使他能够在讨论国际法时，将政治和历史实践对国际法的形式和内容的塑造考虑在内。在惠顿为国际法所下的定义中，虽然也强调了理性作为国际法的渊源，但从他关于国际法的整体思想和方法来看，实际上也很清楚地显示出了其实证主义特质。他没有设想经院哲学传统中已经教条化了的理性，而是运用常识去寻找最好、最公平的解决方法的理性能力。这里讲的理性恰恰是他所说的收集和分析国际条约和国际惯例的理性能力，从而与自然法传统撇开了关系。因此，日本学者佐藤慎一在《近代中国的知识分子与文明》一书中指出，在国际法学史上，惠顿的原著是具有浓厚的自然法思想的作品，并且这种基调在丁韪良翻译的《万国公法》中全面继承下来的观点是非常成问题的。②

2. 非欧洲国家进入国际法视野

亨利·惠顿于1836年出版的《国际法原理》是英语世界第一部系统性的国际法著作。这本书是他在哥本哈根和柏林担任外交官期间完成的，因此，"本书并非出自一位与世隔绝的学者之手，也不是为学术研究而作。如同瓦特尔的著作一样，它是一位外交官为'从事外交和其他公共事务的人所作，而不是仅仅为技术性的律师所作'的实践著作"。③ 1758年，瓦特尔出版了其影响深远的国际法著作《万国法，或适用于国家与主权者的行为与事务之自然法原理》，正如其题目所显示的那样，

---

① 赖骏楠：《误读下的新世界：晚清国人的国际法印象》，载《清华法治论衡》2011年第1期。
② 〔日〕佐藤慎一：《近代中国的知识分子与文明》，刘岳兵译，第33页。
③ J.S. Reeves, "The First American Treatise on International Law", *The American Journal of International Law*, Vol. 31, No. 4 (Oct., 1937), pp. 700–701.

这是一本以自然法原则为基础,但以国际交往实践为导向的国际法著作。在这本书中,作者将自然法的重要性降到了最低。在惠顿的《国际法原理》出版之前,瓦特尔的这本国际法著作几乎是当时外交实践领域最为权威的指南。惠顿的《国际法原理》在很大程度上受惠于瓦特尔的著作,但是他对于自然法的贬低态度比瓦特尔更进了一步。

19世纪实证主义理论盛行,法律实证主义也在本世纪取代自然法传统而成为法政领域内的主导思潮。在国际法领域内,国际法的自然法传统也顺势为实证主义国际法理论所替代。16—17世纪盛行的自然主义国际法思想,确认了一种源出于人的理性的国际法,它适用于所有人,无论是欧洲人还是非欧洲人。与之相反,实证主义国际法在文明国家与非文明国家之间作了区分,并进一步宣称,国际法仅仅适用于文明国家。实证主义国际法理论剥夺了非欧洲国家在国际法领域内的主体资格,并将它们排除在以国际法为主要规范的世界秩序之外。例如,两次鸦片战争以后,欧洲列强逼迫中国签订了一系列丧权辱国的不平等条约,中国被迫进入了由欧洲列强主宰的世界秩序。正如努斯鲍姆在《简明国际法史》中所指出的:"也许国际法在19世纪——主要是在下半叶的最为重要的扩张是远东进入国际法的范围。"[①] 这就是19世纪国际法领域的理论特征和实践状况。

惠顿就是在这样一个实证主义逐渐替代自然法而占据主导地位的时期进行外交实践和国际法著述的,他的国际法著作也就不可避免地打上了这个时代的深刻烙印。他在理论层面深受萨维尼、边沁和奥斯丁等人的影响,从而在19世纪早期就一反自然主义国际法的思想路线,而设想了一套不具有普适性的国际法体系。然而,伴随着欧洲列强疯狂地向亚洲和非洲扩张的帝国实践,那些原本不属于欧洲国际法调整对象的

[①] 〔美〕阿瑟·努斯鲍姆:《简明国际法史》,张小平译,第148页。

亚非国家，从客观上逐渐进入了西方国际法体系的视野之中，尽管这些非欧洲国家是以一种被动挨打且受尽屈辱的姿态走进由西方列强主宰的世界秩序的。但是，无论如何，这一进程的推进使得国际法的"欧洲"属性在政治实践领域被逐渐冲淡了。

　　19世纪的国际法学家为了应对欧洲国家与非欧洲国家之间日益频繁的交往，提出了"文明"标准以替代先前的"基督教"或"欧洲"标准。在1836年《国际法原理》第一版中，惠顿给国际法下定义时仍然认为，国际法是"文明的基督教国家之间的法律"。① 在1846年和1855年的两个版本中，惠顿增加了土耳其、波斯、埃及和巴巴里诸国已经与欧洲国家互派使节的问题。②

　　虽然西方国际法的适用范围似乎已经逐渐扩大了，但是它并不意味着国际法开始抛弃其"欧洲"属性，而拥抱了整个世界。因为，亚非各国放弃自己独特的国际惯例，而接受西方国际法惯例，在很大程度上都是通过武力胁迫而得以实现的，中国在客观上是通过不平等条约进入西方国际法所主导的世界秩序的。同时，与中国的关系第一次被用作例证，"被迫放弃了它根深蒂固的反商业和反社会的原则"。③

　　惠顿的《国际法原理》的前三个英国版本没有对非欧洲国家的国际法地位进行更进一步的说明。1904年惠顿《国际法原理》提到了"日本获得完全的国际地位"的重大意义，并增加了标题为"非欧洲国家的国际地位"的新的章节。在这一章节中，惠顿对中国和日本进行了对比，他严肃地质疑了中国在国际社会中的地位，却欣喜地赞扬了日本。他认

---

　　① Henry Wheaton, *Elements of International Law: with a Sketch of the History of the Science*, Carey, Lea & Blanchard, 1836, p. 46.

　　② Henry Wheaton, *Elements of International Law*, Little, Brown and Company, 1855, 6th edition, pp. 20–21.

　　③ Ibid., p. 22.

为日本很好地遵守了国际公约,并且在1895年的中日甲午战争中,日本"努力地、谨慎地遵守最高的文明标准",修订了它的民事和刑事法典,以至于在1899年"日本境内的所有国家的人民都受到日本法院的管辖"。1902年与英国的结盟,是日本有资格以完全国际地位的身份进入国际社会的最终标志。[①]

由此可见,19世纪的国际法经历了从拒绝讨论非欧洲国家,到逐渐将一些与欧洲国家交往紧密的非欧洲国家纳入国际法讨论范围的进程。正如前面已经阐述的,这并不意味着它们已经赋予了这些非欧洲国家完全的和充分的国际法上的主体地位和国际社会的完全成员资格,这仍是非欧洲国家需要继续努力奋斗的目标。惠顿只是这一时期国际法学家中的一个典型代表,还有其他重要的国际法学家也对这一主题进行了讨论,甚至可以说欧洲国家与非欧洲国家间的国际关系是19世纪的国际法学家们所不能回避的一个重大的理论和实践问题。这一时期的西方国际法学者通过创建"承认"理论和"准主权"概念回应了这一挑战,后文将对实证主义国际法对主权理论进行改造和重塑的内在法理逻辑进行更为详尽的探讨。至此,惠顿国际法思想的殖民主义底色和实证主义面向已经得到了详尽的论证。然而,丁韪良在《万国公法》中是否严格遵循实证主义路径进行译介呢?

3.《万国公法》翻译中的自然法改造

丁韪良在19世纪60年代向中国译介惠顿的《国际法原理》,很大程度上是出于当时国外列强和晚清政府各方的时势需要,当然也不能忽视他个人的一些主观目的。惠顿的《国际法原理》作为英语世界第一本系统性的国际法专著,在当时的西方世界受到了极大的关注,这可以从

[①] Gerrit W. Gong, *The Standard of "Civilization" in International Society*, Clarendon Press, 1984, pp. 27–29.

本书各种语言的版本相继推出为证。丁韪良翻译《万国公法》正处于这一浪潮之中，但情势却颇为不同。为了将这本以实证主义为基本精神的国际法著作译介到中国，并能得到当时的清政府和知识界的接纳，丁韪良在翻译时对这本国际法著作进行了明显的改造，他的根本目的在于使晚清国人能够更容易接纳这一套国际法话语。由于《万国公法》是中国第一部系统译介进来的国际法著作，所以它对晚清国人（尤其是知识分子）的国际法观产生了决定性的影响。

学界历来对丁韪良翻译《万国公法》时是否忠于原文多有讨论，有学者认为他基本忠实于原文[1]，而另有学者则认为他为了实现其政治和宗教目的而增加了"纯属子虚乌有"的内容[2]。上述两种观点看似针锋相对，判若云泥，实则各有所指。傅德元所谓丁韪良的翻译忠于原文，主要是指中译本并没有对原文进行大段删减或者改动，虽有个别地方有所删减，但无伤主旨，因而确证了丁韪良《万国公法》译本的中允性。然而，林学忠和赖骏楠通过中英对照，指出丁韪良对原书进行了自然法改造，主要是指他在翻译一些主要术语（包括书名翻译）时，考虑到中西文化之间的"公度性"及其晚清国人对国际法话语的可接受性，而有意识地将其进行了自然法改造。

通过在19世纪国际法从自然法主义向实证主义转向的宏大视域下对《万国公法》进行仔细比对，认为傅德元只是从字面意义上得出了"基本忠于原文"的论断，尚未察觉中译本翻译与原文间在法学思想倾向方面的差异，这些差异对晚清国人的国际法观念产生了巨大的影响。《万国公法》开篇就译出这样一段：

---

[1] 傅德元:《丁韪良〈万国公法〉翻译蓝本及意图新探》，载《安徽史学》2008年第1期。
[2] 高黎平:《中国近代国际法翻译第一人——丁韪良》，载《延安大学学报》2005年第2期。

天下无人能定法，令万国必遵；能折狱，使万国必服。然万国尚有公法，以统其事，而断其讼焉。或问此公法，即非由君定，则何自而来耶？曰：将诸国交接之事，揆之于情，度之于理，深察公义之大道，便可得其渊源矣。①

在惠顿1855年英文版中，此段出自"国际法的起源"一节，原文的意思是：并无所有国家都予以承认的，能够确定调整各国间相互关系之规则的立法或司法权威。国际法必须从适用于各国间的相互关系的正义原则中去发现。尽管在每一个市民社会或国家中，都存在能够通过明示的宣告而确定一国市民法（civil law）和司法权力的立法权，这一司法权能够解释适用于个案的法律。然而，对于国际社会而言，除了国家间的约定外，并没有这样的立法权，因此也就没有明确的法律。

我们从原文中可以看出，国际法乃是出于各国相互约定而产生的，这明显是一种实证主义国际法的解释立场。然而，丁韪良在翻译时却对其进行了跨文化、跨语境的改造，如将本书书名"国际法原理"（Elements of International Law）翻译为《万国公法》，将"自然法"（natural law）翻译为"性法"，将"从各国间的约定中得出国际法"的意向翻译为"将诸国交接之事，揆之于情，度之于理，深察公义之大道，便可得其渊源矣。"这里明显可以看出，他将基于各国同意而订立的条约和协定，翻译为"情""理"和"公义之大道"这些在中国语言中极具超越性和普适性的语词，使晚清国人很容易将国际法理解为具有普适性的"天理""人情"和"大道公义"。同时他将书名《国际法》译为《万国公法》，不免使晚清国人将之理解为"普遍适用于所有国家的法律"。他对

---

① 〔美〕惠顿：《万国公法》，丁韪良译，何勤华点校，中国政法大学出版社2002年版，第5页。

这些核心概念的改造，贯穿于整本书当中，使得一种具有普遍性特征的国际法在晚清国人中产生了深刻的影响。

丁韪良在翻译惠顿给国际法所下的定义时，将之译为"服化之国，所遵公法条例，分为二类，以人伦当然，诸国之自主，揆情度理，与公义相合者，一也；诸国所商定辨明，随时改革，而共许者，二也"。① 前文已经呈现了惠顿关于国际法定义的译文，从《国际法原理》全书内容来看，惠顿其实是在强调各国之间的"普遍同意"，而非丁韪良所译出的"情""理"和"公义"，等等。丁韪良在此明显将惠顿对各国"普遍同意"的"意志性"的强调弱化了，并且将之与普遍性的"情""理"和"公义"相并列。如果从他整个的译本来看，他毋宁说是更加强调了国际法的普适性和自然法理论成分。

努斯鲍姆在《简明国际法史》中讨论沃尔夫时指出，沃尔夫虚拟了一个"世界联邦"的统治者，它"依着自然的引领""通过正确运用理性"来制定它的规则。沃尔夫把这些规则的总体称为"意定之法"（jus voluntarium），以区别于纯粹自然状态的"必然之法"（jus necessarium）。此外，voluntarium 的适切翻译似乎应当是"意志的"（volitional）而不是习惯上的译法"自愿的"（voluntary）。② 基于努斯鲍姆的论断，我们可以对惠顿关于这一术语的运用进行考察辨正，并得出如下结论：惠顿所著《国际法原理》中的 voluntary law of nations，本应译作 volitional law of nations，对应的中文译法应是"意定国际法"，这个语词本来是在强调国际法乃是各国间基于"普遍同意"的产物，其中明确地体现了国际法的意志性。然而，丁韪良在《万国公法》中将之译为"诸国甘服之法"，这在很大程度上模糊了实证主义国际法／意定国际

---

① 〔美〕惠顿：《万国公法》，丁韪良译，何勤华点校，第 21 页。
② 〔美〕阿瑟·努斯鲍姆：《简明国际法史》，张小平译，第 119 页。

法与自然主义国际法/必然的国际法之间的明显区别,从而使得晚清国人更容易品出其中的普遍性意味。

丁韪良的翻译在很大程度上篡改了惠顿国际法思想本来的实证主义精神,对其进行了自然法改造,并希冀通过这种改造与传统中国的世界秩序观暗合,进而更容易获得晚清国人的了解和接纳。另外,江南制造总局的英国传教士傅兰雅(John Fryer,1839-1928),也致力于将西方国际法译介到中国,他先后翻译出版了英国学者所著的国际法著作,分别以《公法总论》(1894)、《各国交涉公法论》(1895)和《各国交涉便法论》(1895)为题出版。如同丁韪良一样,他也对西方国际法进行了自然法改造,直接而又深刻地影响了19世纪中国人的国际法观,使得这一时期中国人的国际法观念具有了明显的自然法属性和普遍性。

三、《万国公法》影响下晚清国人的国际公法观

1865年初,丁韪良翻译的《万国公法》刊行面世,翌年便传入日本,并且在很短的时间内,丁韪良翻译的《万国公法》一书成了日本最为畅销的书目之一。此时的清政府依旧在阴霾笼罩之下,保守的氛围依旧浓厚,自大骄傲的情绪依然盛行于朝廷上层和知识分子阶层。因此,直到19世纪70年代中叶以前,清政府官僚知识分子都没有人撰写直接评论国际法的文章,即使是报刊上的评论似乎最早也要在1872年才能见到。王韬、薛福成、郑观应等先进的知识分子经常为学界所引用的关于"公法"观的文章也大都是70年代后半期以后才出现的。也就是说,《万国公法》传入中国后的十多年里,对中国人的思想,特别是其国际秩序观的影响远比我们所想象的小得多。清政府的官僚知识分子对西方国际法的认识,仍旧偏向于将之视为指导清廷对外交涉的行动指南,仅赋予

其工具性价值。① 虽然《万国公法》一书刊行在中国并没有引起如日本那般的震动，但是它已经开始受到先进的知识分子和办理外交事务的官员的重视，尽管很多时候它都仅仅被视为指导清廷对外交涉的行动指南。② 毋庸置疑，丁韪良翻译的《万国公法》及其对之所进行的自然法改造，对19世纪下半期中国知识分子和官僚阶层的国际公法观和世界秩序观产生了难以磨灭的深远影响。

(一) 国际公法的普遍性

19世纪70年代中叶以后，王韬、薛福成和郑观应等先进的知识分子讨论"公法"的文章才开始出现并受到关注。他们大都是通过丁韪良翻译的《万国公法》一书了解国际公法知识的，因此，他们对国际公法的理解和认识也不可避免地打上了丁韪良在翻译中所进行的自然法改造的烙印。他对其中核心概念的改造，以及其中所体现的普遍性的精神贯穿于整本书当中，使得一种具有普遍性特征的国际法在晚清国人中产生了深刻的影响。

1. 郭嵩焘

中国首位驻外公使郭嵩焘曾就"万国公法"的起源和性质如是说：

近年英、法、俄、美、德诸大国角力称雄，创为万国公法，以信

---

① 林学忠：《从万国公法到公法外交》，第55—56页。
② 丁韪良翻译的《万国公法》刊行以后，就再也没有看到清政府积极推动西方国际公法之译介的行动。但是，在此后的十多年时间里，西方传教士在一些晚清朝廷上层和知识分子的协助下，还是完成了大量国际公法著作的译介。如丁韪良除了翻译《星轺指掌》(1876年)及《公法便览》(1878年)外，1880年又与同文馆学生共同翻译了瑞士法学家伯伦知理的《公法会通》(原名为《文明国家的近代国际法》)。1883年，丁韪良又率同同文馆学生，将国际法研究院所编的法文版《陆战法规手册》，译为《陆地战例新选》刊行出版，正好为清政府在其后中法战争(1884—1885)对外交涉时提供了实用的国际法依据。林学忠通过研究指出，丁韪良和傅兰雅在翻译国际法的时候，都有意强化了自然法的色彩，把国际法说成是天理，具有普遍价值。参见林学忠：《从万国公法到公法外交》，第63页。

义相先,尤重邦交之谊。致情尽礼,质有其文,视乎春秋列国殆远胜之。①

他指出"万国公法"创于泰西诸国角力争雄的时代,但以"信义相先""致情尽礼",远胜于春秋列国争雄的时代。他一则引中国历史作为例证,说明"万国公法"在泰西诸国所发挥的效用,一则用"信义""情""礼"等在中国语言中具有超越性和普遍性的语词,使人们很容易联想到"天理""人情"以及"大道"这些在中国具有普遍性权威的事物。

2. 陈炽

陈炽(?—1900)曾对国际社会作过如下描述:"礼仪敦睦,聘问往还,虽有跋扈之形,尚少凌夷之渐。"他据此指出,在处理当今对外交涉事务时,

宜一切示以大公,持以大信,明谕中外,咸使闻知,无事则慎守约章,坚持和议,其或无端凌侮,则同心勠力与天下共击之。(《洋务·庸书》)②

陈炽认为当今国际社会"虽有跋扈之形,尚少凌夷之渐",并据此乐观地指出,在处理对外交涉事宜时,应当"示以大公,持以大信","公"与"信"体现出了他对万国共遵约章公法的信念,并且认为若有违反"公法"者,则"天下共击之"。随后,陈炽以中国古世由"天下持平"到"日

---

① 郭嵩焘等:《郭嵩焘等使西记六种》,生活·读书·新知三联书店1998年版,第68—69页。
② 张登德:《陈炽卷(中国近代思想家文库)》,中国人民大学出版社2015年版,第70页。

趋于乱",再由五霸"假托仁义"以使四海得福,说明泰西公法之起源。一方面表明其所认识的公法乃四海皆服之"天理",另则通过说明泰西公法之起源,仿佛西方国际法最初源起,与中国古世据仁义而使天下由乱入平颇为相关。这两层意思都很大程度上是丁韪良在《万国公法》翻译中所突出强调的自然法倾向的体现,对中国朝廷上层和知识分子接纳西方国际公法颇有助益。

> 古有帝者神灵,首出刑威庆赏,所以持天下之平也。自王迹既微,圣人不作,喜则玉帛,怒则兵戈,天下泯泯棼棼,日趋于乱,五霸乃始假托仁义,挟天子以令诸侯,仗义执言,四海亦阴受其福,此泰西公法之所由滥觞也。……今之世,一七雄并峙之形也。力不足服人,何以屈万方之智勇;德不能冠世,莫能持四海之钧衡。德也,力也,相依而成,亦相资为用者也。然天下万国,众暴寡,小事大,弱役强,百年以来尚不至兽骇而鱼烂者,则公法之所保求为不少矣。(《公法·庸书》)①

3. 郑观应

在洋务运动时期的思想家中,最为热衷于讨论国际公法者莫过于郑观应,在他的论著中,关于国际公法的论述随处可见。郑观应早在《临时揭要》一书中就开始讨论对外交涉相关主题,他的国际公法观也是从这时候开始逐渐形成的。他在《求救猪仔论》《论禁止贩人为奴》《拟自禁鸦片烟论》以及《拟请设华官于外国保卫商民论》中,已经就当时中国人被贩卖出洋为奴、鸦片贸易、保护中国商人在国外之利益等现实问题发表了评论。然而,这只是他国际公法思想的最初形成时期,只是表

---

① 张登德:《陈炽卷(中国近代思想家文库)》,第198页。

达了他对当时一些对外交涉事件的看法,都是一些零散的、不成系统的表述,并没有一以贯之且相对成熟的公法观。

关于国际法,郑观应在《公法》中指出,"公法者,万国之大和约也":

> 列邦雄长,各君其国,各子其民,不有常法以范围之,其何以大小相维,永敦辑睦?彼遵此例以待我,亦望我守此例以待彼也。且以天下之公好恶为衡,而事之曲直登诸日报,载之史鉴,以褒贬为荣辱,亦拥护公法之干城。故曰:公法者,万国一大和约也。①

他在《论公法》中对"公"和"法"都进行了解释,"其所谓公者,非一国所得而私;法者,各国胥受其范"。由此观之,当时郑观应认为国际法乃万国普遍遵行的规范,具有普遍性的价值属性。就国际法的效力而言,郑观应明显受到了丁韪良翻译的《万国公法》中所表现出来的自然法倾向的影响。无论是在《易言》的《论公法》篇,还是在《盛世危言》的《公法》篇中,他都坚持这一观念,"然明许默许,性法例法,以理义为准绳,以战利为纲领,皆不越天理人情之外","公法者,……可相维系者何?合性法例法言之谓。……语言文字、政教风俗故难强同,而是非好恶之公不甚相远"。② 郑观应在此提及的"性法"乃是丁韪良对西语"自然法"(natural law)一词的中译。他明确指出,各国之语言文字、政教刑名虽各有不同,也断难强同,但各国民人的是非对错观念毕竟很难超出"天理人情"的范畴,因此国际公法乃是各国民人应当共同遵行

---

① 任智勇、戴圆郑:《郑观应卷(中国近代思想家文库)》,中国人民大学出版社2014年版,第90—91页。

② 同上书,第90页。

的规范,"故公法一出,各国皆不敢肆行,实于世道民生,大有裨益"。[①]然而,在肯定国际法维系世界和平之作用时,他认为"惟奉万国公法一书耳"。由此可见,郑观应此时仍将《万国公法》一书视为万国遵行不悖的法典,可见当时的知识分子尚未真正领会西方国际法之精义所在。

郑观应在《论公法》中指出:"各国之所借以互相维系,安于辑睦者,惟奉万国公法一书耳。"[②]他认为正是国际法的存在,才使得"各国皆不敢肆行,实于世道民生,大有裨益"。他高度肯定国际公法在维系世界秩序之功,并呼吁清政府官僚及中国知识分子高度重视国际公法的作用,而避免"孤立无援,独受其害"之弊病。

郑观应深受丁韪良所强调的国际法的自然法面向的影响,对国际法抱有极大的信心,寄予了国际法莫大的希望,对未来世界秩序的设想充满了理想化的色彩,流露出对国际法普遍性的乐观和期望。

> 敢有背公法而以强凌弱,借端开衅者,各国会同,得声其罪而共讨之。集数国之师,以伐一邦之众,彼必不敌。如能悔过,遣使请和,即援赔偿兵费之例,审其轻重,议以罚锾,各国均分,存为公项。倘有怙恶不悛,屡征不服者,始合兵共灭其国,书其罪以表《春秋》之义,存其地另择嗣统之君。开诚布公,审时定法。夫如是,则和局可期经久,而兵祸或亦稍纾乎! 故惟有道之邦,虽弹丸亦足自立;无道之国,虽富强不敢自雄。通九万里如户庭,联数十邦为指臂。将见干戈戾气销为日月之光;蛮貊远人,胥沾雨露之化也。不亦懿欤! (《易言·论公法》)[③]

---

① 夏东元:《郑观应集·救时揭要(外八种)》,第66页。
② 同上。
③ 同上书,第67—68页。

在写作《论公法》的时候，郑观应乐观地认为，只要中国积极接受并学习国际公法，并积极地加入西方国际法主导的国际社会之中，"则和局可期经久，而兵祸或亦少纾乎！"

4. 唐才常

维新派思想家唐才常亦是 19 世纪下半叶特别关注"公法"问题的知识分子之一，他将公法的精义概括为"情"与"法"：

> 万国公法，西人谓为性理之书，颇称允当。然性理乃天然当守之分，而其斟酌人情以为条例，则指趣较繁而事理曲当，此万国之所以奉为主臬而设公法科也。虎哥云：人生在世，有情有理，事之合者当为之，事之背者则不当为之。宾克舍云：公法之源有二，理与例也。又云：诸国之公法，即是诸国准情酌理所遵合也。盖理是常理，例即参合人情而为之者，故又名之曰万国律例。发得耳云：公法本原，皆从性法中推出，惟国势之变通增益，各有其宜，故以性法之同者，主二者之异，而不越情理之安，是则情法二者，固公法之精义所结也。①

在这里他将国际法视为人类社会的公理，视为通行于万国的公法，视为万国遵从的公法，从"情""理""公"的角度肯定国际法的意义和效用。这主要是受到丁韪良在翻译《万国公法》时着力通过改造而强调的自然法精神影响的产物，同时也是晚清知识分子将西方国际法与中国古世圣人教化之"情""理"联系在一起，以证明国际法亦有其中国源起的产物。

---

① 唐才常：《唐才常集（增订本）》，中华书局 2013 年版，第 383 页。亦可见唐才常：《唐才常年谱长编》，香港中文大学出版社 1990 年版，第 184 页。

5. 朱克敬

林学忠的研究发现了朱克敬(？—1890)的《公法十一篇》，收录在其著作《边事续钞》(长沙，1880年)卷8之内。这篇文献在甲午战争以前的奏折、文集和日记等资料中都没有被提及，广泛流传于甲午战败之后。就其内容而言，是在理解丁韪良所译的《万国公法》的基础上，经过极其扼要的整理，进而分为十一篇加以介绍的。这是晚清时期第一次由中国人自己尝试去理解《万国公法》，将之消化后再用自己的文句重新整理之后表达的"本土化著作"。[①] 毋庸置疑，它继承了丁韪良翻译中所进行的自然法改造传统，对国际公法的理解也无疑具有明显的自然法化的倾向。朱克敬写道：

> 万国不相统，谁能为一定之法。使之必遵？将诸国交接之事，揆之于情，度之于理，为一定之法，则万国不能外矣。公法之说，创于荷兰虎哥(初名《平战条规》)，各国公师相互辩论，其大旨有二：一曰性法，本人心之同然，以定是非，即所谓率性之道也。一曰义法，本人心之所是非，以定各国交接和战之准，即所谓修道之教也。而推其所出，仍本于天。人心所同是，即天之所嘉，即万国所当守；人心所同非，即天之所弃，万国所当共戒，即所谓天命之性也。[②]

丁韪良在翻译《万国公法》时所强调的自然法倾向，在朱克敬的著作中得到了充分的体现，他将国际法划分为"性法"和"义法"两大类，并且将之理解为中国传统的"率性之道""修道之教"和"天命之性"。他的这些理解和表述都明显地强调了国际公法所具有的普遍性，认为它是"万国所当守"的"天命之性"。

[①] 林学忠：《从万国公法到公法外交》，第79—80页。
[②] 转引自林学忠：《从万国公法到公法外交》，第81页。

有鉴于此，维新变法前后中国的知识分子对国际公法的理解和认识，仍未能摆脱丁韪良翻译的《万国公法》中所突出强调的"性法观"和"春秋公法观"的影响，仍然将国际公法视为通行于万国，并为万国遵行不悖的普遍法典。另有论者指出：

> 要之，公法所讲求者，不外乎情理而已，中国圣人之教化，亦不外乎情理而已。以我之情通彼之情，以我之理析彼之理，夫何扞格之有？又何必以公法相囿哉！盖公法虽出于欧西奉教之国，行乎西方而初不囿乎西方，以其本乎人性，宜乎人类，不分畛域，无论其为东教为西教为儒教为释教，均目为一体而毫无歧视者。(《皇朝经世文统编》)①

在该作者看来，所谓公法，不外乎"情理"，而中国古代圣人所教导的也正是这"情理"二字，在此作者以人类共同之"情理"沟通了中西之间的公法和教化。他认为"公法"本乎人性，宜乎人类，无分东西，具有沟通万世之普遍价值。但是，对晚清中国的知识分子和官僚阶层而言，自鸦片战争以后，在西方列强之枪炮的逼迫下签订的大量不平等条约的现实，对他们而言亦是不可磨灭的切肤之痛。正是在这种理想与现实的巨大差距下，他们不可避免地对西方国际法的普遍有效性提出了质疑，因此"公法不足恃"的观点在这一时期也颇有影响。

（二）公法可恃而不尽可恃

1.《万国公法》的工具主义认识论

清政府最初积极推进《万国公法》的译介工作，主要是为了在对外

---

① 田涛：《国际法输入与晚清中国》，第208页。

交涉时能够援引国际公法以保护中国的利权免遭进一步侵蚀。简而言之，就是为了获取由国际公法所带来的国家利益。这从前述恭亲王奕訢奏请刊行《万国公法》时所据事例可以看出。恭亲王在奏折中援引新近发生的普鲁士于中国领海拿捕丹麦船只事件，说明了引进西方国际法的实际好处，有力地证实了引进西方国际法的实用性。清政府最初力推国际公法的译介，主要是将之视为一种能够获得实效的中外交涉寻求保国的工具。在这样的认识之下，这一时期的朝廷上层和知识分子大都只能赋予万国公法以工具性的价值，将之视为指导洋务官员的行动指南。当然，这些洋务官员通过援引国际公法的相关知识，确实收到了一定的成效。然而，进入19世纪80年代以后，中国在国际社会中的地位继续跌落，民族危机进一步深化，对国际法纠结矛盾的心态也随之进一步加深。尤其是甲午战败之后，中国进一步遭遇了沉重的打击，国际地位进一步跌落，对民族心灵的创痛空前加剧，使朝廷上层和知识分子对国际公法究竟是否可恃的理解和认识趋向于两个极端。

在中国民族危机进一步加剧的时局下，仍有部分有识之士对万国公法持肯定的态度。在他们看来，国际公法乃是当今世界万国共同交往的原则性规范，是各国共同遵守的普遍法典，也是国际社会的公理。"西洋有万国公法一书，乃其地儒者所撰，各国君长奉为经典，和战交接之事，据此以定曲直，无敢违者。"[①]"彼西国之人容有不尽遵处，然地球上大小邦国星罗棋布，指不胜屈，其所以暂全时局者，系公法之力也。天下事固有有之不足恃，无之则不可者，羊存礼存，圣人早有明训矣。"[②] 他

---

① 葛士濬辑：《皇朝经世文续编》（近代中国史料丛刊第七十五辑），文海出版社1967年影印版，第2828页。

② 黄庆澄：《东游日记》，罗森等：《早期日本游记五种》，转引自田涛：《国际法输入与晚清中国》，第206页。

们强调公法对于中国的重要性。在他们看来,正是因为国人不知公法,外国人才得以在中国百般要挟,导致清政府在外交上陷入种种窘境,不得已(甚至是不自觉地)丧失了种种利权。虽然国际法并不能为各国遵行不悖,但如果能够了解和掌握国际法,在对外交涉中折冲樽俎、据理力争,不仅可以不授列强以口实,而且还能在对外交涉中理直气壮。所以,有识之士仍极力呼吁国人学习和了解国际公法,并有有识之士提出中国宜争取加入公法会,成"法内国家"。

19世纪80年代以来,列强掀起了更进一步的瓜分狂潮,中国的主权和利权进一步遭到侵蚀,中华民族面临着深重的民族危机。特别是欧美诸国的领事和传教士借频繁发生的教案,经常干涉中国司法的自主独立,而协定关税的规定又使中国无法加税以增加自强运动的财源。在如此残酷的国际环境和政治现实面前,有识之士对国际公法之普遍属性和现实效用的理解,以及对国际公法所寄予的厚望和理想便很难得到进一步的持守。

2. 张之洞

张之洞以中国的现实作为例证,指出西方国家并没有以公法对待中国,居今日之中国而言公法,是为不必要之奢谈:

> 又有笃信公法之说者,谓公法为可恃。其愚亦与此同。夫权力相等,则有公法,强弱不侔,法于何有? 古来列国相持之世,其说曰:力均角勇,勇均角智。未闻有法以来之也。今日五洲各国之交际,小国与大国交不同,西国与中国交又不同。即如进口税,主人为政,中国不然也;寓商受本国约束,中国不然也;各国通商,只及海口,不入内河,中国不然也。华、洋商民相杀,一重一轻,交涉之案,西人会审,各国所无也。不得与于万国公会,奚暇与我讲公法哉! 知弭兵之为笑柄,悟公法之为謷言,舍求诸己而何以哉!(《劝

学篇·外篇·非弭兵》)①

张之洞历数鸦片战争以来中国所遭遇之不平等条约,指出列强通过不平等条约在中国攫取的领事裁判权、协定关税、内河通商等权利,乃"各国所无也",唯施之于中国。此即证明西方列强自始将中国视为"法外国家",若中国仍坚持讲求万国公法,岂不愚哉。他从中国的国际政治现实处境出发,指出了公法乃强国据以挟制弱国、小国的工具,非他人所笃信之具有普遍性价值、为万国遵行不悖的法典。主张"公法不足恃"的知识分子注意到,在西方公法中"力的支配原则"盛行,即"公法"只不过是强权政治的工具,国际秩序并不是严格根据公法规范来维系的,而是由强权支配的。

3. 郑观应

如果说郑观应在《论公法》中对国际公法的效用还抱持着十分乐观的态度的话,那么,到他写作《盛世危言·公法》的时候,他对国际公法效用之看法已经变得相当成熟。

> 今泰西各国兵日强,技日巧,争雄海陆……我中国海禁大开,讲信修睦,使命往来,历有年所……然所立之约,就通商一端而言,何其矛盾之多也? 如一国有利各国均沾之语何例也? 烟台之约,强减中国税则,英外部从而助之,何所仿也? ……今英、美二国复有逐客之令,禁止我国工商到彼贸易工作,旧商久住者亦必重收身税,何相待之苛也? 种种不合情理,公于何有? 法于何有? 而公法家犹大书特书曰:"一千八百五十八年,英、法、俄美四国与中国立约,

---

① 吴剑杰:《张之洞卷(中国近代思想家文库)》,中国人民大学出版社2014年版,第329页。

嗣后不得视中国在公法之外。"又加注而申明之曰,谓得共享公法之利益。嘻,甚矣欺也!"①

在不平等的现实面前,郑观应不得不重新审视国际法。两次鸦片战争、中法战争、中日甲午战争之后列强逼迫中国签订了一系列不平等条约,它们假国际公法之名,行侵略中国利权之实。随着19世纪80年代以来列强掀起了更进一步的瓜分狂潮,这一系列"丧权辱国""迫于无奈"的现实,让曾经一度对国际公法寄予厚望的郑观应明白了"弱国无外交"的道理。在《公法》中,郑观应认识到国家强弱是影响国际公法是否被全面遵行的重要因素,"虽然,公法一书久共遵守,乃仍有不可尽守者。盖国之强弱相等,则借公法相维持,若太强太弱,公法未必能行也"。②然后,他援引世界历史上因国力之强弱而显违公法的实例,太强者若古之罗马、近之拿破仑第一,弱者如今之琉球、印度等,进而慨叹"然则公法固可恃而不可恃者也"。③从来邦交之得失,系乎国势之盛衰,"势强则理亦强,势弱则理亦弱,势均力敌方可以言理、言公法","英人以强凌弱,东侵西夺,动引万国公法附会其说,利则就之,害则避之,恤邻之意荡然无存"。(盛世危言·边防七)④至此,郑观应清楚地认识到,在国家对外交涉的进程中,能够保障国际公法得到切实遵行的,实质上是国家实力。郑观应在《盛世危言·公法》中如是道:"公法仍凭虚理,强者可执其法以绳人,弱者必不免隐忍受屈也。"⑤

郑观应据此得出如下结论,只有通过改革自强,一国才能援国际

---

① 任智勇、戴圆郑:《郑观应卷(中国近代思想家文库)》,第91页。
② 同上。
③ 同上书,第92页。
④ 同上书,第170、171页。
⑤ 同上书,第92页。

公法而主张和获取其利益，若改革不力，积弱不振，"虽有百公法何补哉?"① 郑观应对于国际法观念和态度的转变，从尊崇国际法的普遍性，并乐观地寄之以维系世界和睦的厚望，到理性地审视不平等的现实，在晚清思想界具有普遍性。但这并不意味着他们要重新回到闭关锁国的老路上去。大体而言，晚清较为开明的知识分子和清廷官员，对国际法还是保持了较为公允和冷静的态度。在这一点上薛福成当为代表。

4. 薛福成

曾任驻英、法、意、比四国公使的薛福成，在随李鸿章办理洋务期间，多次引用国际法规则对外交问题发表过看法，数年出使西国的经历使他对国际法和国际社会有更多切身的体会。"所谓公法条约者，皆不过欺人之谈耳。"② "追溯前事，始知衰弱之国，一启兵端，非特彼之仇敌不得利益不止也，即名为相助之国，亦不得利益不止。识者于是叹公法之不足恃。"③ 但他同时又指出："然彼交涉诸务，于恃强逞蛮之中，仍假托公法以行之。"国势弱，公法固不能庇护，但"国势虽弱，而公法足以存之也。故必以张国势为事，而以守公法为词，乃本末兼修之术"。④ 在1892年的《论中国在公法外之害》一文中，薛福成指出，在现实的国际秩序中，各国"用公法之柄，仍隐隐以强弱为衡"⑤，他已经明确地认识到国际公法"名实不同"的现实。由此可见，他已经认识到"公法"并不完全可恃，只有依靠国家自身实力的增强，才能使"公法"切实行于国际社会之中，成为维护大小强弱不齐之各国利权的法律武器，否则只能

---

① 任智勇、戴圆郑:《郑观应卷（中国近代思想家文库）》，第92页。
② 钟叔河主编，张玄浩、张英宇标点:《薛福成：出使英法义比四国日记》，岳麓书社1985年版，第102页。
③ 同上书，第140页。
④ ［清］薛福成撰，施宣圆、郭志坤标点:《庸盦文别集》，上海古籍出版社1985年版，第124页。
⑤ 马忠文、任青:《薛福成卷（中国近代思想家文库）》，第283页。

事事受强国宰制。

> 强盛之国，事事欲轶乎公法，而人勉以公法绳之，虽稍自克以俯循乎公法，其取盈于公法之外者已不少矣；衰弱之国，事事求合乎公法，而人不以公法待之，虽能自奋以仰企乎公法，其受损于公法之外者，已无穷矣。是同遵公法者其名，同遵公法而损益大有不同者其实也。(《论中国在公法外之害》)[1]

薛福成虽然已经清楚地认识到了"万国公法"在现实世界秩序中的"强权"性质，但他并没有就此彻底否弃"公法"之效用。在他看来，对中国这样一个仍处于衰弱境地的国家而言，"公法"依旧是赖以自存、自保的有力武器。

> 虽然，各国之大小强弱，万有不齐，究赖此公法以齐之，则可以弭有形之衅。虽至弱小之国，亦得借公法以自存。(《论中国在公法外之害》)[2]

5. 王韬

王韬在《变法自强》一文开篇即指出，泰西诸国在中国通商已历30余年，但是处理内外交涉之大臣大多尚未能洞明其中之运作逻辑。紧接着讨论了中国入于公法内之条件，"其有规恢情势，斟酌时宜，能据理法以折之者，虽未尝无人，而不知彼之所谓万国公法者，必先兵强国富，势盛力敌，而后可入乎此；否则束缚驰骤，亦惟其所欲为而已"。[3] 当其

---

[1] 马忠文、任青：《薛福成卷（中国近代思想家文库）》，第283页。
[2] 同上。
[3] 王韬：《弢园文新编（中国近代学术名著）》，第31页。

时也,已经有人能据理法来处理对外交涉事宜,但并没有认清中国欲加入国际社会,成为国际社会之一员,首先应具备什么条件。在王韬看来,欲入此公法,必先通过变法自强,使得国力强盛,方才可能。

> 夫我之欲争额外权利者,不必以甲兵,不必以威力,惟在折冲于坛坫之间,雍容于敦盘之会而已。事之成否,不必计也,而要在执持西律以与之反复辩论,所谓以其矛陷其盾也。向者英使阿礼国以入内地贸易为请,总理衙门亦以去额外权利为请,其事遂不果行。夫额外权利不行于欧洲,而独行于土耳机、日本与我中国。如是则贩售中土之西商,以至传道之士,旅处之官,苟或有事,我国悉无权治之。①

王韬对国际公法的强权性质有更明确、也更坚定的判定。同样,他也是从国际形势的变化和中国的实际遭遇来论述公法问题:

> 欲明洋务,尤在自强。……试观万国公法一书,乃泰西之所以联与国,结邻邦,俾众咸遵其约束者,然俄邀诸国公议行阵交战之事,而英不赴,而俄卒无如之何。此盖国强则公法我得而废之,亦得而兴之;国弱则我欲用公法,而公法不为我用。
>
> 呜呼!处今之世,两言足以蔽之:一曰利,一曰强。诚能富国强兵,则泰西之交自无不固,而无虑其有意外之虞也,无惧其有非分之请也。一旦有事,不战以口舌,则斗以甲兵。不折冲于樽俎,则驰逐于干戈。玉帛烽燧,待于二境,惟命是从。不然,讲论洋务

---

① 王韬:《弢园文新编(中国近代学术名著)》,第 53 页。

者愈多,办理洋务者愈坏,吾诚未见其可也。(《洋务上·弢园文新编》)①

又称:

泰西诸国通商于中土,亦既三十余年矣,而内外诸当事者多未能洞明其故,……其有规恢情势,斟酌时宜,能据理法以折之者,虽未尝无人,而不知彼之所谓万国公法者,必先兵强国富,势盛力敌,而后可入乎此,否则束缚驰骤,亦惟其所欲而已。(《变法自强上·弢园文新编》)②

对于国际法,王韬的认识是"可恃而又不尽可恃"。他认为,泰西各国犬牙交错,千百年来皆以兵力相雄长,稍有龃龉,便枪炮交轰,杀人如麻。只有彼此势均力敌之际,各方才相互立约。

托诚信以相孚,假礼义以相接,如向戌之弭兵,如苏秦之约纵,立为万国公法以相遵守。又复互相立约,条分缕晰,其有不便者,得以随时酌更。似乎明恕而行,要之以信,可以邀如天之福,永辑干戈共享升平焉矣。然揆其情势,则约可恃而不尽可恃。(《泰西立约不足恃·弢园文新编》)③

但是,王韬并不否认国际法的意义。他认为,西方列强以兵力、商力相互佐援,有恃无恐,才能在外交上"以万国公法为持执"。所以,中

---

① 王韬:《弢园文新编(中国近代学术名著)》,第27—28页。
② 同上书,第31页。
③ 同上书,第71页。

国关键的问题是要变法自强,"是知约不可恃,道在自强",① 否则便谈不上援用公法自保利权。

实际上,这种公法并不完全可恃的认识,不主要是知识分子研究西方国际法的结论,而更多是在现实挫折下的抱怨及自省。早在1884年,恭亲王奕䜣在中法战争对外交涉的过程中已感到"公法"不足恃,对"公法"抱怀疑态度:英德与法有隙,诚如该抚所言,而德猜疑尤甚,惟外国族类相同,壤地相接,即有忌法之心,断无助我之意。……其离合相悖,全以中国之强弱为转移,公法要约,殊不足恃。②

面对"公法不足恃",而又不可彻底弃绝的纠结状态,薛福成为中国在世界民族之林中自存、发展指明了方向。虽然亚细亚东方诸国与泰西诸国风气不同,政事不同,语言文字不同,因而最初与国际公法格格不入,常被视为公法外之国,然而,近30年来,日本、暹罗竭力改革,以求合于泰西之公法。"日本至改正朔,易服色,以媚西人,而西人亦遂引之入公法矣。"③ 薛福成以日本和暹罗近30年来之改革努力为鉴,指出中国宜积极改革,以期加入国际公法会,成为公法内之国,从而免遭公法外之害,进而得享公法上之权利。薛福成谴责了那些不知公法,而以中西风俗不同为由拒绝加入国际公法会的主张。进而指出,自此以后泰西诸国便将中国视为公法外之国,从而不得享公法内之国应享之权利。他通过列举治外法权、美国驱禁华民等事例指出,"此皆与公法大相剌谬者也",并慨叹"公法外所受之害,中国无不受之"。薛福成据此竭力呼吁中国非但不应彻底放弃"公法",反倒应积极学习、了解公法之内容,进而通过努力改革,争取成为公法内之国。

---

① 王韬:《弢园文新编(中国近代学术名著)》,第72页。
② 转引自林学忠:《从万国公法到公法外交》,第204页。
③ 马忠文、任青:《薛福成卷(中国近代思想家文库)》,第283页。

在当时的国际形势下,"中国为公法外之国"乃是一个显见的事实。然而,正如薛福成所指出的,对于这一事实的认识却有判若云泥的两种。对于"中国为公法外之国"这一事实,在当时许多中国的官僚和知识分子看来是理所当然的。正如恭亲王奕䜣在奏请刊行《万国公法》一书时所担心的,如果将中国列为公法内之国,中国岂不也应受制于泰西之公法,中国岂不就承认与西方列国处于平等地位了吗?这一点对于坚持"天朝上国"之优越地位的朝廷上层和知识分子而言,是无论如何都不能接受的。表面上看来,恭亲王奕䜣和薛福成等人都看到了中国在公法之外的事实,但他们对此的理解和态度却迥然不同。在恭亲王奕䜣等人看来,中国在公法之外乃是理所当然,若被列入公法内之国反倒应当提高警惕,因为这有损天朝定制。然而,在薛福成等人看来,正是先前一些保守无知的人士"一言之失"[①]便"流弊至此极也"。对于中国在公法外之事实,以及因此而招致的中国在公法外之害,薛福成认为应当有所作为。他指出的方向是像日本和暹罗那样,积极进行改革,争取早日获得西人之承认,并被引入公法之内,成为公法内之国,进而享公法内之权。由此可见,薛福成的见解可以概括为"暴力支配原则"和"法的支配原则"相结合,二者断不可偏废。

(三)国际法与主权意识

1.《万国公法》中的"主权"

毋庸置疑,由惠顿著述、丁韪良翻译的《万国公法》乃是向中国系统地介绍主权观念的首次尝试。在《万国公法》第二章"论邦国自治、

[①] 中国与西人立约之初,不知《万国公法》为何书。有时西人援公法以相诘责,秉钧者尝应之曰:"我中国不愿人尔之公法。中西之俗,岂能强同;尔述公法,我实不知。"自是以后,西人辄谓中国为公法外之国,公法内应享之权利,阙然无与。参见马忠文、任青:《薛福成卷(中国近代思想家文库)》,第 283 页。

自治之权"中,详尽讨论了"国际法主体"这一问题,他指出国家乃是国际法的独特主体,它是由人集合而成的政治社会。在"主权分内外"一节中,他对主权这一概念作了明确的界定:

> 治国之上权,谓之主权。此上权或行于内,或行于外。行于内,则依各国之法度。或寓于民,或归于君。论此者,尝名之为"内公法",但不如称之为"国法"也。主权行于外者,即本国自主,而不听命于他国也。各国平战、交际,皆凭此权。论此者,尝名之为"外公法"。俗称"公法",即此也。①

本书勘校者何勤华指出,这可能是汉语"主权"一词第一次在中国出现。随后,惠顿指出:"其主权行于内者,不须他国认之。盖新立之国,虽他国未认,亦能自主其内事,有其国,即有其权也。"由此可见,就一国之行于内的主权而言,是不需要他国承认的,只需要本国民众的习惯性服从即可。然而,就一国行于外之主权而言,

> 至于自主之权,行于外者,则必须他国承认,始能完全。但新立之国,行权于己之疆内,则不必他国认之。若欲入诸国之大宗,则各国相认,有权可行,有分当为。他国若不认之,则此等权利,不能同享也。②

有鉴于此,自主之权行于外者,必须获得他国之承认才能成为完全主权,也才能成为国际社会之一员,从而得享国际公法上之权利,履行

---

① 〔美〕惠顿:《万国公法》,丁韪良译,何勤华点校,第27页。
② 同上书,第29页。

国际公法上之义务。在第一章第十二节"释自主之义"中,对"主权国家"进行了界定:

> 凡有邦国,无论何等国法,若能自治其事,而不听命于他国,则可谓自主者矣。……就公法而论,自主之国,无论其国势大小,皆平行也。……凡国不相依附,平行会盟者,则于其主权,无所碍也。①

随后在第十三节"释半主之义"中,他对只享有部分主权的国家进行了界定,名之为"半主之国",

> 凡国,恃他国以行其权者,人称之为"半主之国"。盖无此全权,即不能全然自主也。②

丁韪良在翻译《万国公法》时将西语 sovereignty 译为"自主之权"和"主权",这一翻译准确地把握了 sovereignty 一词中所蕴含之独立、自主之意,并一直沿用至今。在《万国公法》第二卷"论诸国自然之权"中,就作为国际法主体的主权国家之自主权、司法管辖权、平等权和各国掌物之权进行了详尽的说明。无论如何,丁韪良翻译的《万国公法》都已成为晚清国人主权意识萌芽之温床。随着清政府对外交涉事务的日渐频繁,以及国际法知识的系统介绍,晚清国人的世界想象发生了重大的转变,这就是晚清朝廷上层和知识分子所说的"数千年未有之大变局"。正是这种世界秩序观的转变,才使得晚清朝廷上层和知识分子们

---

① 〔美〕惠顿:《万国公法》,丁韪良译,何勤华点校,第37页。
② 同上书,第38页。

逐渐放下了"天朝上国""万邦来朝"之优越感,逐渐承认了他国之平等地位,并将自己视为万国之一员。这种世界秩序观念的转变,为晚清中国知识分子主权观念的萌芽奠定了基础,使得主权观念在中国得以生根发芽。

总体而言,从思想观念层面而言,19世纪下半期晚清国人的主权观念主要来自丁韪良翻译的《万国公法》;而从政治实践领域来看,这一时期国人的主权观念则与中国主权和利权屡遭侵害的事实密切相关。在19世纪60年代,使用"自主"一词来表达国家之独立的说法已经出现。"试问中华日后能否保其自主"等语,以及总理衙门在致英国公使的照会中的表述,"洋人在内地须守中国律例管辖""矿为中国产业,非通商贸易之事。开否,须听中国自主"。[①] 由此可见,在1860年代关于国家自主之观念已经在中国知识分子中有所传播,他们已经认识到诸如开矿权等属于中国自己管辖的事情,是否开放,全听中国自主,不受他国强迫。但是,直到1870年代后半期,对国际法中的主权原则才有更为明确的认识和阐述。

2. 从"中国的天下"走进"世界的中国"

只有抛弃了中国自居为万邦之首、大地之中心的"天朝上国"的世界想象,晚清国人主权观念方才能够萌芽和成长。郑观应很早就认识到,放弃"天朝上国"之优越心态,主权和国际法的观念才能在中国生根发芽。也就是说,抛弃"朝贡体系"的世界想象,承认他国之平等地位,将世界视为一民族之林,中国仅是此民族之林中的一员而已,这一观念层面的变革乃是中国真正理解和接受国际法与主权观念的前提条件,"然自必视其国为万国之一,而后公法可行焉"。

[①] 转引自张用心:《晚清中国人的主权观念:国际法视角》,载《北大史学》2004年第1期。

郑观应在《公法》中写道:"其名曰有天下,实未尽天覆地载者全有之,夫固天下一国耳,知此乃可与言公法。"[1] 由此可见,郑观应已经抛弃了"天朝上国"的"中国中心论",而且他还指出,中国已经从自秦以来的"郡县之天下"转变成了"华裔联属之天下"。在他看来,只有放弃中国居于中心地位而"万邦来朝"的自大骄傲的观念,认识到自己仅是万国之一员,并承认其他诸国的平等地位,才能够"言公法",主权观念也才能够得到滋养萌芽。薛福成在《筹洋刍议·变法》中也意识到,中国当前面临着从"华夷隔绝之天下"到"中外联属之天下"的大转变。[2] 根据梁启超在《中国史叙论》(1901年)中的说法,中国已从"中国的世界"走进"世界的中国"这一历史新阶段了。在《论公法》中,他对清廷保守势力的盲目自大发出攻击,"(中国)自谓居地球之中,余概目为夷狄,向来划疆自守,不事远图"。在他看来,正是清廷这种保守和自大的心理,致使中国被排斥于国际法所规范的国际社会之外,"通商以来,各国恃其强富,声势相联,外托修和,内存觊觎,故未列中国于公法,以示外之意"。

王韬通过对华夷之辨进行历史性的探源,指出华夷之辨的实质在于有礼无礼之区别,即礼乐政教乃是区别"夷"与"夏"的标准,而不是依照地理概念进行划分。如若华不求上进,亦有变为夷的可能。因此,断不可沾沾自喜,妄自尊大,而是时刻要保持警惕,时时要力求上进。由于夷夏并非固定不变的格局,所以应该以一种开放的心态看待中国之外的民族。因此,不可贸然将泰西诸国贬为夷狄,因为他们亦有高度的文明。他开始对夷夏之辨进行反省和重新解释:

> 自世有内华外夷之说,人遂谓中国为华,而中国以外通谓之夷,

---

[1] 任智勇、戴圆郑:《郑观应卷(中国近代思想家文库)》,第90页。
[2] 马忠文、任青:《薛福成卷(中国近代思想家文库)》,第184页。

此大谬不然者也。禹贡画九州,而九州之中,诸夷错处。周制设九服,而夷居其半。春秋之法,诸侯用夷礼则夷之,夷狄之进于中国则中国之。夷狄虽大曰子。故吴、楚之地皆声名文物之所,而春秋统谓之夷。然则华夷之辨,其不在地之内外,而系于礼之有无也明矣。苟有礼也,夷可进为华,苟无礼也,华则变为夷,岂可沾沾自大,厚己以薄人哉?(《华夷辨·弢园文新编》)[1]

3. 中国主权遭遇侵蚀的意识

自《南京条约》签订以后,中国被迫与西方列强签订了一系列丧权辱国的不平等条约。甚至在这些条约签订之初,晚清国人并没有中国主权遭受侵害的意识,更有甚者将之视为一种便宜之举。然而,随着列强侵害中国主权和利权的进一步深化,同时也随着晚清国人国际法知识的逐渐积累,他们愈发意识到中国主权遭到了何等严重的侵蚀,遂有大量先进的知识分子开始寻求修订条约,以收回往日渐次被侵蚀的主权。

在通过不平等条约所丧失的一系列利权中,晚清国人最先认识到片面最惠国待遇乃是对中国主权的侵害。薛福成在1880年写作的《代李伯相筹议日本改约暂宜缓允疏》中指出:

> 从前中国与英法两国立约,皆先兵戎而后玉帛,被其胁迫,兼受朦蔽,所定条款,受亏过巨,往往有出地球公法之外者。厥后美、德诸国,及荷兰、比利时诸小国,相继来华立约。斯时中国于外务利弊,未甚讲求,率以利益均沾一条列入约内。一国所得,诸国安坐而享之;一国所求,诸国群起而助之。遂使协以谋我,有固结不解之势。[2]

---

[1] 王韬:《弢园文新编(中国近代学术名著)》,第131页。
[2] 马忠文、任青:《薛福成卷(中国近代思想家文库)》,第98页。

薛福成在此指出，中国早年签订条约并规定片面最惠国一款，主要是因为当时国人不知国际公法，尚无主权意识，遂"未甚讲求"便将"利益均沾"一款列入条约，最终酿成大祸，积重难返。甚至早在19世纪60年代晚期，处理对外交涉事务的清廷官僚就已经意识到片面最惠国待遇一款对中国主权的严重侵害。对此，恭亲王奕䜣曾有较为明确的意识和表述，他在1871年的上奏中就已经指出"利益均沾"一款危害尤甚：

> 伏查从前各国条约，最难措手者，惟中国如有施恩利益，各国一体均沾等语。数年来遇有互相牵引，十分掣肘。此次修约为各国倡始，若不将此节辩明，予以限制，则一国利益，各国均沾；此国章程，彼国不守，其弊曷可胜言。①

关于最惠国待遇一款对中国主权侵害的认识，并未仅仅停留在理论和意识层面。清廷官僚在处理对外交涉事务时也开始有意识地争取尽可能避免由之所带来的进一步侵害，同时也试图在即将来临的修约过程中废止此款规定。在1871年的《中日修好条规》中，清政府通过努力成功地抹去了日本原本坚持要求的"利益均沾"一款。在此后修改条约的进程中，废除片面最惠国待遇一款始终是晚清对外交涉活动中的重要课题。

另有协定关税一款也是对中国主权侵害最甚者，由于此款规定税率由条约议定，致使中国无权自定关税税率。这对于急需筹措资金以大力开展洋务运动的清政府而言无疑是一个致命的打击。因此，至19世纪70年代中期以前，清政府官僚大都从协定关税影响财政收入的视角

---

① ［清］宝鋆纂修：《筹办夷务始末·同治朝》卷70，《续修四库全书》第420册，史部，纪事本末类，上海古籍出版社2002年影印版，第687页。

来看待此制度，对于协定关税损害中国自主之权的认识尚未形成。只有到了19世纪70年代下半期开始，一些先进开明的朝廷上层和知识分子才认识到协定关税一款对于中国关税自主权的侵害。陈炽在《税则·庸书》中讲道：

> 税则者，国家自主之权也，非他国所得把持而挽越者也。泰西诸国，虽弱小如瑞士、丹马、比利时，至弱至小如塞尔维亚、门的内哥之类，苟尚能守其社稷，则税则之或轻或重，无不由国君自主之。①

陈炽对协定关税一款之弊病的批判已经远远超出了减损政府财政收入的认识，他已经将之上升到侵害中国关税自主权的高度。他指出泰西至弱至小之国家，犹能维护其关税自主权，偌大的中国却不能守住其在征收关税方面的主权，实在是令人扼腕。

太平天国运动爆发以后，清政府为了筹措兵饷而开征厘金，这在当时引起了西方列强的强烈反对。对此，郑观应在《税则·盛世危言》一文中指出，"为今之计，不如裁撤厘金，加增关税"，紧接着他据《公法便览》第三章"论邦国相交之权及款待外国人民之例"指出："凡遇交涉，异邦客商一切章程均由各国主权自定。"如他国恃强凌弱，或狡悍奸诈，仍可以折之。

> 其定税之权操诸本国，虽至大之国不能制小国之重轻，虽至小之国不致受大国之挠阻。盖通行之公法使然也。②

---

① 张登德：《陈炽卷（中国近代思想家文库）》，第175页。
② 任智勇、戴圆郑：《郑观应卷（中国近代思想家文库）》，第67—68页。

在郑观应看来,征收税项乃一国自主之权,虽至小之国亦不失此权,此乃公法之理也。由此他主张应从维护国家主权完整和收回利权的角度出发,争取废除协定关税等不平等条约。薛福成在《利权一·筹洋刍议》中也对协定关税一款之害做了说明,关税自主之权乃是国际公法之公理,他国无权干涉。但于中国而言,泰西诸国援协定关税一款干涉中国自定关税之权,致使中国的关税过轻。他以万国公法赋予各国之关税自主权为法律上之根据据理力争,

> 万国公法有之曰,凡欲广其贸易,增其年税,或致他国难以自立自主,他国同此原权者,可扼之一自护也。又曰,若于他国之主权、征税、人民、内治有所妨害,则不行。今各国徇商人无厌之请,欲有妨于中国,其理之曲直,不待言而明矣。[①]

因此,中国应援引万国公法与泰西诸国据理力争,以期废止协定关税等不平等条约,进而维护中国主权的完整。尽管这一时期已经有先进的知识分子和办洋务的上层官僚开始意识到中国主权遭受侵害的事实,主张援引万国公法进行维护,并提出了一系列相应的对策建议,但是,就整个19世纪下半期而言,国人的国际法和主权意识仍未得到普及,还只是出现在少数开明官僚和先进知识分子的论述当中。直至甲午战败以后,主权意识才开始受到广泛的传播和重视,主权意识和国际法观念才开始在中国传播。由于甲午战败对国人的巨大刺激,19世纪的最后几年出现了留学日本的大潮。19世纪末20世纪初,是以留日法政学生为主编译国际法的时期,留日法政学生开始从日本大量译介以中村进午(1870—1939)为首的日本国际法学者的著述。这段时期中国知识分

---

① 马忠文、任青:《薛福成卷(中国近代思想家文库)》,第180页。

子和上层官僚对国际法和主权的认识得到了提升。这些留日法政学生不仅理解和掌握了国际法的主权原则，而且还能运用所学国际法知识分析和解决实际的对外交往问题。一时间日本的国际法术语涌入中国，使原来丁韪良和傅兰雅所创造的术语系统被日本的国际法学说吸收。从日本传入的国际法著述的冲击和影响不仅体现在个别术语层面，更重要的是对国际法观念的整体性影响，从日本传入的实证主义国际法学说对丁韪良译介的国际法观念曾产生了剧烈的冲击。这种冲击使晚清国人的国际法观有了根本性的改变，进而影响了他们对条约、国家体制、排外运动的看法。所以，直到20世纪初，中国的国际法和主权观念才得到了全面的提升和广泛的传播。

（四）春秋公法观

1. 为全面改革寻找依据

在洋务运动时期，王韬、薛福成等人已经提出以公法为依据和标准进行国内改革，以获得泰西诸国之承认，进而成为公法内之国，得享公法上之权利。甲午战败，改革之要求更为紧迫，不仅在器物层面，更需要在政治制度层面进行改革。若改革不力，或不迅速进行全面改革，则有亡国、亡种之忧。受到甲午战败的冲击后，面对危如累卵的时局，中国知识分子中间产生了各种活跃的思想活动。严复开始大量译介西方思想、康有为对儒教进行根本性的再解释，这些都是从战败的冲击中诞生的思想活动。维新派的变法运动开始提倡在中国进行全面的改革。

甲午战争之前，洋务时期的知识分子已经不少开始提倡变法论。甲午战败后，以康有为为中心的维新派组织各种活动，他们通过对儒教进行根本性的再解释为改革寻找根据。佐藤慎一分析了甲午战前的变法论和甲午战后维新派的变法论，他认为甲午战争前的变法论者虽然罗列了许多变革项目，但不系统，亦无指导精神。但是，甲午战争后的变法论者则将每一个变革项目视为不可分割的全体改革计划——康有为称之为"全变"中的一部分。他们不仅仅停留于单纯的制度变革层面，而且要对变革正当化的原理本身进行变革。① 维新派遂提出"素王改制"论为中国进行全面改革正名。

甲午战争前后，中国的知识分子已经逐渐认识到中国为万国之一，并且承认西方文明亦有其先进性的方面。此时，知识分子曾经固守的"华夷之辨""天朝上国"的优越感已经有所松动，但保守派势力依旧强大。主张全面改革的维新派人士，必须为改革——以西方政治制度和文明为标准和方向进行的全面改革，争取获得泰西诸国之承认，进而获准进入国际社会——寻找依据，在思想意识层面说服乃至压倒保守势力。他们开始以"素王改制"为依据提倡改革，为全面改革正名。同时，他们提出以春秋通公法，证明公法是中华文明自古就有之物，从而为全面改革找到了中国传统的依据。在他们看来，公法在春秋战国时期早已存在，然而，至秦以后公法失坠，却被西洋诸国发扬光大。尽管如此，公法依旧是中国自己的东西。

2. 作为自身传统的春秋公法观

要倡导以西方政治制度和文明为标准和方向的全面改革，首先要破除国人"天朝上国"的优越感，即国人的世界秩序观必须发生改变。因为，当时固守中国"天朝上国"优越意识的保守势力仍然十分强大。春秋公法观，将春秋战国时期诸侯国征伐混战的时局类比为当今各国相互竞争之势，这种观念一方面是"中国中心论"松动的结果，另一方面也进一步加速了"中国中心论"和"华夷"观念的破产。康有为指出，就当时的世界形势而言，"当以列国并立之势治天下，不当以一统垂裳之势治天下"。他已经明确地认识到，就当时的世界形势而言，中国已经从

---

① 〔日〕佐藤慎一：《近代中国的知识分子与文明》，刘岳兵译，第75页。

"中国的世界"变成了"世界的中国"。维新派人士不仅认识到，在当今世界局势中，中国仅为万国之一员，而且指出早在春秋战国时期中国就已成"列国并立"之势，公法行于其间。因此，他们为甲午战败后进行全面的改革提供了中国自身传统内部的依据，有效地缓解了保守派的指责和阻挠。

当晚清国人逐渐萌生世界眼光，开始思考中国在国际社会中的国家地位时，春秋战国时期"列国并立"的局面为晚清知识分子的世界想象提供了一个重要的参考。冯桂芬（1809—1874）早在《校邠庐抗议》中就提出了他的国际秩序观，认为当今世界，俨然"一春秋列国也"：

> 今海外诸夷，一春秋列国也，不特形势同，即风气亦相近焉。势力相高，而言必称理，谲诈相尚，而口必道信。两军交战，不废通使，一旦渝平，居然与国。亦夫大侵小、强凌弱，而必有其借口之端。不闻有不论理、不论信如战国时事者。然则居今日而言经济，应对之权，曷可少哉。①

宋育仁（1857—1931）则以为，"春秋公法"在理论和规程方面较西方"公法"更胜，

> 《春秋》经世先王之志，实万国之公法，即万世之公法。如会盟朝聘，侵伐平乱，行成存亡，继绝国等，使臣爵等，会盟班次，无事不备，无义不精，此类皆西书公法所斤斤聚讼讫无定论者。《春秋》三传各有义例，合之乃成完备。如自治境内，义在《谷梁》，交际礼仪，例在《左传》，驾驭进退，权在《公羊》，修明此经，以为公法，

---

① 冯桂芬：《校邠庐抗议》，戴扬本评注，中州古籍出版社1998年版，第214页。

是至当不易。①

在宋育仁看来,"春秋公法"乃是规制列国之间会盟朝聘、侵伐平乱,以实现世界大同的根本规范,因此他强调"春秋公法"的普遍性价值,认为《春秋》实为"万国之公法,即万世之公法"。

1881年,丁韪良在德国柏林的东方学者协会(the Congress of Orientalists)以《中国古世万国公法论略》(International Law in Ancient China)为题发表演讲,提出了中国古代的国际法概念,并花了很长的篇幅论述了"中国古代的国际公法"。在《中国古世万国公法论略》一文中,丁韪良以中国与泰西诸国之立约交涉开始:

中国自与泰西各国立约通商,交涉之事益繁。近又简派使臣,分驻各国,以通情好。时局为之一变,耳目为之一新。于是执政大臣,不得不讲求公法之学。见前人所未见,闻前人所未闻,诚周代以来未有之奇矣。②

丁韪良指出,中国目前面临着一个新的时局,它要求执政大臣和知识分子必须讲求公法之学,见前人所未见,闻前人所未闻。在他看来,目前中国所处的新时局,只是在周代出现过,自周代之后,便再也没有出现过了。因此,他开始在周代寻找中国公法的历史记忆:

纵观春秋战国时事,有合乎公法者,如此其多。则当时或实有

---

① 郭嵩焘等:《郭嵩焘等使西记六种》,生活·读书·新知三联书店1998年版,第404—405页。
② 王健:《西法东渐:外国人与中国法的近代变革》,中国政法大学出版社2001年版,第31页。

其书而不传于后,未可知也。亦如希腊本有公法,而今所存者,不过篇目而已。要之,书之有无不可必,而以其事论之,则古中国实有公共之法,以行于干戈玉帛之间,特行之有盛有不盛耳。周礼、三传、国语、国策等书,皆足以资考证。而尤可为天下万国法者,莫如孔子所修之春秋,综240年之事,悉经笔削而定,往往予夺褒贬,寓于一字。千载而下,更无有能议其后者。所谓一字之褒,荣于华衮;一字之诛,严于斧钺是也。

今中国执政者,亦谓欧洲大小各国,境壤相接,强弱相维,有似于春秋列国,而考之籍载,觉其事其文其义,亦复与今之公法相印合。故中国亦乐从泰西公法,以与各国交际。由此观之,则谓公法一书,必有一日焉,为天下万国所遵守,而遂以立斯世和平之准也。夫岂托诸梦想已哉!①

在此,丁韪良一方面唤醒了中国古代公法之记忆,指出中国古代实有公法存在;另一方面,他也认为当今之世类似于春秋列国,其义理规程亦与古代公法同,进而将泰西诸国之公法普遍化,使他发掘出的中国古世公法纳入这一普遍主义的框架之内,进而使中国人能够更好地接受泰西诸国之公法。

唐才常在《公法通义·自叙》中称公法所治冠带之伦遍及全球。中国孔、孟皆重经权,惟秦以罗网锢经学,宋、元、明以蔽聪塞明锢经权二学,中朝之律例弗闻焉。与人言公法,则诧曰异端。公法者实万国之《春秋》也。西国政事,公法家所不许者多,遇疑难刺手之处,必要求尽其公理,不可因西国有不守公法之徒,因中国不研公法之失,而并公法而疵之,而废之。丁韪良曾作《中国古世公法考》,为以《春秋》通公法

---

① 王健:《西法东渐:外国人与中国法的近代变革》,第39页。

之机芽。他认为,依赖公法以维此地球,天下有日昌之势。故从近译诸书,例如《万国公法》《公法会通》《公法总论》及《各国交涉公法论》举其要者,以问答形式介绍公法根源。① 甲午战败之后,随着维新派变法运动的兴起,这种比附之风达到了高潮。维新派人士在提倡变法时之所以使用附会论,并非因为他对西方制度优越性的表达不真诚,而是推行变法的策略。因为,在当时提出学习西洋制度,是为大量保守的知识分子和官僚所不能接受的,唯有从中国传统中寻得变法的根据,才能够缓解保守势力的反对,更好地推进变法。佐藤慎一对这种比附论进行的解释,在很大程度上受到了列文森的影响。列文森认为,中国人接受西方事物必须同时满足两个条件,只要不能证明某物既是"真的"又是"自己的",就很难为他们所接受。② 所以,仅仅将万国公法定性为自然法,并呼吁自认为是唯一文明国的中国躬行力护是不够的,还需要证明万国公法在中国古已有之。丁韪良以春秋战国时期各诸侯国之间的关系为例,说明古世之"礼"包含着国际公法的内容,是故以此附会,以便为中国人接受。

1896年,梁启超在《上南皮张尚书》中大力倡导在中国推行公法教育,并主张将"公法"纳入传统"经学"的框架之下:

> 故为今之计,莫若用政治学院之意以提倡天下,因两湖之旧而示以所重。以六经诸子为经(经学必以子学相辅然后知六经之用,诸子亦皆欲以所学治天下者也),而以西人公理公法之书辅之,以求古人治天下之道;以历朝掌故为纬,而以希腊罗马古史辅之,以求古人治天下之法;以按切当今时势为用,而以各国近政近事辅之,

---

① 陈善伟:《唐才常年谱长编》,第295页。
② 〔日〕佐藤慎一:《近代中国的知识分子与文明》,刘岳兵译,第53—56页。

以求治今日之天下所当有事。①

梁启超主张将"六经诸子"与"西人公理公法"相结合，进行大力研究和传播，在他看来，这是在当时的世界形势下最为有用的。他认为，若将古人治天下之法与当今时势相结合，学成之后，治今日之天下，将胸有成竹。

3. 康有为的"春秋公法"观

尤其值得注意的是，在"春秋公法"观的接引下，中国知识分子在丁韪良的基础上大力研究"春秋公法"，以"春秋公法"注释国际法秩序，撰写以春秋义例比附国际法的著作。这样一来，西方国际法通过比附这种老模式而走上了经学化的新路，因而发生了质变，成为中国知识分子通经致用、改革国家的根本理论，以至建构未来理想社会的秩序框架。②康有为的"春秋公法"观不仅强调国际公法的"性法"属性，强调它的普遍性价值，认为国际公法乃是规制万国秩序的普遍性规范，他还据此提出了一套理想的人类社会图景——大同社会。

康有为用"三世进化"说明了文明进化模式，并在此基础上阐明了他的"大同世界"的理想图景。在康有为看来，世界就是沿着"据乱世""升平世"到"太平世"的进化路线向文明迈进的，这一进化的最后阶段就是"大同世界"。根据这种"三世进化"观，康有为对当时的世界秩序进行了分析，从当今世界列国间武力纷争不断这一事实看，世界现在还处于"据乱世"的阶段；但是，就国内政治的发展而言，部分西方国家已经到了"太平世"的门口。与这些国家相比，中国在"三世进化"的进程中明显处于落后境地。③现在主张变法，就是要加快中国在"三世

---

① 梁启超：《饮冰室合集（第一册）》，中华书局2015年版，第106页。
② 林学忠：《从万国公法到公法外交》，第111页。
③ 〔日〕佐藤慎一：《近代中国的知识分子与文明》，刘岳兵译，第80页。

进化"进程中的进度,使中国重新进入文明化的轨道。

康有为在"三世进化"的末端构想了一个近乎乌托邦的"大同世界",但是在他看来,"大同世界"不是梦想,也不是专门为批判社会现实而作出的理论构想,而是人类将来一定会实现和达到的目标。在他的"大同世界"中,国家消亡了,"列国并立"的局势将不复存在,世界最后统一于新的"一统垂裳"之势。因此,在康有为的理论构想中,"列国并立"只是"三世进化"进程中的一个阶段而已,他的真正理想乃是消灭国家后产生的"一统垂裳"的世界秩序。[①] 西方世界自威斯特伐利亚体系建立以后,理论家们都致力于追求"势力均衡"的世界秩序,并将之视为世界秩序的理想图景。因此,丁韪良基本上是以"公法"规范"列国并立"的世界秩序为目标的。康有为显然不同意丁韪良所崇尚的以"实力均衡"为原则的世界秩序,他从现实的国际政治形势看出,"列国并立"的世界乃是一个战乱频仍、生灵涂炭的世界,距离人类文明的最高阶段还有距离,因此他崇尚"一统垂裳"的"大同"之世。康有为还以中国古代历史为证据指出,"列国并立"尽管不是无秩序,但是要实现普遍的永久和平仍是十分困难的,只有在"大同"之世中,人类才能共享和平繁荣的天伦之乐。

康有为在强调以"春秋公法"规制世界,进而实现"大同"理想的时候,并没有忽视"公法"在世界秩序中屡遭践踏和"力的原则"处于支配地位的现实。如前所述,当时大多数朝廷上层和知识分子都看清了"公法不足恃"的现实。但是,康有为通过对儒教的根本性解释,将"万世之公法"视为孔子所构想的"大同"世界的指导方针,而对万国公法的属性进行了根本性的改造,将之视为是应然之理念,而非现实可据以操作的法律规范。这一观念与此后中国运用万国公法收回利权的运动以

[①] 〔日〕佐藤慎一:《近代中国的知识分子与文明》,刘岳兵译,第84—85页。

及运用万国公法废止不平等条约的现实不符。但是，在甲午战败到列强瓜分势力范围的狂潮来袭的时代，这种理念对于保存万国公法的理念并非没有助益。

康有为以"三世进化"为模式展示了人类进化至文明最高阶段的路径，他对"据乱世""升平世""太平世"的特征都进行了说明。因此，人类的每一个进化阶段都有其特定的内容和特征。在康有为所展示的这一进化模式中，文明有其明确的阶段性特征，并且各个阶段前后相继，都有各自绝对的标准。然而，梁启超却在《论中国宜讲求法律之学》（1898年）一文中，提出了与乃师明显不同的文明观：

> 今吾四万万不明公理、不讲权限之人，以与西国相处，即使高城深池，坚革多粟，亦不过如猛虎之遇猎人，犹无幸焉矣。乃以如此之国势，如此之政体，如此之人心风俗，犹嚣嚣然自居于中国而夷狄人，无怪乎西人以我为三等野番之国，谓天地间不容有此等人也，以今日之中国视泰西，中国固为野蛮矣；以今日之中国视苗、黎、瑶、僮及非洲之黑奴、墨洲之红人、巫来由之棕色人，则中国固文明也；以苗、黎诸种人视禽兽，则彼诸种人固亦文明也。然则文明、野番之界无定者也，以比较而成耳。今泰西诸国之自命为文明者，庸讵知数百年后，不见为野番之尤哉？然而文明、野番之界虽无定，其所以为文明之根原则有定。有定者何？其法律愈繁而愈公者，则愈文明；愈简陋而愈私者，则愈野番而已。[①]

由此可见，在梁启超看来，文明与野蛮之间的界限常常是相对的，而且其相对的地位关系，在以不同参照系进行对比时，常常处于流变之

---

① 汤志钧：《梁启超卷（中国近代思想家文库）》，第42页。

中而无所定。这就为他倡导的全面改革奠定了基础,即可以通过改革而不断提升中国在世界秩序中的相对地位。即便就现状而言,中国目前仍处于较为落后的地位,但是我们可以通过全面的改革而实现自身在世界秩序中的相对地位的提升。尽管他认为国家和种族在世界秩序中的地位是相对的,但他还是提出了一个绝对的文明标准,即法律之"繁"与"公"。但是,就此绝对的文明标准而言,完全符合此标准的国家,世界上还不存在。由此,他在理论上证明了国家和种族实现"文明化"的可能性。同时,文明的问题就被重新理解为"文明化"的问题,这正是变法派倡导全面变革的理论基石。梁启超在《论中国宜讲求法律之学》(1898年)一文提出了中国实现"文明化"的路径:

> 故吾愿发明西人法律之学,以文明我中国,又愿发明吾圣人法律之学,以文明我地球,文明之界无尽,吾之愿亦无尽也。①

佐藤慎一指出,康有为的"三世进化论"强调的是构建"大同"世界的人类理想,而梁启超的社会进化论与其说是为了人类而构想"大同"世界,不如说他强调的是中国得以生存发展的必要改革方案。② 当然,梁启超更为关切中国救亡图存的现实问题,但根据上述"发明吾圣人法律之学,以文明我地球"之愿望而言,也不能忽略他对人类文明的关切。在1898年写作《论中国宜讲求法律之学》一文时,他仍极力强调学习西方法律的重要性,"故今日非发明法律之学,不足以自存矣"。薛福成和梁启超都看到了中国贫弱的现实,但是二人对于如何自存的道路却有不同的见解。薛福成认为,作为弱国的中国要在国际社会中生存下去,尽

---

① 汤志钧:《梁启超卷(中国近代思想家文库)》,第42页。
② 〔日〕佐藤慎一:《近代中国的知识分子与文明》,刘岳兵译,第95页。

管存在着不平等条约,还是有必要自觉遵守,或许"借公法以自存"是唯一可行的道路了。与薛福成的"借公法以自存"相对应,梁启超提出了与他的社会进化论相一致的"争竞自存"的方案。在从"借公法以自存"向"争竞自存"的转化中,梁启超对万国公法的关注也就少了很多。佐藤慎一通过研究指出,1900年之后梁启超的大部分著作中,几乎没有了关于万国公法的记述。[①] 继"规范意识"之衰落而起的是"竞争意识"。由此可见,社会进化论在梁启超的思想中占主导地位以后,他关于万国公法的关注也就大大减弱了。因为万国公法与其"争竞自存"的改革方案是不相吻合的。

但是,清末知识分子对万国公法的关心并没有就此中断,毋宁说是正好相反。清朝的最后时期,在以打倒清朝体制为目标而出现的年轻的革命派知识分子(如胡汉民等)的言论中,我们可以发现他们对国际法的强烈关注。[②] 当然,这与留日法政学生对国际公法的积极译介和广泛传播有关,更与义和团运动后西方的严厉惩罚相关。20世纪初年,中国再次掀起重视国际公法的热潮乃是义和团运动后西人惩罚中国的直接结果。《辛丑条约》要求中国遵守国际公法,并进行全面改革。

四、国际社会意识的萌芽:派遣驻外使节

19世纪60年代以后,不平等条约体系进一步深化,西方列强在中国攫取了大量权益,中国与西方世界的接触与交流也进一步加强,两种不同的世界秩序开始在中国的土地上展开了角逐。随着19世纪后半期中国外交官僚和知识分子外交涉经验的积累,随着《万国公法》刊行后

[①] 〔日〕佐藤慎一:《近代中国的知识分子与文明》,刘岳兵译,第99页。
[②] 同上。

国际公法知识的传播，国人对国际社会和国际公法的认识也得到了很大程度的提升，进而对国家主权也有了更深刻的体会和理解。

(一)列国敦促清政府派驻使节

在传统"华夷之辨"的世界秩序观下，中国作为"天朝上国"，只有"万邦来朝"的成例，绝无派驻使节驻守异邦之先例，只会派遣使节前往属国或朝贡国册封君主和下达命令。自1861年始，各国依据《天津条约》和《北京条约》之规定，先后派遣使节驻扎北京。同时，列国也开始敦促清政府履行《天津条约》关于互派使节的规定。对清政府而言，此事碍于体制，事关重大，故屡屡拖延。1865年11月，赫德在呈递清政府的《局外旁观论》中，力劝清政府履行条规，并且指出只有清政府向外国派驻使节，才能够更好地处理对外交涉。

> 命大臣驻扎外国，于中国大有益处。在京所驻之大臣，若请办有理之事，中国自应照办。若请办无理之事，中国若无大臣驻其本国，难以不照办。①

赫德向清政府指出，向外国派驻使节"于中国大有益处"，可以据理力争以抵制驻京外国公使及各口岸领事蛮横无理的要求，认为非如此不足以应付。当然，赫德也指出，如若请办于公法上有理有据之事，中国"自应照办"，不得拖延搪塞。迫于外在压力，又碍于天朝定制，清政府无奈于1866年派遣斌椿（1804—1871）以及同文馆学生随赫德赴欧考察。1867年，又委任刚卸任的美国驻华公使蒲安臣以中国公使身份率团出访欧洲，一方面缓解了列强要求清政府向外国派遣使节的要求，另一

---

① 赫德:《局外旁观论》，载王健:《西法东渐：外国人与中国法的近代变革》，第7页。

方面又无损于天朝定制，看似是一个两全其美的方略。但是，就西方国际公法之惯例来看，这仅是派员考察或随团访问，并不能算是向外国派遣常驻使节。

1. 天津教案

随着不平等条约的陆续签订，西方列强也进一步获得了在中国内地传教的权利。由于宗教和文化等深层次的原因，传教士与中国民众之间的仇恨日益加深。半世纪的种族嫌恶，数十年来的民族怨恨，反基督教情绪的滋长，部分是基于宗教偏见，部分则是基于迷信。所有这一切，最终汇聚到了一个共同的焦点，并且这种情绪在三个小时的杀人、放火和抢劫（天津教案）中达到了顶点。[1]自1870年年初，中国各地掀起了反对传教士的狂潮，南京和其他中心城市发生了骚乱，天津也陆续发生了针对外国人的暴动。为此，法国驻天津领事丰大业（Henry Fontanier, 1830-1870）来到天津府衙与中国官员交涉，地方政府官员态度暧昧，在丰大业看来，清政府是有意包庇民众排教。他一气之下，竟在天津衙门前拔枪威胁聚众看热闹的中国民众。被激怒的民众打死法国领事后仍不解气，又冲进法国教堂，将做礼拜的20名西方人，包括10名修女杀死。随后，民众又来到望海楼教堂，这座教堂所占的土地过去是一个寺院，民众早已将其视为眼中钉，他们一把火烧了教堂，顺便把附近的法国领事馆也点了。天津教案发生后，清政府的仇外情绪得到了尽情的宣泄，朝中很多大臣主张"利用民意排外"[2]，说可乘此机会，将京城的"夷馆"尽毁、"夷酋"尽戮。很快，就惹出了大乱子。法国出动炮舰相要挟，要求清政府惩办凶犯、赔款、道歉。清政府要求时任直隶总督的曾国藩处

---

[1] 〔美〕马士：《中华帝国对外关系史（第二卷）》，张汇文等译，上海书店出版社2006年版，第260页。

[2] "利用民意排外"的策略在20世纪初的义和团运动和抵制美货运动中都得到了再一次运用。

理教案,并要求在处理教案的过程中坚持如下原则:"如洋人仍有要挟恫吓之语,曾国藩务当力持正论,据理驳斥,庶可以折敌焰而张国威。"曾国藩知道,当时法国军队云集大沽口,战争一触即发,他不愿重蹈僧格林沁在第二次鸦片战争中的覆辙。甚至,曾国藩在赶赴天津前写下遗嘱,连自己的灵柩南运路线都有所嘱托。他深知此去凶多吉少。最终,曾国藩将20个袭击教堂的暴徒抓出,准备给20个死去的洋人抵命,以平息教案。但他万没料到,此举竟令舆论大哗,国人痛骂他"屈从外夷,误国害民"。曾国藩因此事被折腾得灰头土脸。[1] 可见当时即便是如曾国藩这种权倾一时的大臣,在处理对外交涉时都面临着重重困境。

随后,李鸿章受命办理此案。他知道,洋人得理不饶人,按常规处理,又恐民众愤懑不平。因此,他一拖再拖,尽量推迟入津,因为他知道这是个难啃的骨头。李鸿章一到天津,便以"学生"的身份,去拜谒"老师"曾国藩。曾国藩虽被此教案弄得狼狈不堪,但在"学生"面前到底还是要摆点架子的。见面后,不等李鸿章开口,曾便问:"少荃,我今国势消弱,你与洋人交涉,打算作何主意呢?"李鸿章回答老师说:"我想,与洋人交涉,不管什么,我只管同他打'痞子腔'。"曾国藩听后,对李鸿章说,"你打'痞子腔'也是没用的。你认为能油滑得过去吗?咱这个实底儿如何,其实洋人是清楚的,你跟他敷衍,是敷衍不过去的。我教你一个字,'诚',还是用一个'诚'字,诚能动物,我想洋人亦同此人情。你老老实实,该硬则硬,该软则软,该怎么样就怎么样。"[2] "老师"赠给"学生"的这个"诚"字,对李鸿章后来处理对外交涉事务影响深远,故李鸿章一生都钦佩乃师。事实证明,李鸿章最后还是以诚相待,接受国际公法,援引国际公法据理力争。

---

[1] 田川:《李鸿章外交得失录》,第41—45页。
[2] 同上书,第47页。

2. 遣使谢罪

1870 年 7 月，普法战争爆发，法国无暇关注东方事务，因此接受了清政府的处理方案，要求崇厚出使法国道歉。同年 10 月，清政府派遣崇厚作为道歉专使赴法国致歉。崇厚抵达法国时，普法战争正酣，法国政府无暇接待。直到 1871 年 11 月 23 日，才得到法国第三共和国首任总统梯也尔（Marie Joseph Louis Adolphe Thiers，1797–1877）接见。崇厚呈递了同治皇帝的道歉书，并希望法国能够对中方惩凶与赔款的解决方案表示满意，在答复中，梯也尔宣称："法国所要的并非（中国人的）头颅，而是秩序的维持与条约的信守。并且，希望中国在巴黎设立常驻使馆。"[1] 此次崇厚出使法国，仅只是属于遣使谢罪，并非常驻使节。对于向外国派遣常驻使节一事，清政府内部尚有很大的分歧。其中，曾国藩、李鸿章、左宗棠等表示支持，但两广总督瑞麟、江西巡抚沈葆桢、浙江巡抚马新贻等则以经费紧绌、使才缺乏为由表示反对。由于清廷内部意见分歧甚大，对外派驻使节的问题被一再拖延。另外，在 19 世纪 70 年代以后，保护海外华工之权益的需要也更为紧迫，对外驻节一事的现实重要性也进一步凸显。但是，真正促成此事尚需时日，同时也需要特定事件的促成。

3. 马嘉理案

到 19 世纪 70 年代中期，西方列强纷纷加紧在华侵略活动，中国面临着深重的边疆危机。此时英俄两国为争夺新疆不可开交，日本已经张开吞并台湾之贪婪巨口，英法两国为了侵入中国的西南边疆，分别在缅甸和越南加紧了侵略步伐。正是在这危急存亡之秋，发生了"马嘉理案"（又称"云南事件"或"滇案"），此事件看似偶然实却必然。[2]

---

[1] 〔美〕马士：《中华帝国对外关系史（第二卷）》，张汇文等译，第 273 页。
[2] 雷颐：《李鸿章与晚清四十年：历史漩涡里的重臣与帝国》，第 122 页。

1875年2月21日,英国驻华副领事马嘉理赶赴云南迎接伯郎率领的探路队时,在中缅边境遭伏击身亡。马嘉理事件让英国怒不可遏,令驻华公使威妥玛(Thomas Francis Wade,1818-1895)负责交涉。此时正值中国西北、东南边境受到西方列强严重威胁的关键时期,当清政府听闻马嘉理在云南被杀一案时,惶恐不已,遂急忙向威妥玛表示,清政府将尽快通知云南当局彻查此案。

中英之间就"马嘉理案"进行了几次谈判,但都没有达成协议,威妥玛对此十分恼火,指责中方"愚弄",并离京赴沪。此事让恭亲王等人大为震惊,并立即下令李鸿章在天津重启与威妥玛的谈判,但威妥玛置之不理。威妥玛抵沪后,经赫德爵士调解,答应于8月中旬在烟台与李鸿章谈判。最初清政府提议由两江总督沈葆桢任此要务,但鉴于时局紧迫,李鸿章最终受命。

李鸿章对受命亲赴烟台与威妥玛谈判一事颇感不快,认为自己主动前来会见英国公使有失身份。为了改变这种局面,李鸿章暗示天津方面散播灾荒舆论。这样,他可以赈灾救民为由不亲赴烟台。1876年8月10日,天津地方官员派出代表团前往烟台,向威妥玛递交请愿书,称:"如果您接收我们的邀请,李大人就能在平复天津动乱的同时处理国际事务。我们将无比感激。"[①] 但遭到威妥玛严拒。即便如李鸿章这等大力倡导洋务的开明官僚,仍然不能放弃天朝的优越感,当然,这里更多体现的是他对自己身份的重视。

迫于英国政府方面的威逼,清政府于1876年7月28日命令李鸿章赴烟台与威妥玛进行谈判。李鸿章认为,此事应迅速了结,久拖不决,易节外生枝。英方敦促清政府将岑毓英(1829—1889)等提京审讯,总

[①] 〔英〕罗伯特·道格拉斯:《李鸿章传:一位晚清在华外交官笔下的帝国"裱糊匠"》,李静韬等译,浙江大学出版社2013年版,第108页。

理衙门却认为"此举有碍中国体制，中国决不能允"。李鸿章认识到此事难办，如果不遂英方之要求，双方恐起战端。如果满足英方要求，自己就要承担"天下之恶"的罪名。如同乃师曾国藩于赴天津处理教案前写就遗嘱一样，这都体现了当时处理对外交涉事务的官员面对的两难窘境，进退维谷。

威妥玛在致德比勋爵的信中写道："大部分受过教育成为官员的中国人不擅长处理对外事宜。尽管在他们不情愿的情况下，与外国人的接触日益增多，排外主义现象有些许缓解，但仍然容易出现矛盾和分歧。传统保守的中国人会用'叛国者'来形容追求革新的同胞。李鸿章就经常被称为'叛国者'。"[1]

在与威妥玛的交涉中，李鸿章也始终坚持"俾免决裂"的原则。威妥玛借此事端百般要挟，李鸿章对"失和"之可能"深为焦虑"，他于8月24日给总理衙门写了函件，反复强调"滇案不宜决裂"的原则。在李鸿章看来，"中外交涉，先论事理之曲直。此案其曲在我，百喙何辞"。他认为鉴于当前情形，清政府只能委屈求和。因此，他劝说总理衙门"然若朝廷为其所累，致坏全局，则失体更甚。孰重孰轻，高明必思之熟矣"。他向总理衙门诉称，自己原本想通过满足英国方面提出的一二项要求以求息事宁人，但威妥玛丝毫不肯通融，因此执意与总理衙门进行交涉。对此，李鸿章提出了自己的建议："如不大碍国体，似可酌量允行，以慰其意而防其决裂。"因为一旦两国决裂，后果将不堪设想："若果决裂，不仅滇边受害，通商各口先自岌岌莫保。南北兵力皆单，已有之轮船炮台断不足以御大敌。加以关卡闭市，饷源一竭，万事瓦解。彼时贻忧君父，如鸿章辈虽万死何可塞责。"[2]

---

[1] 〔英〕罗伯特·道格拉斯：《李鸿章传：一位晚清在华外交官笔下的帝国"裱糊匠"》，李静韬等译，第109页。

[2] 雷颐：《李鸿章与晚清四十年：历史漩涡里的重臣与帝国》，第125—126页。

李鸿章在 1875 年 8 月 24 日致总理衙门函《论滇案不宜决裂》中说:

> ……缘滇中视此事太轻，星使虽欲认真，而耳目或有壅蔽，情面或有瞻顾，将来奏报不实，该使必更咆哮，以后更难挽回。总之，中外交涉，先论事理之曲直。此案其曲在我，百喙何辞。威使气焰如此张大，断非敷衍徇饰所能了事。①

乃师曾国藩赠他的一个"诚"字对他后来处理对外交涉事务影响很大。中英双方都希望尽快就此事达成协议。英国外交部的担忧让威妥玛意识到，不能让英国政府与总理衙门深入纠缠下去。李鸿章则抱着避免战争的目的，愿意"和平"了结此案。在随后进行的交涉中，李鸿章虽在个别问题上能够据理力争，但还是从整体上满足了英方的要求。1876 年 9 月 13 日，威妥玛和李鸿章签署了《烟台条约》。除了赔偿和其他商贸相关的要求外，《烟台条约》还规定：

> 俟此案结时，奉有中国朝廷惋惜滇案玺书，应即由钦派出使大臣克期起程，前往英国。所有钦派大臣衔名及随带人员，均应先行知照威大臣，以便咨报本国。其所赍国书底稿，亦应由总理衙门先送威大臣阅看。②

至于派特使前往英国一事，总理衙门称他们确实在讨论相关事宜，并以"眼下没有合适的人选，因此不可能立刻进行"为由拖延搪塞。③

---

① 雷颐:《李鸿章与晚清四十年：历史漩涡里的重臣与帝国》，第 121 页。
② 〔英〕罗伯特·道格拉斯:《李鸿章传：一位晚清在华外交官笔下的帝国"裱糊匠"》，李静韬等译，第 111 页。
③ 同上书，第 104 页。

总理衙门的这番表态令威妥玛大为不满。李鸿章以郭嵩焘明晓外情,并在任广东巡抚期间与英人颇有交往,又在赴闽前曾与威妥玛见过面,遂力荐郭嵩焘。李鸿章在函中提到:"威使调集兵船多只,恫吓要挟,所求各事,势难尽允。且滇案正文,尤无妥结之法,即我以为妥,彼仍多方吹求。惟赖明公到津后会商开导,设法挽回,俾无决裂,大局之幸!"①由此可见,诏命郭嵩焘回京,不仅是为了出使,而且是要借重他与英人交涉,以救时局。

郭嵩焘在广东任巡抚时,与左宗棠等人交恶,虽胸怀天下,却难免心灰意冷,于1866年5月离开广州,7月抵达长沙。他回湘居住八年,期间虽身处江湖,却依旧心系庙堂,与李鸿章等重臣鱼雁频繁,商讨国事。期间,爱儿刚基病逝,给郭嵩焘的打击既深且远。自此,郭嵩焘心情消沉悲戚,凄绝之余,更见苍茫失落之情。

1874年2月,日本借台湾土著居民杀害遇难琉球渔民,兴师问罪,清廷遂于4月诏授沈葆桢为钦差大臣,赴台办理。并于5月命令沿海各省筹防,再于6月诏命郭嵩焘、丁日昌等人来京陛见。郭嵩焘知晓洋务,早已闻名,加之李鸿章等人的保举,在诏命之列,并不意外。接到诏书后,郭嵩焘彷徨数月,念及任广东巡抚期间的遭遇,不免心生踌躇。最后,在友人的支持下,加之自己身在江湖而念兹在兹的庙堂之志,觉得至少应该入觐,遂于1874年10月22日北上应诏。

郭嵩焘奉诏入京,最初并未期待官职,还想觐见后托病辞归,但文祥相待甚厚,使他改变初衷。当时恭亲王和文祥正在大事筹议海防,福建乃海防重地,加之日本侵台事件刚过,沈葆桢尤力主经营台湾,并有闽抚驻台的主张。派遣郭嵩焘赴闽,正是要仰赖其知晓洋务之长,襄助

---

① 转引自汪荣祖:《走向世界的挫折:郭嵩焘与道咸同光时代》,中华书局2006年版,第177页。

闽抚。郭嵩焘深知此意,并在赴闽之前,上《条陈海防事宜》一折,畅述己见。① 郭嵩焘于 1875 年 5 月 2 日离京赴闽,仅及两月,因滇案难办,又"饬令即速交卸起程北上",回京商议。郭嵩焘抵京后,即约见英使威妥玛,并致公函如下:

> 大清国钦差出使大臣郭嵩焘谨奉书大英国钦察威公使大人阁下:春间承望颜色,奄忽至今,企想高风,有逾饥渴。嵩焘顷奉命出使大国,由闽泛海至津,询知贵大臣已赴上海,为怅悒久之。此行必与贵大臣一晤叙,而未卜返斾何时。恐谕旨催促启行,交互海上,与大舟歧左,在京师久候,又虑津河冰合,岁内不能出洋。敢以书道意,应于何处相见,伏候示知。敬颂台安。嵩焘顿首②

自"马嘉理案"发生后,英使威妥玛一再要求在行文上"大英"与"大清"并列,将"大英国"字样,抬头书写以示尊重。清廷已不敢轻慢英国,只是旧体制一时难改,而郭嵩焘此函可说是得风气之先,充分体现了两国平行的新式外交格局。遗憾的是,郭嵩焘以礼相待,威妥玛竟傲不作复,有失西方礼仪。③

郭嵩焘直言,"马嘉理案"难结的根本原因,在于中国未以礼相待,士大夫不察理势,徒放高论,更不知取法西洋,反加诋毁,以致屡生事端,穷于应付。他毫不讳言,"马嘉理案"由于巡抚岑毓英"举动乖方",意存掩护,不查明情由,据实奏报,"而一诿罪于野人"。郭嵩焘认为,封疆大吏于对外交涉事宜,不能事前预防,以致造成衅端,例应议处;何况议处岑毓英,英人便无所要挟,一切都可据理折之以平息风波。郭嵩

---

① 汪荣祖:《走向世界的挫折:郭嵩焘与道咸同光时代》,第 174—175 页。
② 转引自同上书,第 178—179 页。
③ 同上书,第 179 页。

焘言论一出，迅即引起各方非难，指责郭嵩焘"事事依附英人"。加之，郭嵩焘此时又身负出使之命，更被时人视为辱国之举。诸事激荡，遂起轩然大波。郭嵩焘一时间成为众矢之的，交相攻讦，使他百喙莫辩，只能忍辱负重。①

（二）首任驻外公使出使英国

1. 内外交困

郭嵩焘身负出使英国之命，虽未起程，已成朝野士子攻击的目标，即使他的好友亦为他惋惜不已。王闿运（1833—1916）惋叹他"以生平之学行，为江海之乘雁"，李慈铭（1830—1894）则认为出使"无所施为""徒重辱国而已"。② 另外，他的湖南同乡们还写了一副对联，以示讥讽："出乎其类，拔乎其萃，不容于尧舜之世；未能事人，焉能事鬼，何必去父母之邦。"③ 在保守氛围盛行的时代，"华夷之辨"的观念依旧根深蒂固，对于出使英国道歉一事，当时的士子依旧难以接受，甚至对身负出使之命的郭嵩焘大事讥讽都在所难免。此时的郭嵩焘，外遭英人颐指气使，内受乡人亲友毁谤不绝，遂至身心俱疲，心生退意。1876 年 9 月 6 日，慈禧太后再度召见郭嵩焘，劝他"此时万不可辞。国家艰难，须是一力任之。我原知汝平昔公忠体国，此事（出使）实亦无人任得，汝须为国家任此艰苦"。当时守旧氛围极浓的湖南士绅对郭嵩焘出洋之举群情激愤，认为他丢了湖南人的脸面，要开除他的省籍，捣毁他的宅子。慈禧亦深知郭嵩焘之处境，故谓："旁人说汝闲话，你不要管他。他们局外人随便瞎说，全不顾事理，不要顾别人闲说，横直皇上总知道你的心事。"④

---

① 汪荣祖：《走向世界的挫折：郭嵩焘与道咸同光时代》，第 179—180 页。
② 同上书，第 181 页。
③ 田川：《李鸿章外交得失录》，第 50 页。
④ 汪荣祖：《走向世界的挫折：郭嵩焘与道咸同光时代》，第 181 页。

经慈禧太后一番苦劝,郭嵩焘才完全打消辞意。遂于1877年1月下旬率团抵英,初次觐见女王维多利亚的时间订于2月7日下午。当日午后,正使郭嵩焘、副使刘锡鸿,以及张德彝(德明)、马格里等穿着朝服觐见女王,郭嵩焘一行行鞠躬礼,维多利亚女王亦鞠躬还礼。郭嵩焘当场诵读国书,并由马格里(Macartney Halliday, 1833-1906)口译为英文:

> 大清国钦差大臣郭嵩焘、副使刘锡鸿谨奉国书,呈递大英国大君主五印度大后帝:上年云南边界蛮允地方有戕毙翻译官马嘉理一案,当饬云南巡抚查报。嗣经钦派湖广总督李瀚章驰往会办,并将南甸都司李珍国拿讯。又经钦派大学士直隶总督李鸿章驰赴烟台,与贵国钦差大臣威妥玛会商办理。威妥玛以宽免既往,保全将来为词,一切请免议。中国大皇帝之心,极为惋惜,特命使臣前诣贵国,陈达此意,即饬作为公使驻扎,以通两国之情,而申永远和好之谊。敬念大君主、大后帝含宏宽恕,仁声义闻,远近昭著,必能体中国大皇帝之意,万年辑睦,永庆升平。使臣奉命,惋惜之辞具于国书,谨恭上御览,并申述使臣来意,为讲信修睦之据。①

由此可见,国书全文显然以中国大皇帝与英国大君主平等相待。而且,因滇案其曲在我,用词亦颇为谦恭,几乎全无以天朝自居鄙视英夷的痕迹。然而,在国内却并非如此,保守势力仍然强大,华夷观念依旧根深蒂固。但是,无论如何,这已经算是清政府对外交往的一大进步。

2. 游刃有余

清政府因初派使节未谙西方外交礼节,所携国书乃惋惜滇案向大英帝国致歉的文书,并非公使驻节文书。英方对此表示通融,但仍须补

---

① 汪荣祖:《走向世界的挫折:郭嵩焘与道咸同光时代》,195—196页。

颁正式国书，否则不视为正式的公使。正式派充驻英公使的国书以及清帝敕书，至1877年11月8日才递到，郭嵩焘即交威妥玛译成英文后，咨送英国外交部，并请另定觐见呈递日期。此次呈递正式国书，因英主赴苏格兰度假未归，故订于1877年12月12日。至此，中国在伦敦建立起了中国有史以来第一个正式的驻外公使馆。郭嵩焘在英国的两三年时间里，确能在不同文化环境中游刃有余，在国际舞台上周旋应对，给当地人留下了很好的印象，并被推举为"国际法改进暨编纂协会"（Association for the Reform and Codification of the Law of Nations）第六届年会的大会副主席。①

1876年左宗棠率师入疆，收复乌鲁木齐，阿古柏（Mohammad Yaqub Beg, 1820–1877）遣使赴英乞求援助。郭嵩焘闻知英方接见阿古柏来使，且有保护喀什葛尔之嫌，乃向美国驻英公使探得更多消息，然后于1877年5月向威妥玛质问属实，并于6月15日向英国外相德比勋爵提出严正抗议。

> 本大臣于此，窃疑与《万国公法》微有不合。查喀什葛尔本中国辖地……前因中国内乱……阿密尔乘势攘取其地……近年内乱既平……喀什葛尔应在中国收复之列……现在中国正当用兵收复，而贵国特派大臣驻扎，则似意在帮同立国，与中国用兵之意，适相违左。……本大臣以为，喀什葛尔本属中国地名，为阿密尔占据一时，中国例应收复，并非无故构兵，而贵国遣使驻扎，体制亦觉稍替。②

郭嵩焘援用《万国公法》据理力争，使英方难以招架，经过多次谈

---

① 汪荣祖：《走向世界的挫折：郭嵩焘与道咸同光时代》，第199页。
② 转引自同上书，第205页。

判，双方互有让步。郭嵩焘据《万国公法》与英方讲理论法，在整个事件中维持了中英之间的友好关系。在左宗棠挥师进剿期间，中英关系没有恶化，反而能够继续维持友好，与郭嵩焘在其中发挥的作用大有关系。

1877年1月，郭嵩焘一行抵达英国，成为中国首任驻外公使，这是中国迈出对外派驻使节的第一步，也是关键一步。自此以后，清政府陆续向日本、法国、美国、德国、俄国、西班牙和秘鲁等国派驻驻外使节。清政府在其最后的30多年时间里，先后向18个国家派出了68人担任驻外公使及副使；又从1877年起，先后向海外57个地区派驻了领事。与此同时，清政府又于1876年颁布了《出使章程十二条》，对驻外使节的任期、使馆的编制和经费的使用，以及出使人员的俸薪作出了规定，使中国的使节制度初具规模。

丁韪良翻译的《万国公法》等国际法著作，几乎是晚清驻外使节的必读之书。并且，驻外使团的翻译官、参赞等随行官员大都是同文馆的外文馆出身，不少人更是追随丁韪良学习国际法经年的学生，如汪凤藻、荫昌、联芳、庆常等。曾纪泽出使英法前，已经努力学习过英语，阅读过丁韪良所译之《公法便览》(1876年)和《星轺指掌》(1877年)，并且常常与张焕纶(1846—1904)、马建忠(1845—1900)和丁韪良等人研讨国际法。出使期间，更得到了当时留法学习国际法的马建忠的襄助。[①] 由此可见，这一时期的驻外使节并非对国际法和对外交涉规程一无所知，他们努力学习外文，并通过丁韪良和傅兰雅翻译的国际法著作了解国际法知识，已经具备了一定的国际法意识，并且运用这些知识指导他们处理对外交涉事宜。

自郭嵩焘首次出任中国的驻外公使以来，中国出于履行条约的压力和现实的需要，先后向多国派驻使节，一方面落实了《天津条约》中互

---

① 林学忠：《从万国公法到公法外交》，第248—249页。

派使节的要求，另一方面也使中国更进一步地融入了国际社会。虽然此时中国在国际社会的地位尚未获得承认，但这些努力无疑对日后中国国际地位的提升奠定了坚实的基础。

五、实证主义国际法学的传入与国际社会意识的生成

随着19世纪末（甲午战败以后）大量学生留日学习法律，他们从日本接受了当时在日本占主导地位的实证主义国际法思想[①]。这一思想认为，现代主权国家才是国际法秩序的主体，要进入国际法所规范的、以"文明"国家为主体的"国际大家庭"和"国际社会"，就必须符合它们为独立的主权国家所设定的标准，"文明国"的必要条件是符合欧美式的法律和司法制度。这一时期，中国的有识之士为了收回中国在此前不平等条约中丧失的国土和权利，不得不采取"文明排外""文明革命"的方式，因此他们运用实证主义国际法的智识资源，通过各种改革，积极努

---

① 关于实证主义国际法学，杨泽伟在其《宏观国际法史》中指出，19世纪是实在法学派占优势的时代。由于实在法学派的盛行，19世纪的国际法学很少提到自然法或正义战争的学说，并使国际法与神学、哲学、政治学或外交完全分开；纯实证的国际法逐渐建立。这段时期内，重要的国际法学家有：惠顿、赫夫特、卡尔沃、韦斯特累克、霍尔、霍兰德、马尔顿斯、李斯特和奥本海等等。参见杨泽伟：《宏观国际法史》，武汉大学出版社2001年版，第175页。安东尼·安吉（Antony Anghie）在其2004年出版的《帝国主义、主权和国际法的诞生》中，系统地描述了19世纪国际法学与欧洲帝国扩张之间的联系，对实证主义国际法学思想进行了详尽阐述。他认为西方与非西方在19世纪的大范围"殖民遭遇"为实证主义国际法学提供了一个证成该学派自身合法性的契机。西方与非西方、先进与落后、"文明"与"野蛮"以及国际社会之内和之外这一系列殖民主义时代的典型二分法在19世纪实证国际法学派的分析中始终占据核心地位。如果没有"殖民遭遇"就没有近代实证主义国际法学的形成，而该学派又反过来合法化了"殖民遭遇"。简而言之，19世纪国际法与殖民主义一道对非西方世界犯下累累罪行。参见赖骏楠：《十九世纪国际法学中的中国叙述》，载《法学家》2012年第5期。Antony Anghie, *Imperialism, Sovereignty and the Making of International Law*, Cambridge University Press, 2004.

力争取加入"国际社会",成为国际法秩序中的一员。这就必然要求清政府积极开启政治和法律层面的内政改革,以期尽快符合"文明国"标准,实现自身的"文明国化",从而在国际法秩序中获得"完全主权"地位,进而收回因不平等条约而丧失的主权和利权,并洗刷殖民扩张给中国带来的耻辱。

(一)留日学生与国际法传入

1. 留日热潮

1895年,甲午战败,举国震惊,朝野愕然,念及《马关条约》空前的割地、赔款,痛恨嫌恶之情难以抑制。有识之士一面惊叹于东邻蕞尔小国(日本)竟然能战胜天朝,一面又痛定思痛,认识到日本自明治维新以来的巨大进步,主张以东邻日本为典范,展开向日本学习的热潮。其中,派遣留学生赴日取经乃是首要任务,主要是从日本学习西方的科学和政治法律知识。因为,自明治维新以来,日本无疑已经取得了巨大的进步,并且已逐渐跻身于世界强国之列,成为中国模仿和学习的典范。早在1896年,张之洞便派遣唐宝锷等13名学生赴日,开启了中国派遣学生留学日本之先河。1898年2月,日本代表与张之洞及其湖北现代革新者会晤时,共同商定派遣中国教育考察团赴日。最终,派遣留学生赴日取经作为一项国家政策得以确立。1901年开始的清末新政期间,由于无分官费自费,概以科名奖赏学成归国者,一时留学蔚为潮流。在20世纪初的几年内,留学国外,尤其是留学日本成为一种风气。

1894年至1895年,中日之间全面开战,两国俨然是不共戴天之劲敌;然而,短短两三年后,却彼此成为朋友,中国甚至开始以日本为榜样和典范,并将派遣学生赴日取经作为一项国家政策,这无疑是一个复杂而又难解的问题。对此,林学忠以为,1898年8月2日上谕的说法可谓点出了其中的关键之所在:

游学之国西洋不如东洋，诚以路近费省，文字相近，易于通晓。且一切西书，均经日本摘要翻译，刊有定本，何患不事半功倍。①

这份上谕无疑点出了甲午战败后清政府派遣学生赴日留学的重要考虑。但是，仅以此而言，并不全面，亦不深刻。美国学者任达指出，日本自1868年明治维新以来，一直到1945年"二战"战败投降，从未间断过对中国的侵略。甲午一战，中国全面败北，使自居天朝上国的中国蒙受了空前的耻辱，《马关条约》更加深了中国人对日本的痛恨。甲午战争后，俄国告诫日本不得在朝鲜或中国攫取领土，因为俄国视其为自己的势力范围。日本方面对俄国的警告置若罔闻。条约签订后不久，俄、德、法三国公使于1895年4月23日与日本外相会晤，表示特别反对日本攫取辽东半岛，如果不将辽东半岛归还中国，便将联合对日采取军事行动，中国因此收回了辽东半岛，这就是著名的"三国干涉还辽"。

在这样的世界局势下，中国因甲午战败和面临的瓜分危机而痛定思痛，不得不对现有体制进行改革，最终确定以日本作为中国现代改革的典范；就日本方面而言，它则希望谋求中国的协助，以阻止俄国和其他西方列强在东亚的可怕推进。这些因素结合起来，两国便克服了先前深

---

① 转引自林学忠：《从万国公法到公法外交》，第174页。杨深秀（1849—1898，戊戌政变中被认为与康有为关系密切，成为受害的"六君子"之一）在1898年6月1日《游学日本章程》奏折中建议总理衙门挑选合资格的学生，经由日本驻华公使谷野文雄协助到日本留学，并提出了广泛的学习科目，指出"中华欲留学易成，必自日本始。政俗、文字同，则学之易；舟车、饮食贱，则费无多"。张之洞在《劝学篇》中《游学·第二》一章中分析了到日本学习胜于到西方的理由："至游学之国，西洋不如东洋（日本）。一路近省费，可多遣；一去华近，易考察；一东文（日文）近于中文，易通晓；一西书甚繁，凡西学不切要者，东人（日人）已删节而酌改之。"张之洞紧接着以典型的功利主义语气指出："中东（日）情势风俗相近，易仿行。事半功倍，无过于此。"康有为等人亦有此种看法。引用《劝学篇》的著作，大都是到此或前一句为止。接下来一句却总被忽略："若自欲求精求备，再赴西洋，有何不可。"由此可见，在张之洞看来，赴日留学取经，只是中国现代化路上的一块垫脚石。〔美〕任达：《新政革命与日本：中国，1898—1912》，李仲贤译，江苏人民出版社2006年版，第48、49页。

深的敌意,开创了前所未有的中日合作新纪元——"彼此共同利用"的时代,也就是任达在《新政革命与日本:中国,1898—1912》一书中所说的中日之间的"黄金十年"。[①]在这样的大背景下,中国在19世纪的最后几年里开启了留学日本的热潮,自1896年以来,数以万计的中国人赴日留学,[②]此后又有为数众多的日本教习来华教授,加上他们翻译包括学校教科书在内的日文书籍,这为中国带来了新的智识资源和知识革新。

2. 留日学生传播国际法知识

鉴于中国在20世纪初所处的国内环境和国际局势,又清政府于1901年宣布开启新政改革,试图挽狂澜于既倒。在这样的时代背景下,留日学生不仅学习日本先进的军事和科学技术,政治法律知识也备受关注,法政科遂成为热门,学习国际法知识自然成为留日学生关注的重点内容。留日学生学习和传播的国际法知识,为中国认识当时的世界秩序,并努力获得各"文明国"之承认而得以进入国际社会,带来了全新的智识资源和概念工具。加之,甲午战败使国人受到了空前的震撼,遂开始对中国的政治法律体制以及教育体制进行全面而又深刻的反思。其中,最为明显的是,全国各地纷纷成立了各种学会,并相继创办发行了各种报刊,这些学会和报刊如雨后春笋般突然出现在中国的各个地方,并以此为平台介绍和传播西方的新知识、新观念,并对当下中国的时势进行评论和讨论,可谓开风气之先。日本留学生引入的实证主义国际法学,也以这一时期兴起的各种学会和报刊为媒介和平台迅速而又广泛地

[①] 〔美〕任达:《新政革命与日本:中国,1898—1912》,李仲贤译,第21—25页。

[②] 粗略估计,从1898—1911年间,至少有2.5万名学生跨越东海到日本,寻求现代教育。1975年,马里乌斯·詹森认为中国学生到日本的运动,"是世界历史上第一次以现代化为定向的真正大规模的知识分子的移民潮"。五年后,詹森又指出,这一浪潮是"到那时为止的世界历史上,可能是最大规模的海外学生群众运动"。汪向荣认为,在甲午战争以前,哪怕派遣一个学生到日本都是不可想象的。参见〔美〕任达:《新政革命与日本:中国,1898—1912》,李仲贤译,第48页。

在国人中间传播开来。从日本传入的实证主义国际法思想,对晚清最后十年间中国的近代国家建设和外交实践影响深远。

中国在经历了甲午战败和八国联军侵华之役后,面对着弱肉强食的现实世界秩序,中国上层官僚和知识分子普遍用"帝国主义"和"强权政治"的话语来描述时局,这种描述为后来占主流地位的革命话语和排外情绪所利用。然而,20世纪初期仍然盛行着另一套话语,即使在革命话语占主导地位的时代,它仍然在积贫积弱的国土上发出了铿锵有力的声音,这就是国际法的规范主义话语。

由于留日学生对国际法知识的传播,19世纪下半期由丁韪良和傅兰雅译介的国际法话语已经大势所去,不再成为国人认识国际法的主要智识资源。丁韪良翻译的"万国公法"一语,也逐渐被从日本引进的"国际法"所替代,尽管"万国公法"在20世纪初并未被彻底抛弃。金观涛和刘青峰通过统计发现,1899年后,"世界各国"和"万国"虽然并用,但前者有逐渐取代后者之势;同时,"万国公法"也逐渐为"国际法"所替代。据数据库考察显示,"国际法"最早出现在1897年康有为的《日本书目志》,次年他在奏折中也提到"国际公法"。1901年,"万国公法"的使用次数只有"国际法"的三十分之一左右了。[1] 这种关于国际法知识和学科的术语变化,直接表现了日本留学生译介和传播国际法的影响,但也正如金观涛和刘青峰所注意到的,它更深层次地反映了国人世界秩序观的转变。

田涛在《国际法输入与晚清中国》一书中,梳理了留日学生曾对这一术语转变所作的讨论和说明。《国际公法精义》曾指出,吾国向有"万国公法"一语,译自英语 law of nations,法语 droit international,德语 internationales Recht。万国公法"以其意义为万国之法律,故或释为万

---

[1] 金观涛、刘青峰:《观念史研究》,法律出版社2010年版,第247页。

国共通之法律之义也,故万国公法之名称,其于此点,颇觉失当。"政治经济社出版的《国际公法》也认为:"据国际公法之定义,既为国与国之间之法,故日本名曰国际公法,最为恰当。前者有仿中国译万国公法者,不适实甚。"另有译者指出:"中国尝译国际公法曰万国公法,易误解为万国通有之法,按英语曰 inter,与'间'字相协,故不如称曰国际公法较妥。"但丙午社所印的《国际私法》在讨论这一术语问题时,则另有看法,称:"国家间之法律,但可译为国际法,不得加以公(public)之名称,中国前译万国公法,日本改译为国际公法,实皆沿用之讹。按欧洲原文拉丁语为 jus inter gentes,英语为 international law,法语为 droit des gens,德语为 Völkerrecht,皆无公字,仅称国际法而已。"[①] 应该指出的是,日本学者箕作麟祥(1846—1897)认为汉译"万国公法"不能准确表达"international law"之原意,遂首先将之译为"国际法"。1881年东京大学学科改正之际,采用了"国际法"作为学科名,俟后"国际法"一词逐渐普及,取代了"万国公法"一语。其后的中国学生也沿用日本惯例,采用"国际法"一语。[②] 将"international law"改译为"国际法",不仅是译词的表面差异,更体现了20世纪初期留日学生从日本传入的国际法的实证主义精神品质。

当时留日学习国际法学的学生,大多都受到日本国际法学家高桥作卫、岩井尊文和中村进午等人的影响。当时日本国际法学界的著名学者高桥作卫根据"共同同意理论"(common consent theory),主张只要是各"文明国"意志所共同同意和承认的规则,便可视之为国际法,而理论上的自然法则要得到各"文明国"法理上的承认方可成为国际法。这种具有实证主义倾向的国际法理论,对当时中国的留日学生产生了深远影响。日本自明治维新以后积极向西方学习,推进自身的"文明国化",塑

---

① 田涛:《国际法输入与晚清中国》,第165—167页。
② 林学忠:《从万国公法到公法外交》,第107—108页。

造了良好的"文明国"形象,最终为西方诸国所接纳,成为最早进入西方国家主导的"国际社会"的亚洲国家。晚清留日学生也正是缘此而积极赴日取经,正因为如此,留日学生比留欧美学生更强调"文明国化"。①此后,留日学生关于国际法的著述都是以这种实证主义的国际法学为理论基础。日本法学博士岩井尊文讲授,由汪庚年编辑的京师大学堂国际法讲义,对国际法有类似的说明:

> 国际法者,在国际团体间之法规,规律国家相互之关系者也。……国际法乃系国际团体间发达之现行法,则并非自然法、哲学或道德之主义之谓,学者有意混视者,是宜注意。现今国际法,本欧洲国家间所发达,今世文明各国所行者也。②

这里将国际法界定为"国际团体"间相互承认的规则,既是相互承认之规则,当然更多体现的是当事国之间的共同意志,而并非合于自然或天性的正义、天理。实证主义国际法学强调国际法乃是基于国家间同意和承认的惯例和规则,同时也注重国际法在处理国家间关系中的实践品格。实证主义国际法学注重实践的这一品质,也正好迎合了甲午战败后中国学生纷纷留日,试图通过学习日本的成功经验进行国家改造,以实现国家的自立自强和提高中国国际地位的紧迫目标。留日学生运用在日本学习的国际法知识,为倡导国内政治法律改革发挥了重要作用。同时,当国家身处外交危机之时,他们能够运用所学国际法知识,通过发表评论和提供对策的方式,化解和缓和国家所面临的危机。在这一方面,留日学生在日俄战争前后关于满洲地区中立问题的讨论,显示出了他们对国际法的认识相对于19世纪下半期有了大幅度的提升。然而,

---

① 刘文明:《全球史理论与文明互动研究》,第207页。
② 转引自林学忠:《从万国公法到公法外交》,第99页。

在这种实证主义国际法学背后,潜藏的是欧洲/非欧洲、文明/野蛮的二元区分,它倾向于将非欧洲世界的政治社会贬斥为"野蛮"社会,并将之排除于西方国际法主导的"国际社会"之外。

(二)认识国际社会:海牙和会

自鸦片战争以来,清政府与西方列强签订的不平等条约纷至沓来,随后又有互派使节等外交方面的努力,但这些几乎全是国与国之间的双边关系,所缔结的条约也都是双边条约。因此,清廷于1899年、1907年应邀参加第一次海牙和会和第二次海牙和会,在中国外交史上具有里程碑意义。它标志着中国的国际交往已经突破双边关系,开始进入到多边关系时期,也就是说,清朝已经开始全面认识和参与国际社会了。[①] 1899年和1907年的海牙和会(尤其是1907年的海牙和会)与会国众多(几乎包括了当时所有的民族国家),分布地域广袤(扩展至亚洲和中南美洲),突破了原来欧洲属性的国际社会的界限,中国应邀参加这两次和会也便显得意义重大了。后来的国际联盟和现在的联合国也都是在这一秩序框架内发展起来的。

1. 第一次海牙和会

19世纪的最后几年,国际局势日趋紧张,俄国沙皇尼古拉二世先后

---

① 根据尹新华的研究,中国从19世纪六七十年代开始,已经陆续参与在西方举行的一些国际会议和活动,进入80年代之后,中国参与的国际会议及其他国际活动有所拓展,例如1882年的世界保护海鲜会议、各国公议电学总会,1883年的荷兰阿姆斯特丹博览会、1884年伦敦国际健康保险博览会和1892年比利时开办的考核罪犯会等。但是,这种进入的程度不可高估,从整体上看,19世纪后半叶清政府参与的国际会议和国际活动,基本上都是以"联络邦交"为宗旨的。在参与方式上,以"随众周旋"为主,尤其是国际会议,往往是列席"观会""听议",基本上不涉及具体国际事务的合作。其参与范围也极为有限,主要局限于清政府认为与政治无涉,且在其他领域也无关宏旨的国际活动。参见尹新华:《晚清中国与国际公约》,湖南人民出版社2010年版,第54—55页。

两次致函世界各国政府,倡议召开第一次海牙和会,研究限制军火、裁减军备以及和平解决国际争端等议题。沙皇的提议得到各国响应,最终于 1899 年 5 月 18 日在荷兰隆重开幕,欧、亚、美三洲的 26 个国家(其中欧洲 19 个、亚洲 5 个、美洲 2 个)①的代表出席。中国派遣的代表团有时任驻俄公使杨儒,参赞何彦昇、胡惟德,翻译官陆徵祥及金楷理(Carl Traugott Kreyer)。会议期间,关于限裁军备的问题遭到正在大力发展军备的德国和其他国家的强烈反对,这一议题只好留待以后议决。从杨儒向总理衙门的汇报中可以看出,在讨论各项国际公约时,中方代表主要考虑两个方面的问题,一是公约条款本身是否有所"窒碍",即是否有损中国主权,以及中国是否有能力履行条约规定的义务;二是追求"善与人同""从众画押",当条约对中国"无甚窒碍"时,则强调"然当入会伊始,亦未便畛域过分,致使外人歧视",否则"此后遇有应入之公会,未必肯与我周旋"。②因此,在奏折中出现最多的便是"从众画押"一语。

对当时积贫积弱的中国来说,首次应邀参加海牙和会,其最根本的动力不在于是否能够"限制军备""维持和平",它更关心的是如何摆脱在国际上的孤立境地,提升其在国际社会中的地位,塑造良好的国际形象,从而能够成为国际社会的完全成员,享有国际法上完全的主体资格。因此,对于这次有欧、美、亚三洲 26 国参加的世界盛会,中国是特别重视的,这从杨儒发出的感慨可窥见一二:

> 我中国办理交涉数十年,欧美两洲各大会向未与闻,去岁俄请入会,据外部面告,此系俄主顾念邦交,欲中国侪于各列国之列。

---

① 显然,此次和会的主要与会国是欧洲国家,另外还有美洲的美国和墨西哥,亚洲的中国、日本、波斯和暹罗。
② 尹新华:《晚清中国与国际公约》,第 103 页。

在该外部虽不免甘言见好,然较诸高丽、巴西、阿根廷诸国遣使驻俄而未约入会,其相待已判等差。此次仰邀宸断,饬议画押,嗣后遇有邮政、商务、公法等会,皆可援引列入,不至见摈,裨益尤多。此诚近日外交之大转机也。①

甲午战后,国人的世界秩序观已经发生了从"一统垂裳"向"列国并立"的转变。在这全新的世界秩序观下,中国在国际社会中的地位自然成了国人思虑的问题。在杨儒的感慨中,我们可以感受到中国已经充分意识到自身在国际社会中享有高于高丽、巴西和阿根廷诸国的地位,所谓"相待已判差等"。进而通过积极参加国际公会,签署国际公约,坚持"善与人同""从众画押"的原则,塑造一个积极融入国际社会的良好形象,从而"不至见摈,裨益尤多"。在他看来,这是中国外交之一大转机,借此中国可奋发向上,实现自身"文明国化"的转变,进而获得列国承认进入国际社会,被赋予国际法上的完全主体资格。由此可见,希望通过参加国际社会、签署国际公约以提高中国的国际地位,进而成为由国际法规范的国际社会之一员的构想,已经成为19世纪末许多从事外交活动的官员和先进知识分子的普遍信念。但是,这一构想成为举国上下的普遍共识,还得等到庚子辛丑的惨痛教训之后。

2. 第二次海牙和会

20世纪初,国际形势更趋紧张,加速了第二次海牙和会的召开。美国于1904年最先倡议此次和会,当时日俄战争胶着,俄国无暇顾及。日俄战争之后,俄国积极与美国交涉,希望由俄国出面召集第二次海牙和会,美国欣然同意。最终,第二次海牙和会于1907年6月15日开幕。

---

① 转引自尹新华:《晚清中国与国际公约》,第103页。

此次会议由 44 个国家[①]的大约 300 名代表参加，几乎包括了当时所有的民族国家。相较于第一次海牙和会，中国对第二次和会给予了更多的关注。中国之所以如此重视此次和会，与其参加第一次和会的初衷和动因是一脉相承的，即试图通过参加海牙和会，签署国际公约，借此塑造良好的国际形象，进一步融入国际社会，进而谋求大国地位。

1905 年初，直隶总督兼北洋大臣袁世凯致函外务部，要求派员参加第二次海牙和会时指出："此会宗旨要在减轻战祸，既系善举，又属公会，尤宜派员前往，以示善与人同，庶将来拟入各国他项公会亦不至见摈，似于外交不无裨益。"由此可见，当时清廷的一些重要大员亦坚持积极融入国际社会，进而提高中国国际地位的意识。只是与第一次和会相比，在第二次和会入会之前中国便表现出了追求大国地位的意识。此次，外务部奉旨简任陆徵祥为海牙和会全权专使，并且授予二品实官衔"以崇体制"。专使的派遣，打破了中国向由驻外使馆人员就近处理国际事务的旧例。[②]清政府此次更加积极、更加注重参加第二次海牙和会的行动表明，清廷已开始将通过参加国际会议、签署国际公约提高中国的国际地位的构想作为一项基本的国策予以推行，并且背后还潜藏着争取大国地位的"大国意识"。

第一次和会期间，中方代表为了表现出积极融入国际社会的形象，在签署相关公约时主要坚持"从众画押""不至见摈"的原则，公约条款本身对中国自身权益以及对国际社会的意义并非其关注的重点。第二次和会则大有不同，中方代表在会前作了大量的准备工作，并且在会议

[①] 第二次海牙和会的与会国包括欧洲 20 国、美洲 19 国和亚洲 5 国（中国、日本、波斯、暹罗和土耳其），其中新增国家主要是中南美洲国家。当时全世界只有 57 个主权国家，此次和会的与会国竟达 44 国，而且代表着差不多全世界的人口及资源，因此时人相信这是迈向诗人及预言家所称的"全人议会"及"世界联邦"的一大进步。参见林学忠：《从万国公法到公法外交》，第 322 页。

[②] 尹新华：《晚清中国与国际公约》，第 136 页。

期间审时度势、据理力争。一方面能够对"无甚窒碍"的提案表示赞同，以求"善与人同"的印象，另一方面对一些攸关国体的提案，则颇能援用国际法诸原则，据理力争。其中最为突出的两场抗争都集中在和解公断条约的修改上，一是"治外法权"排除在强制公断之外的问题，一是公断员的席位和任期之争。①

以公断员席位与任期之争为焦点，来展现中国努力实现"文明国化"的意识和随之萌生的"大国意识"。根据1899年公约的规定，海牙公断法院公断员的派遣，是每国4人，以6年为限，而且平时只是记名，临时有事再选定组成法院。1907年修订《和解公断条例》时，美国提议设立由17名常驻公断员组成新的常设公断法院，公断员以12年为一任期，而与会国众多，于是就不可避免地产生了公断员的席位和任期问题。陆徵祥认为："该法院为万国观听所系，无论国家地位骤失故步，万难隐忍自安，且国际交通日益便利，商议事件亦必日多，万一有事交该法院公断，而本国适无在任人员，关系亦岂细故。"② 由此可见，公断员的席位和任期可谓事关重大。关于新的常设公断法院的组成和任期问题，中国代表团向委员会提出建议，主张以各国分摊和解公断署的运作费用的份额作为分配标准予以考虑。当时，清政府为了争取在国际社会中的大国地位，接受了荷兰政府的建议，主动认购和解公断署运作费用的25股，其承担份额系头等国。③ 在中国代表团看来，无论是以承担和解公断署费用的份额，还是以人口和幅员为标准考虑公断员席位和任期，都将对中国有利。

但是，美国代表在9月22日的会议上正式提议"按国法之完缺，以配摊常年公断员任期"，并建议美、德、法、英、奥、意、俄、日等8国各派1人独任，其余9席由各国共任，共任之中，又有10年、4年、2年、

---

① 尹新华：《晚清中国与国际公约》，第142页。
② 同上书，第147页。
③ 各国分摊费用如下：德国25股、奥匈25股、比利时15股、中国25股、美国25股……，显然，中国所认购的份额系头等国。

1 年的任期之别。其中,土耳其法官任期为 10 年,中国则因所谓的法律不完备而被列为三等国,最后只得 4 年任期。① 按照中国代表提出的份额分摊标准,中国必将列为头等国行列,但以美国"按国法之完缺,以配摊常年公断员任期"的标准,则反被降为三等国。中国代表团对此提出强烈抗议,认为无论从人口、幅员,还是从中国承担和解公断署费用来看,中国都在头等国地位,土耳其尚得 10 年任期,中国仅得 4 年,极为不公。日本所持的理由是:

> 中国法律迥与文明各国不同,是以于中国各授其领事以裁判权,而中国官员无权裁判外人之事。②

其他与会国亦纷纷指责中国为"法律最敝之国"。虽然美国的提议最终因诸多国家反对而没有获得通过,但是这次被世界各国目为"三等国"的遭遇,使中国代表团及清政府都不得不对中国的法律制度进行反思。对此,陆徵祥等人曾做过如下叙述:

> 海牙保和会区别国等,我国被降为三等……推其故由于南北美洲各国群訾我为法律最敝之国,而欧洲各国附和之。适皖案淅案出,地方官办理失当,洋报详细具载,各国遂引为确证,倡言永远不容中国收回法外治权。③

陆徵祥作为中国参加第二次海牙和会的全权专使,对中国被降为"三等国"一事感触最深,他的反思对中国今后法律制度改革具有深远

---

① 尹新华:《晚清中国与国际公约》,第 148 页。
② 转引自林学忠:《从万国公法到公法外交》,第 330 页。
③ 转引自〔日〕川岛真:《中国近代外交的形成》,田建国译,第 12 页。

的指导意义。其后他迅速奏请清廷,要求制定宪法及其他法律制度,以保全主权。董鸿祎(1877—1916)在呈送朝廷的《海牙仲裁与中国之关系论》一文中也明确指出:

> 晚近之世,觇者每以法律优劣定国家之文野,故国家欲图自强,国际欲谋平权,必须修明法律……海牙和会中,我国与各国外虽平等,内不平权。苟不从速修明法律,改正条约指通商条约而言,不但权之永不能平,更不知居我于何等。①

董鸿祎更是痛切地意识到,"苟不从速修明法律,改正条约",将不但不能在国际社会中获得平等对待的地位,"更不知居我于何等"。通过派遣代表团参与第二次海牙和会,签署系列国际公约,清政府和社会各界更加痛切地意识到了自身的落后性(尤其是在法制方面的落后,被讥为"法律最敝之国"),以及由于中国法律整备的落后而遭到国际社会的排斥,由此而激发了清政府以欧美国家法制整备为典范改革国内法制的意识。为了给改革国内法制争取更多的时间和机会,在大会商议第三次保和会会期时,虽然英美极力主张明订年期,而中国代表团则附和德、奥之说,主张不必预定会期,应由各国互相接洽为妥。陆徵祥指出,"会期较远,我修律事较可从容",否则速开第三次和会,届时中国法律改革尚未完成,恐难以维持已有的国际地位。②

通过参加第二次海牙和会的历练和刺激,朝野上下开始意识到,在当前的国际形势下,中国须以欧美法制为典范而改革国内法制,进而实现中国的"文明国化",否则将永远被排斥于"国际社会"之外,而不得享国际法上之正当权利。欲通过改革国内法制实现"文明国化",进而

---

① 转引自林学忠:《从万国公法到公法外交》,第343—344页。
② 转引自同上书,第344页。

积极参与国际社会的各项活动，提高中国的国际地位，塑造良好的国际形象，须以学习欧美法制和熟练运用国际法为前提，是故学习欧美法制整备和国际法知识成为这一时期的关键任务。

自参加第一次海牙和会以来，中国政府对于参加国际会议、签署国际公约，进而实现"文明国化"以提高中国的国际地位和国际形象的意识和努力从未间断，这从民国肇始、政权未稳之际，北京政府便开始积极筹备第三次海牙和会（预定1914年召开）可见一斑。国际法知识的传播刺激了中国参加海牙和会的意识，中国政府准备和参加海牙和会的经历又反过来促进了国际法知识的进一步传入，二者相辅相成，是中国建构现代主权国家，积极融入国际社会，进而提高国际地位的必要前提。

自清末新政改革以来，无论是保守的清政府，还是追求革新的立宪派或革命派，都怀揣一种乐观的期望：只要中国以欧美国家（或日本）为典范，积极推进政制改革和法制革新，建成现代主权国家，实现自身的"文明国化"，中国就会获得"文明"诸国之承认，成为国际社会的完全成员，获得国际法上的完全主体资格，进而得享国际法上之各项权利。通过实现"文明国化"提升中国国际地位的意识，自19世纪下半叶萌芽以来，经过新政十年的孕育才最终显现出来，并作为国家的基本战略得以推行。中华民国建立以后，这种"近代化"和"文明国化"的志向得到了继承和发扬，在孙中山1912年1月1日就任临时大总统时所作的就职宣言中体现得淋漓尽致：

> 临时政府成立以后，当尽文明国应尽之义务，以期享文明国应享之权利。清朝时代辱国之举措与排外之心理，务一洗而去之。与我友邦益增睦谊，持和平主义，将使中国见重于国际社会，且将使世界渐趋于大同。[1]

---

[1] 熊志勇、苏浩、陈涛：《中国近现代外交史资料选辑》，第193页。

中华民国建立以后，民国政府仍旧循着"文明国化"的路径争取进入国际社会，提高中国的国际地位，朝平等互惠的大方向努力，避免再失主权利权。民国政府建立以来，为了废除不平等条约和积极推进修约外交，继续推行政制改革和法制改革，这与19世纪末以来逐渐萌生和发展的通过实现自身"现代化"和"文明国化"，争取提升中国的国际地位，进而成为国际社会的完全成员，得享国际法规定的所有权利的主观意识和政治实践一脉相承。

经过近百年来西方列强的殖民侵略和文化输出，晚清中国已经能够从"天朝上国"的迷梦中觉醒，逐渐认识到自己仅仅是世界民族之林的一员。到了19世纪末20世纪初，统治集团已经能够认识到进入国际社会的具体路径，尤其是英美等国有条件地放弃在华领事裁判权的承诺，以及中国参加海牙和会的经历，更是为晚清中国指明了参与国际社会、提升中国国际形象的明确道路。然而，这是殖民主义与国际法共谋的欺骗性承诺，纵使民国建立以后循着晚清开启的"文明国化"路径继续前行，西方列强彻底放弃在华领事裁判权也要等到近半个世纪以后，而且这一目标的实现并非主要因为中国"文明国化"和法制"现代化"努力的成果达到了它们设定的"文明"标准，而是中国在抗日战争中国际地位的提升和国家实力的增强所致。换言之，西方列强在殖民侵略的进程中表面上奉行"法的支配原则"，实则是推行"力的支配原则"进行赤裸裸的侵略扩张。因此，进一步探究19世纪实证主义国际法对主权理论的改造和重塑，将有助于廓清这一时期国际法与殖民主义共谋的内在法理逻辑。它不仅能够帮助我们认清晚清主权意识生成和现代主权国家建构的历史进程，而且能够为反思、批判殖民主义国际法和当前以人道主义干涉为特征的新帝国主义提供重要的法理依据和理论资源。

第五章　实证主义国际法学对主权理论的重塑

就当前的国际法教科书而言，国际法的普遍性已经成为一种常识，主权平等已经成为这个时代的国际主题。国际法与普遍性的结盟是如此的根深蒂固，以至于常常使人们误认为这是国际法理论和实践的固有属性，认为国际法的普遍适用性是自其产生以来就必然拥有的特征。在今天，很难想象一套不具有普遍性的国际法。殊不知，国际法的普遍化主要是帝国扩张的结果，它的普遍性是一个相对晚近的发展成果。

15世纪以来，随着独立的民族国家的权力日益上升，罗马天主教会和神圣罗马帝国的权力日渐失坠，试图恢复但丁在《论世界帝国》中论述的关于建立一统天下的世界帝国的政治理想和热情也旋即破灭。正是在这样一个权威失坠、秩序混乱的时代，欧洲人被追逐高额利润的商业精神所驱使，凭借他们勇敢进取的冒险精神，漂洋过海，最终发现了遥远的新大陆。这一切都使得欧洲不仅需要思考欧洲大陆各主权国家之间的关系问题，还不得不面对欧洲主权国家与新近发现的新世界之间的关系。对美洲的发现和西班牙的征服把政治体间关系的问题扩展到整个世界，16世纪变成了文明间关系中各种行为模式形成的关键时期。[①]近代意义上的国际法，也便在这样一种异彩纷呈的世界秩序中逐渐成形。有鉴于此，国际法从一开始便不仅限于思考欧洲主权国家间的关系

---

① 〔美〕沃格林：《宗教与现代性的兴起（政治观念史稿·卷五）》，霍伟岸译，第127页。

问题,欧洲国家与非欧洲世界的关系问题一直以来都是国际法的题中应有之义。即便通常都认为17—18世纪的自然主义国际法思想大力倡导普遍性,但正如塔克的研究[①]所指明的,就欧洲与非欧洲的国家间关系而言,它更大程度上是在坚持基督教世界的普遍性,广大的非欧洲世界被排除在外,并被当作"野蛮"民族对待。尤其到了19世纪,西方列强将殖民扩张的铁蹄踏向世界各个角落,为了应对殖民扩张的现实需要,这一时期的国际法学家们不得不对此前《威斯特伐利亚和约》体系所确立的形式平等的主权原则进行改造和重塑。

欧洲国家在全球范围内进行着疯狂的殖民扩张,它们通过其坚船利炮和"教化使命"(civilizing mission)与非欧洲国家建立了不平等的条约关系,这种频繁的交往使非欧洲国家逐渐认识、吸收了原本具有欧洲属性的国际法和经过殖民主义改造的主权理论。正是由于西方列强通过不平等条约对非欧洲国家主权、利权的侵蚀、剥夺,逐渐激发了这些非欧洲国家的主权意识,并开启了非欧洲国家收回利权和主权的努力和行动。对晚清中国而言,西方列强的殖民侵略一方面激发了国家主权意识,使国人认识到了中国的司法主权、领土主权等遭到侵蚀和剥夺的残酷现实,一方面又积极地译介、传播西方的国际法理论,为国人正确认识当时世界秩序的运作逻辑及其价值体系,进而争取收回中国的主权和利权提供重要的"智识资源"和"概念工具"。然而,晚清时期中国人世界秩序观的转变和主权意识的生成不仅遭遇了国内保守势力的极力阻挠,而且蒙受了西方列强在军事上的压制和观念上的欺蒙。之所以说晚清中国在最初认识和了解西方国际法知识时蒙受了欺骗,是因为19世纪的西方国际法学者为了回应殖民扩张实践给国际法和主权理论带来

---

① 〔美〕理查德·塔克:《战争与和平的权利:从格劳秀斯到康德的政治思想与国际秩序》,罗炯译,译林出版社2009年版。

的现实挑战，对国际法原则及其主权理论进行了殖民主义的改造和重塑，晚清中国最先接触和传播的国际法知识正是这套与殖民主义共谋的国际法思想。尽管丁韪良在译介惠顿的《国际法原理》一书时对其进行了自然法改造，然而这更多是为晚清国人能够更容易接受西方国际法、主权理论以及背后所隐含的世界秩序观的技术性操作，并没有从根本上抹杀其殖民侵略的本性，更不可能影响和阻止西方列强唯利是图的扩张步伐，毋宁说是西方殖民扩张大局中的一个重要环节。因此，对晚清主权意识生成进行微观考察之后，仍有必要对当时输入中国的西方国际法与殖民扩张共谋的内在法理逻辑进行梳理，为认清西方列强的侵略本性提供法理依据和理论资源，进而为反思当前世界秩序及其国际法本身提供历史的借鉴和经验。

一、殖民主义与国际体系的扩展

（一）殖民扩张与松散的欧亚体系

随着拉丁基督教世界的衰落，西方逐渐形成了以世俗的主权国家为单位的国际体系。这个国际体系在16—17世纪初步形成的时期，完全是由基督教国家组成的。因此，即便当时的理论家（如维多利亚和格劳秀斯）如何宣称该国际体系的普遍性和包容性，不过都只是基督教国际体系，只是整个世界文明体系的一个部分。此外，世界上还存在伊斯兰文明圈、中华帝国文明圈和印度文明圈等不同于基督教国际体系的其他国际体系。基督教国际体系中的各成员国都共享着一种文明，它们通过相互交往建立起了共同处理彼此间关系的制度和规则，同时承认它们在维系这些安排方面拥有共同利益。这个在近代早期出现的欧洲国际体系，伏尔泰称之为"一个分成若干国家的共同体"，而柏克则将其称为

"欧洲外交共和国";在美国革命以前,这个体系是百分之百欧洲性的;在第二次世界大战以前,它仍然主要是欧洲性的。[①] 但是,随着欧洲基督教国家于16—18世纪在全球范围内的殖民扩张,它们与非基督教国家和非欧洲世界的联系、交往日渐频繁,一个松散的欧洲-非欧洲国际体系逐渐形成。

进入19世纪以后,伴随着工业革命在轰鸣的机器声中高歌猛进,欧洲列强进一步加紧了对非欧洲世界的殖民扩张。自19世纪上半期开始,它们加紧了向亚洲的扩张步伐,并且依靠其强大的军事实力强迫亚洲国家签订了大量不平等条约,使得它们在客观上被卷入了由欧洲列强所主导的国际秩序,无论它们当时是否愿意登上这个国际舞台。伴随着近乎疯狂的殖民扩张,欧洲国家与非欧洲国家的接触不可避免地增多了,传统上以基督教和欧洲为标准的国际法和国际体系已不再能够解释和回应世界秩序的最新发展。此时,以"文明"为标准界定和解释国际社会的理论应运而生,并逐渐取代了先前的基督教和欧洲标准。

(二)二元世界秩序观

在19世纪以前的国际体系中,处于国际体系的核心国家采取"基督教"或"欧洲"标准,将非基督教国家视为野蛮国家,从而将这些国家排除在该国际体系之外;随着殖民扩张所导致的松散的欧洲-非欧洲国际体系的逐渐形成,"基督教""欧洲"标准已经不能应对新的国际体系所带来的问题了。到了19世纪中期以后,理论家们开创了一种新的标准——"文明"标准——他们据此标准把那些与欧洲国家建立了条约关系,并进行着大量贸易活动的非欧洲国家排除在其所主导的国际体系之

[①] 〔英〕赫德利·布尔、亚当·沃森:《国际社会的扩展》,周桂银、储召锋译,中国社会科学出版社2014年版,第1页。

外。非欧洲国家被排除在由欧洲国家主导的国际体系之外，一方面意味着这些国家被视为"野蛮"和"非文明"的国家，使这些国家的文明蒙受羞辱，另一方面则使它们无法享受该国际体系中的完全成员国所享有的国际法上的权利，也意味着这些成员国与被排除在该体系之外的非欧洲国家之间的关系不受国际法的调整。正是出于这种原因，有学者将这些被排除在该国际体系之外的非欧洲国家称之为"法外国家"。[①]

在16—19世纪之间，随着欧洲人持续不断且日渐增多地卷入亚洲政治，以及欧洲列强随之在亚洲地区进行的武装争夺，一个松散的欧亚体系或准体系逐渐形成。欧洲国家寻求在道德平等和法律平等的基础上与亚洲国家打交道，但到了19世纪，这种努力最终让位于欧洲优势的思想。[②]19世纪之前，在欧洲国家寻求平等地与中国打交道的努力中，最著名的是18世纪末期马嘎尔尼使团访华。从英国的视角来看，他们确实只是为了与中国进行通商贸易，并不带有明显的文明优越感，然而，当时自尊天朝上国的清政府却抱持着"华夷之辨"的文明优越感，不肯纡尊降贵与英国使臣平等交往。同时，18世纪的西方思想家，如伏尔泰、魁奈（Francois Quesnay，1694-1774）等，将中国视为政治开明和文明发达的典范，甚至以中国为标准来批判当时的欧洲政治。在19世纪之前，西方思想家们对中国的这种肯定和艳羡的态度确实存在过。但是，自欧洲国家发现东方世界和美洲以后，尽管在欧洲传统中有普遍的自然法观念和万民法观念的存在，但是基督徒与异教徒、欧洲与非欧洲、文明与野蛮的二元世界观早已存在，并且已经对自然法所主张的普适主义的世界秩序观构成了强有力的挑战。19世纪上半期，英国的工业革命正在以前所未有的速度和力量向前推进，正是凭借这种空前的繁荣，英国

[①] 参见〔澳〕杰里·辛普森：《大国与法外国家：国际法律秩序中不平等的主权》，朱利江译，北京大学出版社2008年版。

[②] 〔英〕赫德利·布尔、亚当·沃森：《国际社会的扩展》，周桂银、储召锋译，第5页。

人的民族自信，乃至整个欧洲在文化、政治和经济上的优越感空前膨胀。所有这一切使得英国人产生了对帝国统治下的原住民的同情和怜悯，这其中必然蕴含着某种居高临下的教化心态。例如，19世纪中期，卡莱尔就曾旗帜鲜明地宣称，欧洲人要比非洲人聪明，劣等民族应当驯服于优等民族。至此，文明与野蛮、欧洲与非欧洲的二元世界秩序观已经基本形成，以"文明"为标准对世界范围内的各个国家进行评级定位的观念在西方世界也逐渐确立起来了。

1840年鸦片战争以后，西方列强与中国展开了愈益频繁的商业交往，并且强迫中国签订了一系列不平等条约，为进一步打开中国市场、攫取高额利润提供了依据和保障。到19世纪60年代，随着《天津条约》和《北京条约》的签订，西方列强陆续在北京派驻使节，清政府与西方列强之间在政治上的交涉活动也日益频繁起来了。由此，在西方列强向全球扩张的宏大历史背景下，处于"天朝上国"迷梦中的晚清中国不可避免地被卷入了世界秩序的大舞台之上，纵使它有千百般的不愿意。到了19世纪，西方思想家先前对中国文明和政治的艳羡早已烟消云散，取而代之的是，将中国纳入"文明"与"野蛮"、"欧洲"与"非欧洲"的二元世界秩序观之中，并通过一系列的不平等条约对其进行规制。

二、国际法思想中的"国际社会"观念

（一）国际法思想中的"主权"

就晚清中国主权意识的生成而言，国际社会意识的生成至关重要。因为没有国际社会意识的生成，——也就是说如果晚清中国的世界秩序观不能实现从"中国之天下"向"世界之中国"的转变，——中国的司法主权意识、领土主权意识和国民意识就缺乏其得以萌芽成长的温沃土

壤，也就不可能生成相对成熟的现代国家主权意识。如果没有国际社会意识的生成，中国的司法主权意识、领土主权意识和国民意识将继续保持其在朝贡体系下的样态：将司法管辖权视为便宜统治和"抚驭外夷"的治理策略，将国家领土视为根据军事实力之强弱而可进可退的版图，将移居海外的华侨视同"盗匪"而不予保护和管理。也就是说，如果没有国际社会意识的生成，中国就不可能演变发展为现代民族国家。因此，对晚清主权意识的生成而言，国际社会意识（主权的对外向度）具有极为重要的地位，甚至可以说国际社会意识是晚清主权意识得以生成的前提条件。然而，晚清时期西方输入中国的国际法、主权和国际社会观念都是经过殖民主义改造的产物，它们都带有浓厚的殖民扩张色彩和侵略本性。

  自然主义法学家们大都坚持国际法的普遍适用性，但他们在坚持这一原则的同时，仍将非欧洲社会的人们视为"野蛮人"，从而排除于国际法和国际社会之外，拒绝赋予他们国际法上的主体资格和国际社会的完全成员身份。因此，19世纪之前的国际法理论，看似标榜普遍适用性，实则是在阐述一套明显具有"欧洲属性"的国际法体系。然而，国际法的普遍性却是伴随着帝国主义扩张而实现的。换言之，是殖民扩张推进了国际法普遍性的实现。伴随着几个世纪的殖民扩张，直到两次世界大战以后，国际法才真正意义上逐渐呈现出普遍性的面向。因此，"国际法的普遍性是一个相对晚近的发展，直到19世纪末才发展出一些适用于所有国家的学说，无论它们是亚洲国家、非洲国家抑或是欧洲国家"。[①]

  18世纪末至19世纪初期，实证主义哲学兴起，这一时期的国际法学家也不可避免地受到实证主义思想的影响。在实证主义国际法的视野下，主权国家乃是它最基本的单元，这一时期的国际法学家以主权理

---

① Antony Anghie, *Imperialism, Sovereignty and the Making of International Law*, p. 32.

论为基石来构建国际法的理论体系和世界秩序想象。这个时期的国际法思想和欧洲帝国的殖民扩张必然地扭结在一起，并且不可避免地受到殖民主义狂潮的影响。国际法就其起源和历史发展而言，不可避免地具有欧洲属性，但是随着殖民扩张的进一步展开，它却不得不面临调节欧洲以外国家的问题。这对以主权概念为中心的实证主义国际法构成了极大的挑战，因为殖民遭遇不是主权国家间的对抗，而是拥有主权的欧洲国家和非欧洲国家间的对抗，在当时的实证主义国际法学看来，非欧洲国家是不具有主权的。但是，殖民扩张的历史进程已经不可避免地将这些"不具有主权"的非欧洲国家纳入了世界秩序，并且与欧洲国家之间的贸易往来和外交活动也日渐频繁起来了。晚清中国正是在这样的历史语境中被迫卷入世界秩序，它与西方列强之间的商业交往和政治交涉基本上是通过不得已签订的不平等条约来规制的，西方国家将中国视为"野蛮"或"半野蛮"的国家，西方国家间遵行的形式平等的主权原则在中西方交往关系中几乎没有什么效力。为了保障通过不平等条约体系攫取的在华利益的充分实现，西方列强将经过殖民主义改造的国际法输入中国，为其赤裸裸的殖民侵略披上了一层合法性的外衣。

　　实证主义国际法将主权视为法律独一无二的最终渊源，这一传统由著名的政治哲学家博丹和霍布斯所开创。19世纪晚期的英国法学家们都最大程度地受到了奥斯丁的影响，奥斯丁是他那个时代实证主义法学最为著名的代言人，他宣称"法律乃是主权者的命令"，每一个被恰当地称为法律的命令必来自某个确定的渊源。对奥斯丁和国际法学家而言，这一渊源就是主权者。它明确地将习惯法、神法等排除在法律科学的范围之外。为了回应奥斯丁发起的挑战，国际法学家几乎被"法律是主权者的命令"这一"诅咒"所困扰，并为破除这一"诅咒"而殚精竭虑。为了从理论上回应奥斯丁"法律是主权者的命令"给国际法理论带来的挑战——"国际法是不是真正意义上的法律"，——同时也为了解决殖民扩张时代原本具有欧洲属性的国际法如何调整欧洲国家与非欧洲国家间关系的困境。奥斯丁的挑战不仅被此后的国际法学家所接续，而且为他同时代的人所接纳。例如韦斯特莱克（John Westlake）、劳伦斯（Lawrence）、奥本海（Oppenheimer）和沃尔克（Walker）都批驳或限定奥斯丁的理论。他们开始确定为什么国际法是法律，尽管它不符合奥斯丁的标准。① 对奥斯丁理论的批判，一方面化解了"国际法不是真正意义上的法律"的理论难题，另一方面也回应和解决了殖民扩张进程中处理欧洲国家与非欧洲国家间关系的实践挑战。

（二）习惯法作为国际法的主要渊源

为了回应和化解理论和实践方面的挑战，19世纪的国际法理论家们并没有回到自然法的普遍性主张中去寻找理论资源，而是在实证主义的思想氛围中思考：更多地结合历史、社会的分析来应对殖民扩张所带来的理论和实践挑战。劳伦斯、韦斯特莱克和奥本海等著名的国际法学家都对奥斯丁的法律定义提出了批判，他们认为，如果追随奥斯丁"法律是主权者的命令"的观念，那么国际法的称谓就不恰当，他们更为强调在国际交往实践中各个国家对国际法的遵守。奥本海在《国际法》中作了如下批驳：

> 国际法的规则是否有法律上的拘束力，这个问题差不多从国际法学创立之时起就已经开始讨论。霍布斯和普芬道夫对于这个问题都曾经作否定的回答。在19世纪，奥斯丁和他的门徒们采取了同样的态度。他们把法律说成是主权政治权威所制定和执行的人类行为规则的总体。如果这个法律的定义是正确的，国际法就不

---

① Antony Anghie, *Imperialism, Sovereignty and the Making of International Law*, p. 45.

能被称为法律。因为，国际法是规定各主权国家间关系的规则的总体。主权国家之上并没有一个能够执行这种规则的主权政治权威。但是，这个法律的定义并不是正确的。它只能包括一个国家之内的成文法或制定法，但不能包括国内法中称为不成文法或习惯法的部分。事实上，世界上没有一个社会，也没有一个国家能够只有成文法而生存。无论在哪里，成文法之外都存在着习惯法。①

奥本海借用习惯法的客观存在，对奥斯丁的法律定义进行了全面的批判。在他看来，任何一个社会都不能够仅仅依靠成文法进行治理，习惯法的存在是必不可少的，也是不容忽视的。在奥斯丁之前，英国历史法学派的代表人物梅因已经据此对边沁和奥斯丁所代表的实证主义法学展开了批判。他在《古代法》中坚持从社会的视角出发去考察和理解法律，通过对不同的古代社会的法律进行考察发现，各种社会普遍地为明显不同于奥斯丁"法律是主权者命令"的法律观念所支配。后来的国际法学家大都受到梅因这一独到见解的启发，并出于回应当时国际法所面临的理论和现实困境的需要，他们开始坚持从社会的视角出发认识法律，并强调习惯法在国际法中的重要地位。因为习惯法如果说不是国际法的主要渊源，那也是它的主要渊源之一。劳伦斯对梅因的这一见解进行了很好的发挥，他认为无论是野蛮国家还是文明国家，都存在着国内事务和一定的国际事务。理由很简单：

> 列国共存于地球之上，这必然要求它们相互尊重；使国家更文明，使交往更密切。商业、通婚、科学发现、宗教共同体、政治观念

---

① 〔英〕拉萨·奥本海:《奥本海国际法(第一卷·第一分册)》,詹宁斯、瓦茨(修订),王铁崖等译,中国大百科全书出版社 1995 年版，第 4—5 页。

的和谐、在文学与艺术成就方面彼此间的赞美、利益甚至是感情与偏见的一致性——所有这些,以及不能尽数的其他因素,倾向于将列国编织在同一个社会当中,就像个人与他们的伙伴被编织在同一个社会中一样。正如人类不能在一个没有法律和习惯调整其行为的社会中生存一样,如果没有规则调整其行为,列国亦无法进行相互间的交往。这些规则就被称为国际法。①

对国际法学家们而言,习惯法以社会的存在为先决条件。显而易见,劳伦斯已经开始从社会的视角出发思考和探讨国际法,并且在国内社会和国际社会之间进行了类比。"社会"已经成为劳伦斯探讨国际法的核心概念,事实上这一时期所有的国际法学家的努力都可靠地指出,甚至在没有至高无上的权威时,被服从的规则都是存在的。正如国内社会不能没有法律和习惯的调整而存活下去一样,国家与国家之间通过相互交往而建立的国际社会亦是如此,如果没有调整国家间行为的规则和习惯,这个由列国组成的国际社会将如同霍布斯所描述的自然状态一般,列国个个自危,相互攻伐,永无宁日,以至于最终精力耗竭。劳伦斯从社会与法律的视角出发,强调对法律和习惯的服从。梅因于1888年去世后,韦斯特莱克接替了梅因在剑桥大学的惠威尔讲座教席,在就职演讲中,韦斯特莱克对奥斯丁的论证发起了挑战,他指出,国际法规则是那些在现实世界中被遵守的规则。

紧接着我们将自问,国家间普遍存在的规则意味着什么。它意味着许多国家组成一个社会,该社会的成员主张每一个国家都必须遵守特定的行为准则,这些行为方式被明确地表述为一般规则,它

---

① Thomas J. Lawrence, *The Principles of International Law*, Heath, 1910, p. 3.

们通过相互强迫实现这一服从，如果必要可以诉诸武力……古语有云："有社会的地方才有法律。"……许多有共同关切的人，可能并不感到需要一个由法律调整的特定社会，因为他们生活在一个更大的国家社会（society of the state）中，国家的法律足以应对他们的需要，以及其他特定的目标。但是，如果许多国家试图在没有共同见解的情形下生存，无序和暴力将会由于缺乏社会纽带的控制而大行其道。①

（三）国际社会与国际大家庭

不同的国家通过相互交往组成了国际社会，这些国家生活于这个共同的社会之中，它们作为该社会的成员倾向于习惯性地服从调整其行为的规则，这些规则就是国际法。它们之间通过相互制约而实现了这一服从，使得国际法规则具有了一定的拘束力，否则"无序和暴力将会大行其道"，社会将会瓦解，国家也将因此被耗竭。正是通过法律与社会之间的这种复杂的互动关系，由各个国家共同组成的国际社会才能得以维续，国家的繁荣也将可以期待，国际法不仅客观上存在，而且还获得了相应的拘束力。因此，韦斯特莱克断言：

> 没有社会就没有法律，没有法律也就没有社会。当我们宣称存在国际法这样一个东西时，我们是在主张有一个国际社会（society of states）：当我们承认存在一个国际社会时，我们也就承认存在国际法。②

---

① John Westlake, *Collected Papers on International Law* (ed. L. Oppenheim), Cambridge University Press, 1914, pp. 2–3.

② Ibid., p. 3.

韦斯特莱克明确地提出了"国际社会"这一概念，并通过社会成员间的相互同意论证了国际法的存在及其效力。他的论述已经彻底摆脱了奥斯丁自上而下"命令"式的法律定义，提出了基于社会成员间相互"同意"而使其具有效力的法律概念。在国际社会中，各成员国基于共同利益和相互交往而编织成了一个共同的社会，它们通过协商和对话建立起了属于该社会的规则和制度体系。正如赫德利·布尔（Hedley Bull）和亚当·沃森（Adam Watson）给"国际社会"所下的定义：

> 我们所说的国际社会，是指一组国家（或更一般意义上的一组独立的政治共同体）不仅构成一个体系，在其中，每一个国家的行为均成为其他国家所考虑的必要因素，而且它们通过对话和一致同意确立起处理彼此间关系的规则和制度，同时承认它们在维系这些安排方面拥有共同利益。[①]

"国际社会"和"国际大家庭"逐渐成了国际法领域的核心概念，从此，"社会"和"主权"一道变成了建构国际法体系的核心概念。尽管实证主义国际法学家宣称，主权是国际体系的唯一基础，然而只有当"社会"观念被引进该体系时，他们才能够真正接近自己极力坚持的"法"思想。由主权国家结合而成的社会，不仅提供了思想模型，也提供了理论资源，它将成为新时代背景下建立国际法秩序的理论柱石。这是一个重要的转变：因为"成员身份"的思想便蕴含在"社会"这一概念当中；只有那些被社会所接纳，并同意该社会的行为规则的成员，才能够被视为该社会的正式成员。[②] "社会"是一个伸缩自如的概念，它可以决定

[①] 〔英〕赫德利·布尔、亚当·沃森：《国际社会的扩展》，周桂银、储召锋译，第1页。
[②] Antony Anghie, *Imperialism, Sovereignty and the Making of International Law*, p. 48.

社会成员的多寡,以及社会范围的大小,并且可以根据其特定的标准在不同类型的国家间作出区分,从而决定将特定的国家接纳进"国际大家庭"或将之排除在外。为了回应殖民扩张所带来的问题,国际法学家通过"国际社会"这一概念工具及其所蕴含的"成员身份"的赋予和收回,解释了许多非欧洲国家被排除在国际法领域之外的理由,一定程度上化解了与非欧洲国家之间日益密切的交往所带来的理论和现实难题。

自然主义者(如维多利亚)承认西班牙人和美洲印第安人之间存在重要的文化差异。尽管如此,他们还是声称所有的社会都受到普遍的自然法的约束。对维多利亚和19世纪的国际法学家而言,欧洲世界和非欧洲世界之间的鸿沟是显而易见的。然而,对惠顿及其后来的法学家而言,这一鸿沟不是通过普遍的自然法来架接,而是通过将欧洲国际法明确地强加给非文明的非欧洲世界来实现。[1] 面对国际社会在客观上已经超出了"欧洲"和"基督教"世界的历史现实,19世纪的国际法学家已不再诉诸自然法的普遍性话语,他们转而建立了一套"国际社会"理论,通过赋予或承认特定非欧洲国家的国际社会地位来实现两个世界之间的联接。当然,文明国家与非文明国家之间的二元划分,是欧洲国家主导的国际社会接纳和排除特定非欧洲国家的前提预设。

中华帝国很早就已经发展出了系统、高效的行政官僚体系,有广阔的土地和自己治下的臣民,并且能够对其管领治理下的土地和臣民进行有效的管理和统治。就其文明程度而言,中华帝国在很多方面遥遥领先于世界其他文明,甚至18世纪的许多西方思想家都对中国的文明赞不绝口,并以中国文明和制度为标准批判和反思西方自身的文明和政治。然而,伴随着工业革命的迅速推进,以英国为首的西方国家的生产力获得了极大的提升,正是凭借这种空前的繁荣,英国人的民族自信,乃至

---

[1] Antony Anghie, *Imperialism, Sovereignty and the Making of International Law*, p. 54.

整个欧洲在文化、政治和经济上的优越感大幅提升,西方国家普遍地将中国视为"野蛮"或"半野蛮"的国家。它们正是基于这一"文明"国家与"野蛮"国家的二元区分,以及殖民扩张的现实需要,对《威斯特伐利亚和约》体系所确立的形式平等的主权原则进行重塑,将非欧洲国家定性为"非主权"国家或"准主权"国家,进而以"教化使命"为口号开启对非欧洲世界的殖民侵略和规训改造。

正是随着18世纪中期以后西方列强在世界范围内大肆地进行殖民扩张,大量的殖民地在世界各个角落建立,"文明"国家与"野蛮"国家二元世界秩序观确立,为领事裁判权制度提供了新的土壤。鸦片战争以后,西方列强正是以中国刑罚的残酷性和法制的野蛮性为理据攫取了在华领事裁判权,中国的司法主权部分丧失。以此为据,它们将中国排除于欧洲主权国家("文明"国家)主导的国际社会之外,拒绝赋予晚清中国完全的国际社会成员身份和国际法上的主体资格。晚清中国之所以被排除于国际社会之外,并非因为缺失主权,而是因为缺乏国际社会成员资格所必不可少的特性:现代主权国家的政治和法治精神。若中国欲进入西方主导的国际社会,中国必须根据它们设定的"文明"标准对自身进行全面的改革,以实现自身的"文明国化"和法制"现代化",就其实质而言,也就是实现自身的"西方化"。由此可见,在殖民扩张时代,西方列强凭借其强大的军事和物质力量,以及经过殖民主义改造的国际法和主权理论进行殖民侵略。也就是说,通过对国际法思想和主权理论进行殖民主义改造,将"法的支配原则"和"力的支配原则"结合在一起为其殖民扩张提供依据,不可避免地打破了中国"闭关锁国"的深闭固拒状态,为晚清中国的世界秩序观从"中国的天下"到"世界的中国"的剧变提供了土壤和条件。然而,其侵略本性也使得中国人对西方宣传的许多核心价值抱有警惕和疑虑,从而阻碍了晚清中国主权意识的生成和现代主权国家之政治、法制建构的进程。

19世纪的国际法学家最终借用"社会"这一概念工具,发展出"国际社会"或"国际大家庭"这些术语,成功化解了殖民扩张形成的"松散的欧洲-非欧洲国际体系"的现实困境。只有那些被"国际社会"所接纳的国家和民族,即那些被赋予主权的国家实体,才能成为"国际大家庭"的成员,享有国际法上的主体资格,进而享有国际法所规定的各项权利,并承担国际法规定的各项义务。其他非欧洲国家要么被赋予"部分成员身份",要么被彻底排除在该社会之外,如果它们想要获得该社会的"完全成员身份",就必须通过国内改革以符合主导国际社会的欧洲国家所设定的"文明"标准。因此,哪些政治实体能够成为国际大家庭和国际社会的成员,就成了实证主义国际法学者所面对的难以回答的问题。在新形势下,就确定哪些政治实体能够享有国际社会的完全成员资格而言,"基督教"和"欧洲"标准已不能应对新的现实,"文明"标准逐渐变成了新的裁判标准。

三、国际法思想中的"文明"标准

(一)国际社会的"文明"标准

19世纪初以前,国际法依旧被视为"基督教国家的法律"或"欧洲公法"。① 随着西方工业革命的迅速推进,殖民扩张在全球范围内展开,这促使一大批非欧洲国家和异教国家与欧洲的基督教国家之间发生了各种形式的交往和关联。曾经以"基督教"和"欧洲"标准界定国际法和国际秩序的时代一去不复返。然而,界定国际社会的新标准尚未明确,这是留给19世纪国际法学者的一大理论难题,也是带给这一时代的

---

① Gerrit W. Gong, *The Standard of "Civilization" in International Society*, Clarendon Press, 1984, p. 5.

政治家们的现实困境。惠顿在其《国际法原理》一书中明确指出,国际法只适用于文明国家领域。[①] 自惠顿提出"文明"话语以来,"文明"作为界定国际社会的标准逐渐为国际法学者所接受。虽然惠顿早在1836年就提出了"文明"话语,但是迟至19世纪五六十年代,西方国际法学者都并没有明确地阐释出界定国际社会的"文明"标准,即接纳和排斥非欧洲国家于国际社会内外的具体标准究竟是什么,是否存在这样一套明确的标准呢?"文明"话语和"文明"标准并非一蹴而就,而是经历了漫长而又艰辛的形成历程。

由于受当时流行的社会达尔文主义和进化人类学的影响,根据"文明"这一全新的标准,19世纪的国际法学家们将世界上所有的国家划分为"文明国家""野蛮国家"和"未开化国家"。其中最为典型的是爱丁堡大学的洛里默(James Lorimer),他将人类划分成了三个"同心圆地带",并分别赋予它们从高到低的法律地位。它们分别代表"文明人""野蛮人"和"未开化人",并且赋予它们各自在国际社会中的不同地位,"完全政治承认""部分政治承认"和"自然的纯粹作为人的承认"。在他的这一划分计划中,中国和土耳其被定性为"野蛮"(或"半文明")国家,因此它们在国际社会中只享有"部分政治承认"。[②] 1894年,英国国际法学家韦斯特莱克对非欧洲国家在国际社会中的地位作出了明确的界定,"我们的国际社会具有接纳外面的国家成为它的国际法的一部分内容的权利,但是没有必要一定要接纳它们享受整个国际法的内容"。[③] 处于国际社会核心圈之外的非欧洲国家可以享有部分国际法上的权利,即它们在国际社会中只享有"不完全成员资格",只能享有国际法所规定的部分权利。虽然它们与欧洲国家签订了各种外交和贸易

---

① Henry Wheaton, *Elements of International Law*, Vol. I, B. Fellowes, 1836, p. 54.
② 赖骏楠:《十九世纪国际法学中的中国叙述》,载《法学家》2012年第5期。
③ John Westlake, *Collected Papers on International Law* (ed. L. Oppenheim), p. 82.

条约，但它们并不享有国际社会的"完全成员资格"，也就不能享有国际法规定的完整的权利。就其实质而言，它们与非欧洲国家签订的不平等条约就是限制其成员资格和权利享有的依据。无论如何，韦斯特莱克还认识到，像日本和中国这样的国家，"它们拥有古老而稳定的秩序，并有相当的组织能力和足够复杂的领导思想，以至于能够欣赏不同于它们的其他秩序的必要性……必须承认（它们）是文明国家，尽管它们的文明与我们的文明不同"。①

劳伦斯是谴责主权平等原则最坦率的学者。他认为必须把国际社会中某些重要的决定权赋予文明世界中最有实力者，他指出自维也纳和会以后，整个国际社会正在从一个主权平等的社会转向一个通过胁迫和等级同意霸权和权威的社会。② 从劳伦斯给国际法所下的定义就可以看出，他一方面承认国际社会只包括文明国家，另一方面也明确地意识到文明国家并不局限于基督教国家。在他看来，国际法已为近代地球上所有的文明国家所接受。与欧洲列强一样，美洲大陆的国家也受到束缚；然而在亚洲国家中，日本不仅严格遵行之，而且还为它的发展发挥了积极的作用。因此，在给国际法所下的定义中，我们将之界定为"确定全体文明国家间相互交往行为的规则"。劳伦斯此时已经明确地承认了日本的国际法主体资格，然而此时他对中国在国际社会中的地位仍持消极的态度。

既然大多数非欧洲国家尚被排除在国际社会之外，未被赋予国际社会的"完全成员资格"，也未获得国际法上的主体资格，但是日本作为一个亚洲国家却已经明确地被赋予了国际法上的主体资格，这又是如何实现的呢？对于这个重要而又棘手的问题，劳伦斯在讨论国际法主体时进

---

① John Westlake, *Collected Papers on International Law* (ed. L. Oppenheim), p. 103.
② 〔澳〕杰里·辛普森：《大国与法外国家：国际法律秩序中不平等的主权》，朱利江译，第144页。

行了说明:

> 个人在进入一个普通社团或俱乐部前,必须拥有指引自己行为和控制自己生活的能力。同样,一个国家在成为国际社会(society of nations)的成员之前,必须能够决定自己的命运。
>
> 一个主权国家在成为国际法主体之前,除了刚才我们所列举的标志外,还须具备其他一些成为国际大家庭成员资格的基本要素。首先它必须具备相当的文明程度。对一个国家而言,当它不能具备这些基本要素时,便不能够参加近代国际社会(international society)。但是,这些特性和要素尚没有得到明确的界定。[①]

劳伦斯以一般的社团和俱乐部为例,说明要获得其成员资格必须首先满足一定的基本条件,否则便不能被接纳为该社团或俱乐部的成员。当然,对于由国家组成的国际社会和国际大家庭而言,情况更是如此,其标准可能更为严格。随后,他通过列举承认一些国家为国际社会的新成员的三种情形,进而说明:

> 近代国际法是于 16、17 世纪在欧洲国家间成长起来的。它们构成了国际社会的核心,对它们来说,不需要进入国际社会的正式承认。但是,若其他国家意欲进入国际社会……正式的接受便是必要的。[②]

劳伦斯明确地展示了非欧洲国家意欲进入国际大家庭的必要程序。

[①] Thomas J. Lawrence, *The Principles of International Law*, Heath, 1910, pp. 54–57.
[②] Ibid., pp. 83–87.

如同土耳其和日本那样，中国若想进入国际社会，就必须像土耳其和日本进入国际社会那样，首先必须通过全面的自身改革符合欧洲国家所设定的"文明"标准，其次还须通过一定的承认仪式，即必须得到国际大家庭所有成员的一致承认，或者得到欧洲国家中最为主要的国家的承认。由此，"文明"标准变成了非欧洲国家的组织原则，欧洲国家（国际社会的原有成员国）的"承认"成了进入国际社会的通行证。凡是意欲成为国际社会成员国，争取获得"文明"国家所享有的法律保护和特权的非欧洲国家，必须将欧洲国家所设定的"文明"标准作为自身国内改革的指导原则。因为，国际社会的原有成员将以此为据对候选国进行评估，从而决定是否承认其完全的国际法主体地位和国际大家庭成员资格。

（二）通过"承认"获得国际社会成员资格

对于非欧洲国家进入国际社会的承认程序，奥本海对此也进行过明确的阐释：

> 既然国际法的根据是各文明国家的共同同意，单纯具有国家资格并不意味着具有国际社会成员的资格。现为国际大家庭成员的国家，或者是创始成员，因为国际法是通过习惯和条约而在它们中间逐渐成长起来的，或者它们是在产生时被原先存在的成员所承认的成员。一个国家只有经过承认，才是而且成为一个国际人格者。[1]

由此可见，仅仅具有主权国家的资格并不能当然地就获得国际社会的完全成员资格。要获得国际社会的完全成员资格，还须获得国际社会中的核心成员国的承认和接纳。在这里，奥本海承认存在着享有"部分

---

[1] 〔英〕拉萨·奥本海：《奥本海国际法（上卷·第一分册）》，劳特派特（修订），王铁崖、陈体强译，商务印书馆1989年版，第101页。

成员资格"的国际社会成员，这在一定程度上是对某些已经与欧洲国家发生频繁交往的非欧洲国家的国际地位的部分承认。例如，像中国这样的国家，它拥有悠久的历史和治理良好的政府，同时它也不是欧洲列强的殖民地，它无疑具有国家资格，并且是主权国家。但是，它仍然被排除在欧洲列强主导的国际社会之外，没有被承认为国际社会的"完全成员"，即不具有国际法上的主体资格，从而不享有国际法上的整体权利。

同时，奥本海在其《国际法》中专辟"国际法现在的领域"一节，对现在的国际社会成员国进行了梳理。他指出国际社会成员国是一个历史发展的结果，他根据各国加入国际大家庭的先后时期，将国际社会的正式成员国进行了界定：（1）西欧旧基督教国家是国际大家庭的创始成员；因为国际法是在它们之间通过习惯和条约而逐渐发展起来的。以后在欧洲每有新的基督教国家出现，就随时由国际大家庭旧成员接受其加入当时的国际大家庭。（2）加入国际大家庭的第二批国家，是在欧洲以外成长起来的基督教国家。所有由欧洲国家殖民地兴起的美洲国家，都属于这一批。在这些国家中，美国对于国际法规则的发展有很大贡献。（3）自1856年土耳其被接受加入国际大家庭以后，国际法就不再仅仅是基督教国家之间的法律了。但是，它作为国际大家庭成员的地位是很特殊的，因为它的文明被认为是不及西方国家的。因此，在土耳其，所谓的领事裁判权条约曾经继续有效，一直到了1923年。[1]（4）国际大家庭的另外一些重要的非基督教成员国是日本、印度和巴基斯坦。（5）在第一次世界大战以前，波斯、暹罗、中国、朝鲜和阿比西尼亚等国的地位是有些疑问的。中国、波斯和暹罗甚至曾经两次参加海牙和平会议。第

---

[1] 19世纪末，奥斯曼帝国作为威斯特伐利亚国际秩序的一个临时成员加入欧洲均势，但这个日益衰微的大国并不能完全掌控自己的命运。它是建立欧洲均势时需要考虑的"一个砝码"，但不是构建这一体系的一个完全的伙伴。参见〔美〕亨利·基辛格：《世界秩序》，胡利平等译，第133页。

二次世界大战以后,中国取得了大国的地位。①

奥本海根据历史发展的进程对国际社会成员和国际法主体进行了明确的界定,这其中隐含着一个重大的问题,即许多国家(如中国)在正式成为国际社会的成员之前,即获得"完全的国际社会成员资格"之前,它们已经与其他旧有的国际社会成员(主要是欧洲国家)进行着广泛的贸易和外交活动,并且在这一时期它们之间已经签订了大量的条约,欧洲国家主要通过这些不平等条约攫取在非欧洲世界的权益。如果完全不承认这些非欧洲国家在国际法上的主体资格,它们与非欧洲国家间的条约关系将难以维系,这将极大地损害欧洲国家已经攫取到手的各项权益,因为与非欧洲国家签订不平等条约是它们在殖民扩张进程中攫取额外利益的主要手段。这一困境已经为韦斯特莱克所注意到:

> 我们发现它们的一个首要行动是,与它们所能发现的首领或是其他当局缔结条约:十分恰当的是,没有人如此的野蛮以至于不能够与其他人达成理解,无论人们之间有什么样的接触,一定程度的理解(可能不是完全的理解)而不是武力是相互关系的更好基础。在这种情形下,条约的合理范围是什么呢,它们将会产生什么样的效果呢?②

为了解决这一困难,国际法学家们诉诸"承认"和"准主权"(quasi-sovereignty)这样的概念。韦斯特莱克和其他许多国际法学家都主张,即便那些与之缔约的非欧洲国家不享有国际社会的"完全成员资格",也享有"部分成员资格"。这样,尽管那些非欧洲国家不是国际社

---

① 〔英〕拉萨·奥本海:《奥本海国际法(上卷·第一分册)》,劳特派特(修订),王铁崖、陈体强译,第32—34页。

② John Westlake, *Collected Papers on International Law* (ed. L. Oppenheim), p. 144.

会的正式成员，它们仍然能够签订一些条约，并且这些条约是有效的。在这个意义上说，它们也是国际法领域的成员，也享有"部分"国际法主体资格。韦斯特莱克和奥本海等国际法学家阐述的"准主权"和"部分成员资格"理论，有效地应对了欧洲列强通过签订不平等条约进行殖民扩张的现实需要。自鸦片战争以来，晚清中国的国际地位就始终处于这样一种模糊的状态当中。

鸦片战争以来，中国的领土主权和司法主权遭到了西方列强的严重侵蚀。自19世纪末以来，晚清政府和先进知识分子逐渐意识到了收回已经丧失的主权和利权的具体路径，即通过内政外交方面的全面改革，实现中国的"文明国化"和"现代化"。就收回司法主权的努力而言，20世纪初期，英、美、日、葡等国在条约中明确承诺，只要中国仿行欧美"文明"国家法制整备进行改革，实现自身的"文明国化"和法制"现代化"，即放弃在中国的领事裁判权。

为了收回中国的司法主权，晚清政府"以日为师"，将通过法制改革实现中国法制的"现代化"视为清末新政的重要内容，张之洞和刘坤一的"江楚会奏"的重点内容即是法制改革和制定律例。总体而言，清末光绪、宣统时期的"新政"立法改革，追随了世界法律发展的潮流，它对中国传统政制、官制的变革，对中国司法体制的改革，以及在宪制、军政、财政、教育、实业、外交等各个领域的法制追求，都既传承了中国传统的法律文明传统，也开启了中国近现代法律发展的道路。虽然，1911年"辛亥革命"的爆发，中断了光绪、宣统两朝修律变法的进程，但其基本方向是进步的，是符合中国乃至世界法律发展之潮流的。[①] 自晚清以来，中国政府为实现法制"现代化"作出了巨大的努力，通过政府外交直到

---

① 上海商务印书馆编译所编纂:《大清新法令(1901—1911)》(第五卷)，商务印书馆2010年版，第7页。

1943年西方列强最终放弃在华领事裁判权。1943年英、美等主要列强撤废在华领事裁判权,并非中国通过法典创制和司法改革实现了自身法制"现代化"所致,而是因为中国在抗日战争中国际地位的提升和国家实力的逐步提升。

由此,我们可以看出,西方列强在中国攫取领事裁判权,及其提出的有条件地撤废领事裁判权的种种说辞和承诺,只是其肆行殖民扩张的工具而已,只是为了粉饰它们赤裸裸的侵略实质。它们通过创设"国际社会"观念和改造"文明"标准,重塑了《威斯特伐利亚和约》体系所确立的形式主权平等原则,更多是为其殖民扩张提供法理依据而已。毋庸置疑,晚清国际法知识和主权观念的传入是中国主权意识萌芽、生成的温床,然而当晚清统治集团逐渐认清了国际法的侵略性和欺骗性之后,有意无意地阻碍了国人对国际法知识与主权观念的彻底接受和内化,对中国形成一套健康的世界秩序观产生了极为不利的影响,也进一步阻碍了中国现代主权国家建构的历史进程。

殖民扩张时期欧洲奉行的"文明"国家与"野蛮"国家的二元世界秩序观,不仅是西方列强在全球范围内推行殖民扩张的理论基础和法理依据,也是当今国际上单边主义世界霸权的文化根源。要想实现世界秩序的和平发展和运行,彻底落实国际法的普遍性和形式平等的主权原则,就必须对理论和实践层面的西方文明和政治模式的霸权话语(西方列强设定的"文明"标准)进行反思和批判。由此可见,以"内在导向"为视角对中国现代国家的起源所作的研究[1],虽然很大程度上忽视了西力冲击和西方国际法智识资源对晚清中国主权意识生成和主权国家建构的巨大影响,但其所提出的"现代性"在世界范围内有着多种存在形

---

[1] 〔美〕孔飞力:《中国现代国家的起源》,陈兼、陈之宏译,生活·读书·新知三联书店2013年版。

式和替代性方案。世界上不同地区的不同国家完全可以通过不同的路径实现自身"现代化"的看法，无疑为反思、批判殖民主义与国际法的共谋和当前以人道主义干涉为主要特征的世界秩序提供了重要的理论资源和智识贡献。

结　　语

晚清主权意识生成的基本论述框架，是在国际法的理论视域，特别是国际法史和19世纪殖民扩张的历史背景下展开的。本书主要以国际法上主权国家的核心要素为架构，并结合晚清主权意识生成之历史特性，从司法主权、领土主权、国民和国际社会几个方面出发，对晚清主权意识的生成进行了具体考察，得出如下结论：面对西方工业文明坚船利炮（"力的支配原则"）和国际法（"法的支配原则"）的双重冲击和压制，中国不仅提出"师夷长技以制夷"的各项改革举措以求"自强"，而且在世界秩序观方面，晚清中国从根本上实现了从传统帝国向现代民族主权国家，从"中国之天下"向"世界之中国"，从中华帝国的天下秩序向以主权平等为原则的国际秩序的巨大转变，使得晚清国人对现代世界秩序的运行逻辑及其价值体系有了较为清醒的认识。面对中华帝国深闭固拒的保守态势，西方国家一方面通过战争步步紧逼，另一方面则通过输入近代法学及国际法知识，逐渐改造晚清国人的世界秩序观和认识世界的思维范式，为晚清国人认识当前时局、理解新形势下的世界秩序的运作及其价值体系提供了重要的"智识资源"和"概念工具"。揭示实证主义国际法对主权理论的重塑，探讨19世纪实证主义国际法与殖民扩张的共谋。实证主义国际法为了回应殖民扩张的现实挑战，对《威斯特伐利亚和约》体系所确立的形式平等的主权原则进行了改造、重塑，在这样的国际法思潮影响之下，晚清西方输入的国际法内在法理逻辑具有侵略本性。

中华帝国数千年来抱持着"大而无外"的"天下观"，在中国人的认识当中，世界秩序决非多元论的，而是一个以"中国"为中心向外围辐射开来的等级性"同心圆秩序"。当西方民族国家在工业革命所释放出来的巨大活力的推动下鼓浪而来时，两种完全异质性的文明和世界体系——中国传统的"礼乐"秩序和西方以形式平等的主权国家为基本单元的国际法秩序迎头相撞。东西方两种异质性的世界秩序观皆视"他者"为"野蛮""暴力"和"非文明"，最终只有武力相向。直到鸦片战争爆发以后，中国人才逐渐意识到"大而无外"的帝国其实只是一个地域性的政治实体，即便他们在接下来的很长一段时期仍不愿承认和接受这一事实。中华帝国以"华夷之辨"为根据建立起来的"天下观"虽然遭遇了现代形式平等的主权国家体系的冲击，但是开始很难承认西方以主权平等原则为基础的"列国并立"的国际法秩序，这就成了中西两大文明和世界秩序观猛烈冲撞的中心内容。

无论传统中华帝国世界秩序观的制度惯性和思维惯性如何强劲，在遭遇了西方工业文明及其国际法体系的剧烈冲击后，它不可避免地走上了向现代民族主权国家转型的航道。自此，在"欧风美雨"的沐浴滋养下，中国作为现代民族主权国家的政治和法治精神逐渐萌芽和成长起来，开启了现代主权国家的理性建构进程。毋庸讳言，西方列强的殖民侵略和中国内在的社会矛盾都是中国开启现代国家建构进程的重要动力来源，但无论如何都不能将中国内在的推动力量过分夸大，如果缺失了西方殖民侵略的冲击（包括国际法知识和主权观念的传入），晚清中国的主权意识生成和现代主权国家建构都是不可想象的，因为它缺失了最基本的"智识资源"和"概念工具"。

到 19 世纪 60 年代，随着西方列强陆续在北京派驻使节，清政府与西方列强之间的对外交涉活动也日益频繁起来。清朝总理衙门设立后，一些专门处理对外交涉事务的高级官员逐渐意识到，国际法乃是西方国家与中国交涉时据以主张其权利的秘密武器,遂主动提出翻译西方国际法,并以之为总理衙门当前之急务。总理衙门的这一请求,正中西人下怀。然而,对于这项事业的反对声音也不绝于耳。一些西方人士的反对意见体现了西方列强在向中国输入国际法时的矛盾心情:它们一方面欲使中国认识到应主动遵守和履行国际法上之义务,使清廷能够自愿地履行已经签订的不平等条约中的各项义务;另一方面,又担心国际法的传入会激发中国人的主权意识,并以此为据主张废除不平等条约,进而从根本上损害西方列强在华利益之攫取和保障。清廷的一些保守派官员对此也以各种理由大加指责,然而就其实质而言,还是因为西方国际法所宣扬的世界秩序观与天朝定制相互龃龉。无论遭遇过何种阻力,丁韪良翻译的《万国公法》最终还是得以刊行了。

丁韪良翻译的《万国公法》某种程度上曲解了惠顿国际法思想本来的实证主义精神,并对其进行了自然法改造,希冀通过这种改造实现与传统中国世界秩序观的暗合,以利于国际法知识和主权观念在晚清中国的传播和接纳。《万国公法》对19世纪下半期中国的官僚阶层和知识分子的国际公法观和世界秩序观均产生了难以磨灭的影响。20世纪初期留日学生从日本传入的实证主义国际法,更是为晚清中国从传统帝国向现代民族主权国家,从"一统垂裳"向"列国并立"的世界秩序观的转变提供了重要的"智识资源"和"概念工具"。正是这种世界秩序观的扭转和国际社会意识的萌发,才使得晚清国人逐渐对当时的世界秩序有了清醒的认识,也为中国开启现代民族国家的理性建构进程提供了可靠的理论和方向。

晚清时期西方国际法的传入对中国而言并非都是积极的,但又是不可避免的。西方列强在晚清时期输入中国的并非《威斯特伐利亚和约》体系所确立的以主权平等为原则的国际法和主权理论,而是19世纪的实证主义国际法学家们经过殖民主义改造的国际法和主权理论。就其起源而言，国际法从根本上是具有欧洲属性的，《威斯特伐利亚和约》所确立的主权平等、互不干涉原则最初只在欧洲主权国家之间有效。然而，伴随着西方列强殖民扩张活动在全球范围内的推进，对于其殖民扩张的铁蹄所践踏到的非欧洲世界而言，西方列强非但没有有效贯彻这一原则，反而将非欧洲世界的原住民贬为"野蛮人"或"半野蛮人"，否认他们的自治权，否认他们的共同体拥有主权国家资格，并将它们排除在国际法和国际社会之外。

就其起源而言，国际法体系不可避免地具有欧洲属性，但是现在却面临着如何调节欧洲以外国家和社会的问题。自19世纪初期以来，殖民主义已经成为这个时代的标志，作为近代国际法基石的主权理论也不可避免地在这种氛围中遭遇了改造和重塑。随着西方列强在世界范围内大肆推行殖民扩张，非欧洲世界（包括中国）在客观上被卷入了欧洲国家主导的世界秩序。在殖民遭遇的进程中，中国之所以被西方列强视为"野蛮"或"半野蛮"的国家，其主要原因在于其现代主权国家的政治与法治精神之阙如。无论经过殖民主义改造的实证主义国际法如何贬斥非欧洲社会，不可否认的是，19世纪以来欧洲列强与亚非拉殖民地世界的接触和交往活动日益频繁了，并且在这些交往活动中已经产生了复杂而又重要的条约关系。尽管如此，为了回应殖民扩张的现实需要，使列强更进一步地攫取殖民扩张所带来的高额利润，这一时期的国际法理论通过坚持欧洲国家与非欧洲国家、文明国家与非文明国家的二元区分，将非欧洲世界的政治实体排除于国际法的合法性领域之外，然后，再通过改造、重塑国际法和主权理论，将经过"欧洲化"或"现代化"改造的非欧洲国家接纳进国际社会和国际大家庭，并赋予其国际法上的主体资格。殖民遭遇使得国际法不再是主权国家间的对抗，而是拥有主权的欧洲国家和不（完全）具有主权的非欧洲国家间的对抗。

欧洲国家与非欧洲国家、文明国家与非文明国家之间基本的二分法，是 19 世纪实证主义国际法最为基本的前提预设。对那些被排除于国际法范围之外的非欧洲国家而言，要想进入欧洲国家主导的国际大家庭和国际社会，进而享有国际法上的各项权利，它们就必须根据欧洲国家为它们设定的"文明"标准，在内政外交领域进行全面的改革：在外部领域，一国必须能够履行国际义务，向他国派驻外交代表团，以及建立使得与欧洲国家间关系得以维持的必要渠道；在内部领域，一国必须彻底改革其政治和法律体系，以符合欧洲国家所设定的"文明"标准。从根本上来说，这给非欧洲社会带来了根本性的矛盾：为了获得国际社会的接纳，就必须根据欧洲国家所设定的"文明"标准进行全面的国内改革，即实现国内政治和法制的"现代化"和"文明国化"。因此，对非欧洲国家来说，进入国际社会，实现自身的"现代化"和"文明国化"，也就意味着在一定程度上放弃或丧失部分自己的文化特性。由于国际法与殖民主义的合谋，19 世纪的实证主义国际法常常被谴责为帝国主义的国际法。[①]

自鸦片战争以来，在西方列强坚船利炮的威逼下，中华帝国传统的世界秩序观——以"华夷之辨"为根据建立起来的等级性"天下观"——遭遇颠覆，代之而起的是以不平等条约体制为基础的形式平等的主权国家体系。这种现代民族主权国家体系，显然不是对西方形式平等的主权国家体系的简单复制，而是经过殖民主义改造的产物。在这两种异质性的文明观和世界秩序观的冲击中，中国的"礼乐"文明和秩序遭遇了空前的危机，并据其"义利之辨"认定西方列强进行的殖民扩张活动纯粹是为求利而来（这一点也为西方列强所承认），再加上后者以坚船利炮开道的野蛮行径，更使中国人认定西方列强所宣扬的"文明"和国际法都

[①] Antony Anghie, *Imperialism, Sovereignty and the Making of International Law*, Cambridge University Press, 2004, pp. 108–109.

是野蛮的和非文明的。由此可以说,晚清国人对西方列强赤裸裸的侵略和唯利是图的认识是准确的,但十分遗憾的是,这一判断阻碍了国人对新形势下国际秩序的清醒认识,加上国人对传统中国式世界秩序观的固守,使变法改制难以顺利推进,尤其阻碍了对变法改制的现代性方向和原则的确定。如果不能确立现代的世界秩序观和主权观,就无法有效应对"三千年未有之大变局"。①

在晚清中国主权意识生成的历史进程中,对内和对外两个向度上的主权观念遭遇了完全不同的命运。如果说处于深闭固拒氛围中的晚清国人逐渐放弃以"华夷之辨"为根据、以"中国"为中心的等级性世界秩序观,而日渐接受和内化"列国并立"的世界秩序观已为极为不易,那么,培养以"个人权利"和"个体价值"为基础的"民主权利"意识将更为艰难,并且将需要经历漫长的历程。因此,对晚清中国而言,接受对外向度上的主权观念的速度和程度远高于其接受对内意义上的主权观念。②

西方以主权平等为原则构建起来的国际体系,携带着工业文明所带来的巨大能量向东方扩张,处于"天朝上国"迷梦中的清政府遭遇了这种完全异质性的文明和世界秩序体系。在西方列强的坚船利炮面前,中国很快变成了"被动挨打"的失落者,晚清中国及国人的心理状态从极度自负转变为极度自卑。"愚昧、迷信、无知、夜郎自大、自吹自擂的大清国与其子民,忽然间又会变得奴颜婢膝、视故国如无物。所以需要大变局,改弦更张。"③为了改变这种"落后挨打"的局面,清廷迅速开启

---

① 赵明:《中国的现代革命与法制转型论述》,载《政治法学研究》2014 年第 1 期。
② 林永亮:《东亚主权观念:生成方式与秩序意涵》,社会科学文献出版社 2016 年版,第 243 页。
③ 王蒙:《中国天机》,贵阳人民出版社 2012 年版,第 13 页。

了"以敌为师"的"自强"运动,这为晚清中国接受"列国并立"的世界秩序观提供了有利的条件和土壤。

在以"救亡图存"为主题的历史时期,公民权利和民主宪法的观念很容易被寻求国家富强的诉求压倒和遮蔽,即"救亡压倒启蒙"。晚清国人在完成从"中国之天下"向"世界之中国"的世界秩序观转变时,已经接触到了西方的公民权利意识。然而,在强敌压境、民族危亡的关键时期,"救亡图存"始终是其最高目标,"国家独立"和"国家自由"始终是最具权威性的合法性表述,"救亡图存"与现代主权国家观念(主权的对外向度)相结合,对"主权在民"的民主权利意识(主权的对内向度)形成了挤压态势,也就是"国家自由"压倒了"个体自由"。在这样的历史氛围中,相较于"救亡图存"和"国家自由"的历史使命,民主宪法和公民自由仅仅具有工具性的价值,不可能获得其自身的独立价值。主权的对外向度在晚清中国获得了广泛的传播和接纳,而以"个人权利"和"个体价值"为基础的民主权利观念仍需实现其彻底的内化。因此,无论是通过消化外部资源,还是通过发掘内在文明,彻底落实内外两个向度上的主权,最终完成现代民族主权国家之政治和法制建构,将中国建构成一个法治国家仍是我们必须努力的方向和目标。

自 20 世纪末 21 世纪初(尤其是自"9·11"事件)以来,以人道主义干涉和人权话语为基础的新帝国主义在理论和实践领域都有所抬头。同时,自"9·11"事件以来的新帝国主义论调与 19 世纪的帝国意识形态和殖民主义国际法都有着惊人的相似性。19 世纪的帝国话语和殖民主义国际法理论假定了欧洲与非欧洲、文明与野蛮这一基本的二分法,它们在这些政治实体间人为地确立了某种等级性,并且指出前者是先进的、公正的和有权威的,而后者则是落后的、暴力的和野蛮的;它们压制了非欧洲社会人民的声音,并否定了他们的主体性和自治权。20 世纪末以来复兴的新帝国主义则存在着一个同样现实的危险:它以"自由"

价值为基准,将所有国家划分为自由主义国家和非自由主义国家,并据此在全球范围内肆行人道主义干涉。在这样的历史背景和理论氛围下,对 19 世纪帝国话语和殖民主义国际法理论内在法理逻辑的梳理和揭示,无疑具有重大的启示意义。

参 考 文 献

一、专著

安国胜：《外国在华领事裁判权史稿》，中国政法大学出版社2014年版。
安国胜：《西风落日：领事裁判权在近代中国的确立》，法律出版社2012年版。
陈善伟：《唐才常年谱长编（上册）》，香港中文大学出版社1990年版。
陈旭麓：《近代中国社会的新陈代谢》，中国人民大学出版社2012年版。
陈振华：《核心利益之领土主权》，测绘出版社2013年版。
董丛林：《刀锋下的外交：李鸿章在1870—1901》，东方出版社2012年版。
冯天瑜、何晓明：《张之洞评传》，南京大学出版社1991年版。
葛剑雄：《历史上的中国：中国疆域的变迁》，上海锦绣文章出版社2007年版。
葛剑雄：《普天之下（葛剑雄文集）》，广东人民出版社2014年版。
葛兆光：《宅兹中国：重建有关"中国"的历史论述》，中华书局2011年版。
耿兆锐：《文明的悖论：约翰·密尔与印度》，浙江大学出版社2014年版。
顾颉刚、史念海：《中国疆域沿革史》，商务印书馆1999年版。
顾维钧：《外人在华之地位》，吉林出版集团有限责任公司2010年版。
郭家宏：《从旧帝国到新帝国：1783—1815年英帝国史纲要》，商务印书馆2009年版。
郭廷以：《近代中国史纲（第3版）》，格致出版社、上海人民出版社2012年版。
胡汉民：《谁识忧虞累此身：胡汉民回忆录》，东方出版社2013年版。
黄克武：《近代中国的思潮与人物》，九州出版社2012年版。
蒋廷黻：《中国近代史》，岳麓书社2010年版。
金观涛、刘青峰：《观念史研究》，法律出版社2010年版。
金喆：《康雍乾时期舆图绘制与疆域形成研究》，中国人民大学出版社2003年版。
赖骏楠：《国际法与晚清中国：文本、事件与政治》，上海人民出版社2015年版。
雷颐：《李鸿章与晚清四十年：历史漩涡里的重臣与帝国》，山西人民出版社2008

年版。

雷颐:《面对现代性挑战:清王朝的应对》,社会科学文献出版社 2012 年版。

李育民:《中外不平等条约史话》,社会科学文献出版社 2011 年版。

李育民:《中国废约史》,中华书局 2005 年版。

梁启超:《饮冰室合集》,中华书局 2015 年版。

廖敏淑:《清代中国的外政秩序:以公文书往来及涉外司法审判为中心》,中国大百科全书出版社 2012 年版。

林学忠:《从万国公法到公法外交》,上海古籍出版社 2009 年版。

刘利民:《不平等条约与中国近代领水主权问题研究》,湖南人民出版社 2010 年版。

刘文明:《全球史理论与文明互动研究》,中国社会科学出版社 2015 年版。

罗志田:《民族主义与近代中国思想》,东大图书公司 1998 版。

马德润:《中国合于国际公法论》,上海商务印书馆 1908 年版。

马廉颇:《晚清帝国视野下的英国:以嘉庆、道光两朝为中心》,北京大学出版社 2003 年版。

马勇:《清亡启示录》,中信出版社 2012 年版。

茅海建:《天朝的崩溃:鸦片战争再研究》,生活·读书·新知三联书店 1995 年版。

屈从文:《现代性在中国的建构与反思:晚清天朝观念的消解和主权观念的确立》,中国社会科学出版社 2015 年版。

任云仙:《清末报刊评论与中国外交观念近代化》,人民出版社 2010 年版。

施展:《迈斯特政治哲学研究:鲜血、大地与主权》,法律出版社 2011 年版。

田川:《李鸿章外交得失录》,译林出版社 2011 年版。

田涛:《国际法输入与晚清中国》,济南出版社 2001 年版。

田涛、李祝环:《接触与碰撞:16 世纪以来西方人眼中的中国法律》,北京大学出版社 2007 年版。

汪晖:《现代中国思想的兴起(上卷·第二部"帝国与国家")》,生活·读书·新知三联书店 2004 年版。

汪荣祖:《走向世界的挫折:郭嵩焘与道咸同光时代》,中华书局 2006 年版。

王尔敏:《晚清政治思想史论》,广西师范大学出版社 2007 年版。

王沪宁:《国家主权》,人民出版社 1987 年版。

王兰萍:《近代中国著作权法的成长(1903—1910)》,中华书局 2006 年版。

王蒙:《中国天机》,贵阳人民出版社 2012 年版。
王韬:《弢园文新编(中国近代学术名著)》,中西书局 2012 年版。
王小红、何新华:《天下体系:一种建构世界秩序的中国经验》,光明日报出版社 2014 年版。
王元崇:《中美相遇:大国外交与晚清兴衰(1784—1911)》,文汇出版社 2021 年版。
[清]王之春:《清朝柔远记》,中华书局 1989 年版。
杨泽伟:《国际法析论》(第五版),中国人民大学出版社 2022 年版。
杨泽伟:《主权论:国际法上的主权问题及其发展趋势研究》,北京大学出版社 2006 年版。
尹新华:《晚清中国与国际公约》,湖南人民出版社 2010 年版。
俞可平等:《全球化与国家主权》,社会科学文献出版社 2004 年版。
张本英:《自由帝国的建立:1815—1870 年英帝国研究》,安徽大学出版社 2009 年版。
张礼恒:《何启、胡礼垣评传》,南京大学出版社 2005 年版。
张礼恒:《伍廷芳的外交生涯》,团结出版社 2008 年版。
张仁善:《近代中国的主权、法权与社会》,法律出版社 2013 年版。
赵明:《文人政治的一曲悲歌——王安石变法启示录》,北京大学出版社 2013 年版。
周鲠生:《国际法大纲》,商务印书馆 2013 年版。
周鲠生:《国际法(下册)》,武汉大学出版社 2007 年版。
庄国土:《中国封建政府的华侨政策》,厦门大学出版社 1989 年版。
庄国土:《华侨华人与中国的关系》,广东高等教育出版社 2001 年版。

二、译著

〔英〕阿库斯特:《现代国际法概论》,汪瑄等译,中国社会科学出版社 1981 年版。
伊斯雷尔·爱泼斯坦:《从鸦片战争到解放》,鞠方安、张娟、张清河译,新星出版社 2015 年版。
〔美〕本尼迪克特·安德森:《想象的共同体:民族主义的起源与散布》,吴叡人译,上海人民出版社 2005 年版。
〔英〕拉萨·奥本海:《奥本海国际法(上卷·第一分册)》,劳特派特(修订),王铁崖、陈体强译,商务印书馆 1989 年版。
〔英〕拉萨·奥本海:《奥本海国际法(第一卷·第一分册)》,詹宁斯、瓦茨(修订),

王铁崖等译，中国大百科全书出版社1995年版。

〔英〕拉萨·奥本海：《奥本海国际法（第一卷·第二分册）》，詹宁斯、瓦茨（修订），王铁崖等译，中国大百科全书出版社1998年版。

〔日〕滨下武志：《近代中国的国际契机：朝贡贸易体系与近代亚洲经济圈》，朱荫贵、欧阳菲译，中国社会科学出版社1999年版。

〔英〕赫德利·布尔、亚当·沃森：《国际社会的扩展》，周桂银、储召锋译，中国社会科学出版社2014年版。

〔日〕川岛真：《中国近代外交的形成》，田建国译，北京大学出版社2012年版。

〔英〕罗伯特·道格拉斯：《李鸿章传：一位晚清在华外交官笔下的帝国"裱糊匠"》，李静韬等译，浙江大学出版社2013年版。

〔美〕杜赞奇：《从民族国家拯救历史：民族主义话语与中国现代史研究》，王宪明等译，江苏人民出版社2009年版。

〔美〕费正清、刘广京编：《剑桥中国晚清史（上、下卷）》，中国社会科学院历史研究所编译室译，中国社会科学出版社1985年版。

〔美〕费正清：《美国与中国（第四版）》，张理京译，世界知识出版社1999年版。

〔英〕尼尔·弗格森：《帝国》，雨珂译，中信出版社2012年版。

〔美〕何伟亚：《英国的课业：19世纪中国的帝国主义教程》，刘天路、邓红风译，社会科学文献出版社2007年版。

〔美〕亨廷顿：《文明的冲突与世界秩序的重建》，周琪等译，新华出版社2009年版。

〔美〕惠顿：《万国公法》，丁韪良译，何勤华点校，中国政法大学出版社2002年版。

〔英〕埃里克·霍布斯鲍姆：《民族与民族主义》，李金梅译，上海人民出版社2006年版。

〔英〕霍夫曼：《主权》，陆彬译，吉林人民出版社2005年版。

〔美〕亨利·基辛格：《论中国》，胡利平等译，中信出版社2012年版。

〔美〕亨利·基辛格：《世界秩序》，胡利平译，中信出版社2015年版。

〔英〕安东尼·吉登斯：《民族-国家与暴力》，胡宗泽等译，生活·读书·新知三联书店1998年版。

〔美〕杰克逊：《国家主权与WTO：变化中的国际法基础》，赵龙跃、左海聪、盛建明译，社会科学文献出版社2009年版。

〔奥〕凯尔森：《法与国家的一般理论》，沈宗灵译，中国大百科全书出版社1996年版。

〔美〕柯文:《在中国发现历史:中国中心观在美国的兴起》,林同奇译,中华书局2002年版。

〔英〕贝内德托·克罗齐:《十九世纪欧洲史》,田时纲译,商务印书馆2013年版。

〔挪威〕托布约尔·克努成:《国际关系理论史导论》,余万里、何宗强译,天津人民出版社2005年版。

〔美〕孔飞力:《中国现代国家的起源》,陈兼、陈之宏译,生活·读书·新知三联书店2013年版。

〔美〕约瑟夫·列文森:《儒教中国及其现代命运》,郑大华、任菁译,广西师范大学出版社2009年版。

刘禾:《帝国的话语政治:从近代中西冲突看现代世界秩序的形成》,杨立华等译,生活·读书·新知三联书店2014年版。

〔美〕克莱顿·罗伯茨、戴维·罗伯茨、道格拉斯·R. 比松:《英国史(下):1688年—现在》,潘兴明等译,商务印书馆2013年版。

〔英〕约·罗伯茨:《十九世纪西方人眼中的中国》,蒋重跃、刘林海译,中华书局2006年版。

〔美〕罗兹曼:《中国的现代化》,国家社会科学基金"比较现代化"课题组译,江苏人民出版社2003年版。

〔英〕苏珊·马克斯:《宪政之谜:国际法、民主和意识形态批判》,方志燕译,上海世纪出版集团2005年版。

〔美〕马士:《中华帝国对外关系史(第一卷)》,张汇文等译,上海书店出版社2006年版。

〔美〕马士:《中华帝国对外关系史(第二卷)》,张汇文等译,上海书店出版社2006年版。

〔英〕约翰·斯图亚特·密尔:《代议制政府》,汪瑄译,商务印书馆2008年版。

〔美〕阿瑟·努斯鲍姆:《简明国际法史》,张小平译,法律出版社2011年版。

〔西〕胡安·诺格:《民族主义与领土》,徐鹤林、朱伦译,中央民族大学出版社2009年版。

〔美〕珍妮弗·皮茨:《转向帝国:英法帝国自由主义的兴起》,金毅、许鸿艳译,江苏人民出版社2012年版。

〔美〕任达:《新政革命与日本:中国,1898—1912》,李仲贤译,江苏人民出版社

2006年版。

〔德〕卡尔·施密特:《陆地与海洋:古今之"法"变》,林国基、周敏译,华东师范大学出版社2006年版。

〔美〕理查德·塔克:《战争与和平的权利:从格劳秀斯到康德的政治思想与国际秩序》,罗炯译,译林出版社2009年版。

〔英〕詹姆斯·塔利:《语境中的洛克》,梅雪芹等译,华东师范大学出版社2005年版。

〔美〕王冠华:《寻求正义:1905—1906年的抵制美货运动》,刘甜甜译,江苏人民出版社2008年版。

〔美〕沃格林:《宗教与现代性的兴起(政治观念史稿·卷五)》,霍伟岸译,华东师范大学出版社2009年版。

〔美〕萧公权:《近代中国与新世界:康有为变法与大同思想研究》,汪荣祖译,江苏人民出版社2007年版。

〔日〕篠田英朗:《重新审视主权:从古典理论到全球时代》,戚渊译,商务印书馆2004年版。

〔澳〕杰里·辛普森:《大国与法外国家:国际法律秩序中不平等的主权》,朱利江译,北京大学出版社2008年版。

〔美〕徐国琦:《中国与大战:寻求新的国家认同与国际化》,马建标译,上海三联书店2008年版。

〔美〕徐中约:《中国近代史:1600—2000,中国的奋斗》,计秋枫等译,世界图书出版公司北京公司2012年版。

〔美〕徐中约:《中国进入国际大家庭:1858—1880年间的外交》,屈文生译,商务印书馆2018年版。

〔日〕佐藤慎一:《近代中国的知识分子与文明》,刘岳兵译,江苏人民出版社2006年版。

〔美〕布鲁斯·马兹利什:《文明及其内涵》,汪辉译,刘文明校,商务印书馆2020年版。

三、期刊论文

曹英、刘苏华:《论早期维新派的国家主权观念》,载《长沙理工大学学报(社会科学版)》2004年第4期。

傅德元:《丁韪良〈万国公法〉翻译蓝本及意图新探》,载《安徽史学》2008 年第 1 期。

管伟:《论中国近代国际法观念的肇兴》,载《政法论丛》2004 年第 3 期。

何俊毅:《梅因与自由帝国主义的终结》,载《读书》2016 年第 3 期。

江保国:《化外人、领事裁判权与法典化:国际体系变迁中的中国冲突法》,载《武大国际法评论(第十四卷·第二期)》2012 年第 5 期。

蒋跃波、宋俐频:《论曾纪泽的国家主权观念》,载《丽水学院学报》2015 年第 3 期。

赖骏楠:《十九世纪的"文明"与"野蛮":从国际法视角重新看待甲午战争》,载《北大法律评论》2011 年第 1 期。

赖骏楠:《误读下的新世界:晚清国人的国际法印象》,载《清华法治论衡》2011 年第 1 期。

赖骏楠:《十九世纪国际法学中的中国叙述》,载《法学家》2012 年第 5 期。

刘禾:《普遍性的历史建构:〈万国公法〉与 19 世纪国际法的流通》,载《视界(第一辑)》2000 年。

刘新华、孙晓飞:《论 19 世纪末 20 世纪初梁启超的国家主权观念》,载《贵州文史丛刊》2000 年第 3 期。

刘慧娟:《试论中国近代国家主权观念形成的基本轨迹及其影响》,载《贵州社会科学》2009 年第 9 期。

马自毅:《从"天下"到"主权":从条约、传教看清末社会观念的变化》,载《史林》2004 年第 6 期。

屈从文:《国人与主权观念:从被迫接受到主动建构》,载《世界经济与政治》2010 年第 6 期。

施建兴:《国际法的输入与中国近代国家主权观念的发轫》,载《南平师专学报》2003 年第 1 期。

谭树林:《晚清在华美国传教士与近代西方国际法的传入:以伯驾为中心的考察》,载《南京大学法律评论》2010 年(秋季卷)。

田涛:《19 世纪下半期中国知识界的国际法观念》,载《近代史研究》2000 年第 2 期。

王强:《试析晚清时期外交官员的国家主权观念:以曾纪泽为中心》,载《历史长廊》2011 年第 7 期。

王维俭:《普丹大沽口船舶事件和西方国际法传入中国》,载《学术研究》1985 年第 5 期。

王翔宇:《晚清政府对现代国家主权观念认知的转变》,载《历史长廊》2013 年第 5 期。
袁丁:《〈大清国籍条例〉:中国第一部国籍法的产生》,载《八桂侨史》1992 年第 4 期。
张用心:《晚清中国人的主权观念:国际法视角》,载《北大史学》2004 年第 10 期。
赵明:《中国的现代革命与法制转型论述》,载《法学研究》2014 年第 1 期。

四、学位论文

林永亮:《东亚主权观念:生成方式与秩序意涵》,山东大学 2012 年博士学位论文。
张平:《晚清国籍问题与法律应对(1840—1911)》,中国政法大学 2011 年硕士学位论文。

五、文集

费孝通:《中华民族多元一体格局》,中央民族大学出版社 2003 年版。
费正清:《中国的世界秩序:传统中国的对外关系》,杜继东译,中国社会科学出版社 2010 年版。
高道蕴、高鸿钧、贺卫方:《美国学者论中国法律传统》(增订版),清华大学出版社 2004 年版。
金光耀、栾景河:《民族主义与近代外交》,上海古籍出版社 2014 年版。
刘凤云、刘文鹏:《清朝的国家认同:"新清史"研究与争鸣》,中国人民大学出版社 2010 年版。
司徒琳:《世界时间与东亚时间中的明清变迁:世界历史时间中清的形成》,赵世瑜等译,生活·读书·新知三联书店 2009 年版。

六、外文资料

Anghie, Antony, *Imperialism, Sovereignty and the Making of International Law*, Cambridge University Press, 2004.

Bell, Duncan, *Victorian Visions of Global Order: Empire and International Relations in Nineteenth-Century Political Thought*, Cambridge University Press, 2007.

Covell, Charles, *The Law of Nations in Political Thought: A Critical Survey from Vitoria to Hegel*, Palgrave Macmillan, 2009.

Gong, Gerrit W., *The Standard of "Civilization" in International Society*, Clarendon Press, 1984.

Hsü, Immanuel C. Y., *China's Entrance into the Family of Nations: The Diplomatic Phase, 1858–1880*, Harvard University Press, 1960.

John, Westlake, *Collected Papers on International Law (ed. L. Oppenheim)*, Cambridge University Press, 1914.

Lawrence, Thomas J., *The Principles of International Law*, Heath, 1910.

Mantena, Karuna, *Alibis of Empire: Henry Maine and the Ends of Liberal Imperialism*, Princeton University Press, 2010.

Reeves, J.S., "The First American Treatise on International Law", *The American Journal of International Law*, Vol. 31, No. 4 (Oct., 1937).

Svarverud, Rune, *International Law as World Order in Late Imperial China: Translation, Reception and Discourse, 1847–1911*, Brill, 2007.

Wheaton, Henry, *Elements of International Law*, Little, Brown and Company, 1855, 6th edition.

Wheaton, Henry, *Elements of International Law*, vol. I, B. Fellowes, 1836.

七、资料汇编

何勤华:《华洋诉讼判决录》,中国政法大学出版社 2003 年版。

蒋廷黻:《近代中国外交史资料辑要》,湖南教育出版社 2008 年版。

刘晴波、彭国兴:《陈天华集》,湖南人民出版社 2011 年版。

马忠文、任青:《薛福成卷(中国近代思想家文库)》,中国人民大学出版社 2014 年版。

任智勇、戴圆郑:《郑观应卷(中国近代思想家文库)》,中国人民大学出版社 2014 年版。

汤志钧:《梁启超卷(中国近代思想家文库)》,中国人民大学出版社 2014 年版。

王健:《西法东渐:外国人与中国法的近代变革》,中国政法大学出版社 2001 年版。

王铁崖:《中外旧约章汇编(第一册)》,生活·读书·新知三联书店 1957 年版。

王铁崖:《中外旧约章汇编(第二册)》,生活·读书·新知三联书店 1982 年版。

吴剑杰:《张之洞卷(中国近代思想家文库)》,中国人民大学出版社 2014 年版。

夏东元:《郑观应集·救时揭要(外八种)》,中华书局 2011 年版。

熊月之:《郭嵩焘卷(中国近代思想家文库)》,中国人民大学出版社2013年版。
熊志勇、苏浩、陈涛:《中国近现代外交史资料选辑》,世界知识出版社2011年版。
阎广耀、方生选译:《美国对华政策文件选编(从鸦片战争到第一次世界大战:1842—1918)》,人民出版社1990年版。
张登德:《陈炽卷(中国近代思想家文库)》,中国人民大学出版社2015年版。
张枬、王忍之:《辛亥革命前十年间时论选集(第一卷)》,生活·读书·新知三联书店1960年版。
张枬、王忍之:《辛亥革命前十年间时论选集(第二卷)》,生活·读书·新知三联书店1963年版。
张枬、王忍之:《辛亥革命前十年间时论选集(第三卷)》,生活·读书·新知三联书店1977年版。